権　五定
鷲山恭彦 監修

李　修京
林　尚示 編
藤井健志

多文化共生社会のために

社会的公正に向けた人権・教育の視点から

明石書店

まえがき

　本書は、コロナ禍による閉塞感が漂うなか、世界の多文化共生への現状を多角的な視点から探査し、厳しい状況の中でも多様な現場で共に生きるためにさまざまな工夫と実践に励んでいる人々やその現場の実状に光を当ててみたいという思いから構想を始めました。

　1億2000万人以上が暮らす日本も伝統・文化・歴史と科学発展を資源にしながら、グローバル時代のうねりとともに、大きく変化しつつあります。世界の195か国と地域につながる340万人を超える外国人住民が暮らす多文化社会の日本。

　私は地域文化の確認と研究資料の調査のため、北海道・宗谷から沖縄まで度々行くことがありますが、40年前には想像もできなかった光景を各地で目にすることが多いです。例えば、新名阪高速道路の工事で迂回した山道で、森の中にある工場や会社の建物から多くの外国人労働者たちが退勤する様子や、地域名産物として知られる農産物の農場や特産品の製造工場で生産と流通を支える外国人労働者たち、山村の田畑や各地のコンビニ、スーパー、食堂などで日常的に出会う外国人労働者たち。今の日本は外国につながる多くの労働力によって支えられていると言っても過言ではありません。空港や企業などはもちろん、農産業・建築・造船・観光・介護分野は外国人労働力なしでは回らないというのが切実な現状だといえます。国内の外国人労働力の増加と、過去最高だといわれるインバウンド（観光客の訪日）の増加から日本の観光地は「多文化」と「多言語」が飛び交う風景に変貌しつつあります。

　その一方、少子高齢化は深刻な社会問題と化し、過疎化や廃村状態の弊害により2050年までに全自治体の4割にあたる744自治体の消滅可能性（人口戦略会議）が示唆されています。社会進出が一般的な今の時代、家事・育児の重い負担が結婚の魅力と出生率の低下につながり、育児と仕事が同時にできる環境整備がままならない地域では廃校・空き家の増加と地域消滅が進み、さらに、経済格差が広がるなか、物価高騰の現象とともに「単親世帯」（母子家庭が約9割）や高齢者の貧困問題が深刻な社会問題になっていま

す。観光大国化はおよそ6兆円という大きな経済効果をもたらしたものの、その恩恵は観光産業に携わる一部だけに集中し、地域への利益分配ができていないため、オーバーツーリズムの弊害を被る地域住民の不満は外国人の敬遠につながりやすくなっています。政府や自治体の取り組みにも限界があり、観光地分散のため地方の歴史・文化の観光資源の開発を模索するものの、地域住民の共生に向けた動きには充分とはいえない状況です。そういった山積する課題を改善するために、現状を直視し、問題解決に向けた柔軟かつ多様な社会変革へのアプローチが必要な時期だといえます。もはや岩倉具視使節団が異国の文化を確認するために出向いた1871年とは違い、多くの異なる文化をもつ民間メッセンジャーが日本に来る時代になっています。出稼ぎでも留学でも、いずれ出身国と日本の架け橋になり得る社会の構成員になります。一定の入国条件をクリアした外国人住民と同じ空間で相互を理解しつつ、社会の秩序を共に守る共生の努力によって日本の多くの課題も解決できるはずです。

　限られた人生をどのように生きるかは本人の自由な選択ですが、昔よりも健康に長生きできる「100歳時代」、一度の人生を多様な文化を享受できる前向きな捉え方ができれば、「人」の生き様はもちろん、社会はより豊かな形での発展が可能となると思います。そして、同じ「日本」という屋根の下で暮らす際に生じる諸問題を共に解決することを目指し、文化の多様性について学習を進めて、相互の理解を深めていくとともに、共に暮らす社会の改善への知恵を結集していけば、望ましい「共生」へと向かうはずです。戦後の民主主義教育や人権教育・国際理解と国際協力教育・異文化理解教育・多文化教育・市民教育などは平和な「地球社会」を構築し、多様な文化が共生できる社会形成の培養土になっています。望ましい「共生」は十分可能だと思います。文化的衝突や利権による戦争・紛争が続いても教育を通して明日に向かおうとする理由がそこにあります。

＊

　人間の尊厳－人権という普遍的価値を生活の中で実現するのが多文化共生だと思います。多文化共生は、異なる文化をもつ人々が人権意識を高めつつ、社会の調和の取れた秩序を守り合いながら同じ空間の中で共に生きることを意味します。その多文化共生・人権の基盤をつくるのが教育だと考えて

います。多文化共生・人権・教育は、ある特定領域の人だけが語れるものではないのです。こういう考え方に基づいてこの本を企画しました。社会・政治・歴史・文学・言語・教育・文化・スポーツ・音楽・医療など、多様な分野の専門家たちが共に多文化共生・人権問題の現状を診断する必要があると思ったわけです。そのうえ、多文化共生の実現のために解決しなければならない課題を可視化し、課題解決に必要な情報・アイデア・意見を出し合うことにしました。こうした趣旨から、全体的なまとまりを図らず、出版上必要な最小限の体裁の統一以外は、すべて執筆者に委ねました。また、私たちの見方・考え方を読者に押し付けることを避けたいと思いました。私たちの見方・考え方と読者のそれが対話をする機会を提供したかったからです。

　本書は、第1部の「多文化社会へ移行する時代へのメッセージ」、第2部の「多文化共生・人権・教育への多様なアプローチ」、第3部の「日本の中の多文化共生と人権」、第4部の「世界の中の多文化共生と人権」という4部構成になっています。第1部を除いて、各部間の垣根を設けていないため、皆さんには各自の内容がどこかでつながっていることを確認してほしいと思います。

　5年前の2019年、今回とほぼ同じ意図で、同じ出版社から『多文化共生社会に生きる』という本を出しました。出版から1年も経たないうちにコロナ禍となり、その本について、執筆者たちが話し合う幾会をもてませんでした。ただ、その本を企画・編集するとき、多文化共生・人権関連で重要な内容が欠落していたことを悔やみ続けてきました。世界各地の女性の生理への異なる意識問題と「生理貧困」をめぐって、今日なお共生・人権の倫理・秩序に反した行為が残っていること、コロナ禍のような不特定多数を無作為に襲う災難に対処する際、特定のマイノリティが作為的に排除される事態などが、欠落していたのです。こうした思いを、先輩・同僚・研究仲間に伝えたところ、新しい本をつくる運びとなり、執筆者の方々にお願いをした経緯があります。

＊

　原稿を寄せてくださった執筆者全員の共通点は極めて多忙な毎日を送っていらっしゃる方々だということです。各分野で誠実かつ積極的に取り組んでおられるため、寸暇を割いて書かれた本書のメッセージはきっと読者の皆様

に大きく響くと思います。激務に追われながら、貴重な原稿を送ってくだ
さった旧友たちや同僚・研究仲間の皆様に厚く御礼申し上げます。また、安
斎育郎先生をはじめ、豊かな経験に基づいた尊いメッセージを送ってくだ
さった先生方にも深く感謝申し上げます。そして、本書の監修を快諾くだ
さった権五定先生と鷲山恭彦先生、学内会議帰りに編集の話を進め、終始本
の編集について関わってくださった林尚示先生、藤井健志先生に改めて多謝
の意を表しておきます。

　最後に、前回以上の熱意で、最初から本の仕上げまで、幾度となく編集委
員と打ち合わせを交わし、さまざまな提案をしてくださった明石書店の遠藤
隆郎様、大変お世話になりました。この場を借りて改めて感謝申し上げます。

＊

　多文化共生・人権・教育の問題を自分の問題として共に考え、そこで自分
の成長の道を探し求める人々に、この本が道案内の役割を果たすことができ
たら、と願っています。

　　　TGU 小金井研究室で

　　　　　　　　　　　　　　編者を代表して　　　李　修京

Contents

多文化共生社会のために

社会的公正に向けた人権・教育の視点から

目　次

Contents

まえがき ……………………………………………………… 李　修京　3

第1部　多文化社会へ移行する時代へのメッセージ

第1章　価値観を貫く ……………………………… 安斎育郎　14

第2章　人権・共生・平和の実現に向けたスポーツの努力
　　　　──「世界テコンドー連盟」の試み ……………… 趙　正源　17

第3章　友愛の地を求めて
　　　　──民主主義の限界、歴史を切り開く共和主義
　　　　……………………………………………………… 鷲山恭彦　21

第4章　韓国と日本、2つの祖国を生きてきた生涯
　　　　……………………………………………………… 河　正雄　27

第2部　多文化共生・人権・教育への多様なアプローチ

第1章　人権の歩みと共生への努力と数字にみる社会
　　　　──相互努力の双方向性から共生へ ……………… 李　修京　34

　Column　「生理」の理解と「生理貧困」の解決で共生社会へ
　　　　……………………………………………………… 李　修京　39

第2章　多文化主義・多文化共生政策の歴史的背景と課題
　　　　……………………………………………………… 權　五定　41

第3章　多文化共生社会の基盤としての人権教育・啓発
　　　　……………………………………………………… 林　尚示　46

第4章　人権問題としての「教員の長時間労働」……… 立田順一　52

第5章　忘却されているもう一つの人権
　　　　──労働者の海外送り出し国における問題
　　　　…………………… カルロス，マリア・レイナルース・D　58

第6章　教権と学生の人権は両立できないのか？
　　　　──「学生人権条例」の廃止をめぐる論争 …… 金　映錫　63

第 **7** 章　学問の本質を教える教育論は
　　　　　多文化共生を促進するか ……………………… 渡部竜也　68

第 **8** 章　教育は私たちの何を支えるか
　　　　　──現代の学校の価値と可能性 ……………………… 末松裕基　73

　　Column　教育の性質と目的をどのような視野で考えていくか？
　　　　　…………………………………………………… 末松裕基　79

第 **9** 章　「再分配‐承認ジレンマ」を超えた
　　　　　多文化社会の実現 ……………………………… 鄭　虎範　81

第 **10** 章　多様性の共生のために「リスペクト」の概念を探る
　　　　　…………………………………………………… 戸田孝子　86

第 **11** 章　異なる語りをもつ他者と共に生きる市民を育てる
　　　　　──「真正な対話」に基づく多文化共生のための
　　　　　歴史教育 ……………………………………… 金　鍾成　91

第 **12** 章　日本語教科書から考える多文化共生時代の言語教育
　　　　　──ジェンダーとセクシュアリティの視点を通して
　　　　　………………………… 米本和弘・石川　智・森　祐太　96

　　Column　多文化社会における言語教育 ……………… 石黒みのり　102

第 **13** 章　日本人学校における多文化共生に向けた教育
　　　　　…………………………………………………… 見世千賀子　104

　　Column　高等学校における英語以外の外国語という選択肢
　　　　　…………………………………………………… 日下部龍太　109

第 **14** 章　仮想空間と現実空間をつなぐ教育の可能性
　　　　　──多文化共生と社会的公正を目指して …… 鈴木直樹　111

　　Column　AI 時代の語学教育 ……………………………… 木村　守　116

第 **15** 章　自然と人間の共生社会 …………… 権　秀賢・崔　東壽　118

第 **3** 部　日本の中の多文化共生と人権

第 **1** 章　「不良な子孫」を産ませない
　　　　　──優生思想と日本 ……………………………… 井竿富雄　126

第 **2** 章　発達障害
　　　　──「ニューロダイバーシティ」という見方へ
　　　　　　　　　　　　　　　　　　　　　　　　　　井竿富雄　130

第 **3** 章　部落差別をなくすために
　　　　──部落差別解消推進法制定を受けて …………　森　実　135

　　Column　ハンセン病と差別 ………………………………　大川正治　142

第 **4** 章　在日韓国・朝鮮人のイメージ
　　　　──「境界人」のこれから ……………………　林　晟一　145

第 **5** 章　ニューカマー 1.5 世の自叙伝から考える
　　　　多文化共生社会の未来 ……………………………　范　文玲　151

　　Column　MRSDH+ や In Between の尊重から始める
　　　　　　多文化共生 …………………………………　陳　天璽　156

第 **6** 章　日本における外国人児童生徒 ………………　原　瑞穂　159

　　Column　多言語環境で育つ在日中国朝鮮族の子どもたち
　　　　　　　　　　　　　　　　　　　　　　　　　　蔡　光華　164

第 **7** 章　外国人医療の現場から見えてくる日本社会の課題
　　　　　　　　　　　　　　　　　　　　　　　　　　沢田貴志　166

第 **8** 章　人間として人間の世話をすること …………　色平哲郎　171

第 **9** 章　映画『カムイのうた』とアイヌ文化の伝承
　　　　──北海道東川町の取り組み …………………　高石大地　176

　　Column　若者が地方を変える「地域おこし協力隊」
　　　　　　という選択肢 …………………………………　古高桜京　182

第 **10** 章　マグロの豊漁をもたらした異国の神
　　　　──青森県大間の媽祖信仰 ………………………　藤井健志　184

　　Column　海を渡ったハワイの魚名
　　　　　　──日本と海外をつなぐ魚の名称にみる多文化と共生
　　　　　　　　　　　　　　　　　　　　　　　　　　橋村　修　190

第 **11** 章　詩でつなぐ日韓と世界 ……………………　佐川亜紀　193

第 **12** 章　「共存共生する力」を考える ……………　梅山佐和　198

第 **13** 章　環境的不公正とそのとらえ方 ……………　永橋爲介　204

Column 差別や排外的な気持ちを人が手放す瞬間 … 永橋爲介　209

第**14**章　森崎和江『からゆきさん』を読む ………… 石井正己　211

第**15**章　足尾銅山煙毒鉱毒事件を通じてみる人間の選択
　　　　　──田中正造と山田友治郎そして古河市兵衛
　　　　　……………………………………………… 濱中秀子　215

Column マイノリティの社会的意味 ……………………… 熊野びわ　220

第**16**章　地球的課題に向き合うための地理教育の
　　　　　実践と課題 …………………………………… 吉田　香　223

第**4**部　世界の中の多文化共生と人権

第**1**章　ディズニー映画と
　　　　　ポリティカル・コレクトネスの行方 ……… 小澤英実　230

第**2**章　女性参政権を求めて
　　　　　──スイス映画にみる差別との闘い …………… 若林　恵　235

Column スイス映画『神の秩序』の周辺 ……………… 若林　恵　240

第**3**章　ヴァージニア植民地の邂逅
　　　　　──ポカホンタスとジョン・スミス ………… 斎木郁乃　243

第**4**章　イギリスの街にみる性の多様性
　　　　　──市民がつくり上げるプライド・パレードと
　　　　　　LGBTQ+ フレンドリー・スペース ………… 影澤桃子　249

第**5**章　移民と向き合うイタリア …… ラタンジオ，リリアンヌ　252

第**6**章　モンゴル伝統芸能の守護神
　　　　　──吟遊詩人のホールチが果たしてきた種々の役割
　　　　　……………………………………… 蒙古貞夫　257

第**7**章　村のよそ者と民俗儀礼 ………………………… 出口雅敏　261

第**8**章　中道は「真ん中の道」にあらず ……………… 鈴木隆泰　267

第**9**章　音楽は国境・人種・文化・時間……を超え
　　　　　「人間と人間」をつなぐ …………………… 禹　東熙　272

第**10**章　多文化共生とスポーツ …………………………… 繁田　進　277

Column 「外国につながる子ども」と共に成長する
韓国のサッカー ………………………………… 李　昌燁　282

第11章　多文化社会韓国の「国民」になるという挑戦
──「ナショナリティ」と「アイデンティティ」の
抵抗と交錯 ……………………………… 車ボウン　285

第12章　韓国における人権獲得のための闘争 ……… 李　貞姫　290

第13章　社会科教科書における少数文化集団
に関する内容の統合 ………………………… 朴　志玹　295

第14章　韓国における多文化教育の実像 ………… 許　壽美　299

Column　AI時代における韓国の学校教育 …………… 金　秀玟　304

第15章　韓国における外国人政策と多文化主義
……………………………………………… 緒方義広　306

第16章　超低出生と高齢化の進む韓国 ……………… 金　泰憲　311

Column　韓国の玄関口、仁川 ………………………… 城　渚紗　316

Column　釜山地域における多文化社会への変遷
……………………………………………… 李　京珪　319

第17章　韓国芸能の影響を受ける中国の今 ……… 木村奈津子　321

Column　中国における日本語学習者の現状 ……… ゴスチンゴワ　326

あとがき──「グローバル社会」の共生を考える ………… 権　五定　329

執筆者紹介 ………………………………………………………… 331

Part 1

第1部

多文化社会へ移行する
時代へのメッセージ

第1部　多文化社会へ移行する時代へのメッセージ

第 1 章　価値観を貫く

安斎育郎

🔍 Keywords

価値観，価値相対主義，公権力

2024年2月と7月に、中国の若者たちに人生を語ったことがあった。

私はもともと東京大学工学部の原子力工学科の第1期生で、1964年に取り組んだ卒業論文のテーマは「原子炉施設の災害防止に関する研究」だった。今から考えると、日本初の発電用原子炉が運転を開始したのは前年の1963年だったから、非常に早い時期に原子力防災について論じていたことになる。私はこの国の原子力開発政策を下支えする高級技術者になることを期待されていたのだが、原子力工学を深く学び、原子力開発行政の実態について仔細を知るにつれて、この国の原発開発のあり方に危惧を感じるようになり、1970年代には原発政策批判の側に身を置くことになった。とりわけ、1972年に開かれた日本学術会議主催の原子力問題シンポジウムでの基調報告でわが国の原子力開発のあり方を点検する「6項目の点検基準」を提起し、日本の原発開発は「落第」という烙印を押して以来、私は「反国家的イデオローグ」とみなされるようになり、東京大学医学部において凄まじいアカデミック・ハラスメントを体験した。研究・教育体制から完全に排除され、教授命令で教室員は私とは口をきかず、隣席には電力会社のスパイが配置され、後に週刊誌が「ガラスの檻に幽閉17年」という特集を組んだような人権侵害の抑圧体制下に置かれた。

*

その後日本は、2011年3月11日の東日本大震災に付随して、人類史上最も深刻な福島原発の核燃料溶融事故を体験することになったのだが、こうした経緯を私の人生の軌跡と重ね合わせて中国の若者たちに語ったところ、"Do you have any regret?"（悔いはないのですか？）と質問された。中国でも中央集権の政策に抵抗するには抑圧を覚悟しなければならないが、日本でもとりわけ1970年代に原発列島化が急速に進められていた時期に反政府的な

行動をとったわけだから、私への抑圧は一段と厳しいものだった。

＊

　中国の学生の質問に、私は、"No. Never. I want to live as I want to live."（悔いはない。私は生きたいように生きたいのだ）と答えた。逆に言えば、「生きたくないようには生きたくない」と言ってもいい。国家的価値観を押しつけられて、意に沿わない不本意な生き方を強制されるのはまっぴらだ。

　人生、自分が期待するように生きられない事情に直面することはそう珍しくない。社会生活は、異なる価値観をもった人々が相互作用する集合体だから、価値観の対立が起こることは間々あることだ。そういった対立模様の中で平和的に生きる基本的なルールは「価値観の相対化」であり、「多文化共生」も互いの価値観を認め合う構成員の相互理解があってのことだ。だが、こうした「価値相対主義」には、「価値相対主義は価値絶対主義まで相対化することはできない」という問題がある。第二次世界大戦下のナチ・ドイツの支配の下では、ヒトラーの価値観を「それも一つの価値観だ」として認めた途端、ユダヤ人は単にユダヤ人であるという理由だけで殺されなければならなかった。だから、「どんな価値観をもつのも個人の自由だ」というわけにはいかないため、現代社会では「基本的人権はこれを侵してはならない」ことを定めた憲法や憲章がつくられている。私たちは、基本的人権を相互に認め合ったうえで、それぞれが自分なりの価値観を育み、互いにそれを尊重し合って生きることが期待されている。

　しかし、時には価値相対主義が困難に直面することもある。個人対個人の価値観の対立は、互いに主張をぶつけ合う過程を通じて相互に説得を試み、結果として相互理解を深めて共通認識に達し、対立の解消に至ることもある。しかし、個人対組織、個人対公権力という関係になると、強制力が伴うだけに個人の側が一方的に価値観の変更や放棄を求められることも少なくない。国の原発開発政策を批判した私の場合、相手が国家だっただけに、国家的価値観に抗う異端児として村八分に遭い、不本意な学究生活に甘んじなければならなかった。それは屈辱的ではあったが、それにもかかわらず私は「生きたくないようには生きたくない」という強い思いがあり、不本意に耐えつつも自己の価値観をかろうじて保ち得た。

第 1 部　多文化社会へ移行する時代へのメッセージ

＊

　私は、若い世代の人々にも、自己の価値観への執着心をそう易々とは放棄しないで欲しいと思っている。できるだけ「生きたいように生きてほしい」のだ。私たちが自分なりの価値観を形成するには、なぜそういう価値観をもつことが自分の人生にとって価値あることなのかを裏付ける根拠が必要とされる。組織の価値観と自らの価値観が対立した場合、唯々諾々と組織の価値観に身を委ねるという生き方も確かにあるが、「長いものには巻かれろ」という生き方は不本意だと考えるのであれば、組織の価値観に抗って自らの価値観の正当性を主張する根拠を説得的に展開できなければならないだろう。そのためには、日々、必要な知識を学び、経験を積み、判断を求められる課題と真正面から向き合う真剣勝負の生き方が求められる。過酷な人生を要求するようだが、それは、応用問題を解くことができる思慮深い人間形成にとって大事なことだと思う。

第**2**章　人権・共生・平和の実現に向けたスポーツの努力
──「世界テコンドー連盟」の試み

趙　正源

Keywords　　世界テコンドー連盟，テコンドー博愛財団，難民選手団

　今日、世界は多文化社会へ移行しつつある。資本のグローバル化に伴い、国境を越える労働者が増えており、紛争や戦争のために発生する難民の移動が激しくなっているので、多文化人口・家族の増加は必然的現象になっている。世界の中で最も早いスピードで多文化社会へ移行する国の一つとして隣の韓国が挙げられる。2023 年 12 月末現在、韓国に滞留する外国人は約 251 万人で、全体人口の 4.89% に達している。韓国は、世界第一の低出生の国（2023 年に合計出生率 0.72 を記録）のうえ、外国人労働者の受け入れを続けていて、2024 年には外国人が全体人口の 5% を超える多民族・多文化国になると予想される。

　韓国の経験からも確認されているが、社会の多文化化はさまざまな問題や課題を抱えさせる。文化間の葛藤・異文化に対する差別が新たな社会問題を再生産しており、多文化家庭の支援・多文化子どもの教育・外国人労働者をはじめ移住者の人権や社会的地位の向上など解決しなければならない課題が絶えず浮上している。これらの問題や課題を解消・解決し、社会的統合を目指した努力もさまざまな形で行われている。世界に広がって「韓流の元祖」になったテコンドーが多文化化の問題や課題の解決に大きく貢献しているのもその一つである。テコンドーは体で韓国の文化を習い、疎通の手段を身につける機会を提供していて人々の人気が高い。そこで、体で直接接触するスポーツが、異文化を学習・理解し、コミュニケーション能力を高めるのに有効であるという示唆を得ている。

　韓国で始まり、オリンピックの正式種目になっている世界のスポーツテコンドーを管掌する団体が「世界テコンドー連盟（World Taekwondo: WT）」である。世界テコンドー連盟は、1973 年に設立され、現在会員国数が 213 か国 +1（全世界の難民）に伸びている。連盟は、韓国のソウルに本部を、スイスのローザンヌに事務所を置いている。

17

第1部　多文化社会へ移行する時代へのメッセージ

　私は、2004年6月世界テコンドー連盟の総裁に就任して以来、テコンドーのオリンピック正式種目を維持するために、絶え間ない改革を試み、発展のために尽力してきた。世界テコンドー連盟が目指しているのは、「人類社会に対する社会的責任を果たし、世界のすべての人々から尊敬される国際スポーツ連盟になる」ことである。私は、そのビジョンを達成するために、難民、障害をもつ人、孤児など疎外されている人々がテコンドーを通して夢と希望を抱くように努力してきた。

　世界テコンドー連盟は、テコンドーが単純な競技の次元を超え、オリンピックの理念である世界平和の構築に貢献するために、2008年に「テコンドー平和奉仕団」を創設した。そして、2009年には、腕を失った障害をもつ人たちを対象に、第1回世界障害テコンドー選手権大会をアゼルバイジャンのバクーで開催して、世界のテコンドー障害者たちに夢と希望を抱く機会を提供した。これらの努力が評価され、2020年東京パラリンピック、2024年パリパラリンピックに、テコンドーが正式種目として参加することができた。

　世界テコンドー連盟の、スポーツの人類社会への社会的責任を果たす努力は続いている。全世界の難民村、孤児院、自然災害地域の子どものために、テコンドー教育無償支援事業を本格的に実施している。苦境の子どもたちがテコンドーを習いながら、忍耐力・自立精神・人類愛を自ら育て、オリンピック精神と世界平和の重要性を理解して、素晴らしい世界市民として成長することを願った事業である。

　世界テコンドー連盟は2016年初め、孤児や施設の子どもと自然災害地域の子どもなど、劣悪な環境の疎外層の子どもたちに、テコンドー無償教育を実施・支援するために、「テコンドー・ケアズ（Taekwondo Cares）」プログラムを始めた。本プログラムは現在、ネパール・カンボジア・スリランカ・ブータン・モンゴル・キルギスタン・東ティモール・パキスタンの8か国で展開されている。プログラムを直接運営しているのは、現地のテコンドー師範で、孤児院や施設の子ども以外に、麻薬・アルコール中毒者、家庭暴力の被害者女性、ホームレスの子どもなどもケアの対象にしている。

　2016年4月に世界テコンドー連盟は、世界の難民を助けるために、スイスのローザンヌに、連盟とは別組織の独立非営利団体である「テコンドー博愛財団（Taekwondo Humanitarian Foundation: THF）」を設立した。財団設立を

準備していた 2015 年、「国連世界平和の日（国際平和デー）」である 9 月 21 日、私は国連本部に招かれ、全世界の難民村の子どもを助ける国際非営利団体の設立計画を公式に発表した。国連世界平和の日は、1981 年、当時「明るい社会クラブ（GCS）」国際本部総裁と「世界大学総長会議（IAUP）」議長を務めていた、私の父親趙永植博士が公的に提案し、国連総会がその提案を受け入れ満場一致で採択した日である。個人的にも忘れられない世界平和の日に、国連本部に行って、テコンドー博愛財団の設立計画を発表したのは感慨無量であった。

難民の子どもたちに、テコンドーを通して夢と希望を与えるためのテコンドー博愛財団の事業は、現在、ヨルダン（アズラック難民キャンプ）・ルワンダ（マハマ、キジバ難民キャンプ）・トルコ（キリス、エルベイリ〔Elbeyli〕難民キャンプ）・スイス（ローザンヌ）・フランス（パリ）・エスワティニ（マリンドッサ〔Malindza〕難民キャンプ）・メキシコ（ティフアナ）などで展開されている。中でもヨルダンのアズラック難民キャンプが最も活発に活動している。このような難民キャンプに対する支援に助けられ、2024 年パリオリンピックに計 36 人の難民選手が 12 種目の競技に参加することができた。そのうちテコンドー競技には 5 人の選手が参加している。

私の夢は、テコンドーだけでなく、全オリンピックスポーツが参加する「オリンピックスポーツ平和奉仕団（Sports Peace Corps)」をつくることである。その夢が実現できることを願って、国際オリンピック委員会（IOC）と国連の協力を、機会あるごとに促している。韓国が世界にプレゼントしたテコンドーを、世界の人々から愛され、尊敬されるスポーツにするために、世界テコンドー連盟の努力は続くであろう。

異なる文化の主体が共に美しいグローバル共同体をつくるためには、互いに偏見や差別を払拭しなければならないし、その前提は、全世界の人々の認識・意識の変化、そして、多様性の価値を尊重する姿勢の確立である。こうした私たちの努力が包容力を育て、多文化化に伴うさまざまな問題や課題を解決し、人権向上と社会統合を実現すると信じている。最後に、フランシスコ教皇が、2020 年に COVID-19 で苦しんでいる人々のために送ったメッセージを、今一度心に刻みたい。

　　他人のために生きることは自然の法則です。私たちは、互いに助ける

図1　誰もが楽しむことができるテコンドー
上段の左は国連で共生へのスピーチを行う趙総裁、右は難民選手らを激励する趙総裁とバッハIOC委員長。中段の左右は難民のテコンドー選手団。下段の左は民族、ジェンダー、障害を越えてパリパラリンピックで勝利した選手。下段の右は夢と希望を育みながらテコンドーを楽しむ難民を含む人々。

ために生まれました。どのような難しいことがあっても……あなたの人生は、あなたが幸せな時、素晴らしい。しかし、もっと素晴らしいのは、あなたによって他人が幸せになる時です。

第**3**章　友愛の地を求めて
　　　——民主主義の限界、歴史を切り開く共和主義

鷲山恭彦

Keywords

共和主義，矛盾，一円融合

❶民主主義とポピュリズム

　1989年、ベルリンの壁が崩れ、「ヤルタからマルタへ」と米ソの冷戦終結が宣言され、世界に自由と平和と民主主義が訪れることが予感された。「戦争と革命の20世紀」から「文化と教育の21世紀」への大いなる希望が語られた。それから35年。一世代が経過した今、何と、この民主主義が大きく問われている。

　欧米各国におけるポピュリズムの台頭である。野放図な発言が歓迎され、議会乱入まで許容する米国のポピュリズム。EU脱退の旗を振り、移民排除、自国アイデンティティ強調の英国のポピュリズム。民主化を掲げた東欧で、今や力を振るうのは権威主義的なポピュリズム。職員を自殺に追い込んだ知事が、県民の多くの支持を得て知事に返り咲いた日本のケースもある。これらの指導者たちは、選挙で選ばれ、大衆の支持がある。民意を代表していることを基盤に、社会的合意の無視、司法の軽視、メディアへの攻撃、少数派の排除の政策を展開する。

　かつて民主主義は、歴史の推進力だった。国王、貴族ではなく、民主、すなわち民が主人公になる世界を発動した。しかし民が主人公になった今、民主主義は差別を助長し、格差を是とし、権威主義や専制を招来している。

❷「民主主義は専制になる」

　2024年はカント生誕300年である。そんなことを考えながらカントを読んでいると、カントは民主主義を是とせず、共和主義を語っていることに気がついた。「厳密にいうと民主制は必然的に専制になる。というのは民主制の行政権のもとでは、一人（同意しない者）がいても全員の賛同とひとしく、

21

その結果として、全員でない全員が決めていくことになる」。民主主義の落とし穴を的確に言い当てているのだ。

「天上に輝く星々と、我が内なる道徳律」とカントはうたい、「汝の意志の格率が、常に同時に、普遍的立法の原理として妥当しうるように行為せよ」と人間の主体性の確立を求めた。「真」「善」「美」を追求し、『純粋理性批判』では、感性、悟性、理性によって「真」を追求し、『実践理性批判』では、意志と自由の実践理性によって「善」を探求し、『判断力批判』では、「美」を論じている。

「主体性の確立」「人格の完成」という近代社会の基盤をつくった思想家がカントである。しかしカントの生きたヨーロッパは、戦争続きの過酷な現実だった。1795年、平和追求の書である『永遠平和のために』が書かれる。民主主義への言及は『永遠平和のために』の中の一節である。この本の各所で語られているカントの言葉は、そのまま21世紀への警告となっている。

❸カントと現代

「平和というのは、すべての敵意が終わった状態をさしている」。それゆえ最大の安全保障は、敵をつくらないことである。しかし日本の政治家たちは「敵基地攻撃」などと言って、敵をあえて設定し、挑発している。これは一体どういうことなのか。

「国の軍隊を、共通の敵でもない別の国を攻撃するため、他の国に貸すなどということはあってはならない」。アメリカの20年に及ぶアフガン戦争に、安倍内閣で決めた集団的自衛権によって日本は出動した。幸い自衛隊員に不幸はなかったが、NATOの集団的自衛権で協力したフランスは87名、ドイツは54名、イタリアは48名の戦死者を出している。まったくの無駄死である。米中対立による台湾問題は、アメリカの基地が台湾にない以上、戦争になれば日米安保によって沖縄が中国との戦争の最前線となる。安全地帯にいる権力者たちはいいが、国民にとって安全保障条約は安全破壊条約に暗転する。アメリカの先兵となって中国と戦って何の意味があるのか。個別的自衛権に徹し、「軍隊を他の国に貸す」など、あってはならないことなのだ。

「殲滅戦にあっては、交戦国がともに殲滅され、それとともにすべての正義も消滅するから、永遠平和はようやく巨大な墓地の上に実現する。だから

第3章　友愛の地を求めて

こそ、このような戦争は、戦争に導く手段のもろもろともに、いっさい許されてはならない」。まさにウクライナ・ロシア戦争、パレスチナ・イスラエル戦争が語られている。

「常備軍はいずれ、いっさい廃止されるべきである」。現在、常備軍を廃止した国がある。コスタリカである。紛争の絶えない中南米の真ん中にあるのに、コスタリカは軍隊を廃止した。「軍隊がないから平和」「平和への努力を払っている国に攻めて来る国はない」と国民は確信している。日本もそのはずだった。国連大学のあるのはコスタリカと日本だけなのだから。しかし日本は、敵基地攻撃を言い出して、武器輸出国となり、その特需を狙うまでに堕落している。『永遠平和のために』は、現代を考える生きた手引書なのだ。

❹民主主義の劣位、共和主義の優位

カントは民主主義より共和主義を評価する。そもそも民主主義とは何であろうか。民主と言いつつ、少数は多数に従う。政府の決定は多数の意志を反映したものとし正当性を持つ。カントのいうように「一人（同意しない者）がいても全員の賛同とひとしく、その結果として、全員でない全員が決めていく」体制である。政府は権力をもち強制力があるから、民主主義とは結局、多数者の少数者への暴力的支配ということになる。

これに対して共和主義とは何か。「戦争を起こさないための国家連合こそ、国家の自由とも一致する唯一の法的状態である」とカントはいう。カントは国際連合を提起している。しかし国際政府、世界政府は提起していない。この意味は大きく深い。「政府」となると必ずヒエラルヒーを生み、少数は多数に従い、下部は上部に従う。自由はない。これに対して「連合」は、自主性を軸にして、共通項で集まる。構成員の自由は保障され、同時に、強い自覚性が求められる。共和主義は、「主体性の確立」「人格の完成」というカント哲学の政治における現われである。

対立していても、共通点を見出し、そこを精錬する。こうして生まれる共通の感覚がコモンセンスである。カントの共和主義はコモンセンスの拡大である。平和の希求、信教の自由と政教分離、諸権利の拡大、等々といった諸国民の築いたコモンセンスを基盤とする。そして「戦争を抑え、持続しながら拡大する連合という消極的な方法だけが、法に逆らう敵対関係をさしとめ

23

第1部　多文化社会へ移行する時代へのメッセージ

る」「平和条約は一つの戦争を終わらせるだけであるが、平和連合は、あらゆる戦争を永遠に終わらせることを目指している」「共和国はその性格からして永遠の平和を好む」。

民主主義の下では、選挙の民意によっては、専制や独裁を選ぶ場合も生ずる。対して共和主義は、歴史の中から獲得された達成点であるコモンセンスの下に結集する。コモンセンスは基本的人権と一致し、「人類の多年にわたる自由獲得の結果」であり、憲法の条項の一つ一つはこのコモンセンスの結晶といってもいいだろう。

精錬されたコモンセンスの下に結集し、共有し、その実現を図っていくことによって、人類は進歩し、発展していく。君主制でもなく、貴族制でもなく、民主制でもなく、この共和の実現をカントは追求した。

❺一円融合

現在、二宮尊徳の報徳の考え方で、地域興しをしていく団体の仕事をしている。尊徳の思想は「万象具徳」「以徳報徳」「積小為大」「一円融合」で言い表せるが、対立するものを円に入れて一致点を模索する「一円融合」は、カントの共和主義と強く共振している。

対立をそのままに捨て置かず、必ず円の中に入れて考える。対立はすぐには一致点が見出せない。早くに解決できる場合もあり、2年も3年も、10年もかかる場合もある。しかし円の中に入れて考えれば、敵対的になることはない。熟議を重ね、知恵を絞って一致点が見出せたならば、新しいコモンセンスの創造となり、人類への貢献となる。

ロシア・ウクライナ戦争は、侵略したロシアが悪いと考えられている。しかし「一円融合」の観点から見ると真相が見える。今世紀初頭、ロシアとアメリカは蜜月だった。しかしアメリカが2008年のブカレスト会議においてウクライナとジョージアのNATO加盟を提案したことが転機になる。国境を接するバルト三国のNATO加盟まで容認していたプーチンは怒り、ジョージア侵攻、クリミア領有に至る。NATOを16か国から30か国に拡大し、ロシアを追い込んだ結果が今なのだ。軍事同盟のもつ深刻な問題がここにある。

ドイツのメルケル首相は、共和の思想、一円融合を実践し、ロシアとの関係に一貫して意を尽くした。ナチスドイツの侵略でソ連は2000万人が犠牲

になり、天然ガスのパイプラインもあり、円の中でお互いに共通点を見出す努力を大切にした。メルケル退陣と共に戦争が始まった。いったん戦争になれば、憎しみの連鎖しか生まない。戦争の終わりも見えない。カントのいう「殲滅戦」となり、「永遠平和はようやく巨大な墓地の上に実現する」。メルケルが健在だったなら、戦争はなく、数十万の戦死者は今みんな生きており、ウクライナとロシアの間の国民の絆は続いていた。

　どんな場合も円に入れて考える。決して敵をつくらない。最大の安全保障は何か。敵をつくらないことである。「一円融合」の尊徳の教えは、そしてカントの共和主義は、まさに現代においてこそ、実践されるべき生きた思想なのである。

　ドイツとフランスは、20世紀に二度、世界大戦を起こした。その教訓からヨーロッパ共同体が生まれた。今後、独仏が戦争をすると考える人は誰もいない。私たちの目指すべきは、「敵基地攻撃」などではなく、東アジア共同体である。

❻「木影にも、道のありつる月夜かな」

　カントは思想家でしかなかったが、二宮尊徳は実践家で、生涯にわたって絶望的現実と対峙し、そこから道を切り開いていった。五歳の時に洪水で田畑を失い、苦難の生活の中で父も母も失い、桜町復興の十年も半分以上は農民と武士の怠惰や妨害に苦しんだ。小田原藩の報徳仕法も、藩主が亡くなると、武士に刃向かうやり方だと断罪され、小田原追放となる。打ち首にしろ、島流しだ、焼き討ちだと、脅迫され、尊徳が風呂に入っていると、「先生、危ない」という叫び声が聞こえ、尊徳がとっさに風呂場から飛び出すと、槍が二本、風呂場に突き刺さったという。

　権威や権力を後ろ盾にする人たちの所業を尊徳は嫌というほど体験した。幕臣に取り立てられたものの、日光神領の再建案は十年近く捨て置かれている。しかし尊徳は、どんな状況でも、そこに道を見出している。「木影にも、道のありつる月夜かな」。

　対立と矛盾の中から尊徳は、常に共通項を見出し、それを軸に粘り強く人々を結集させて成果を生み出し、幸福の道を探求していった。死の1年前の日記には、「予が足を開け、予が手を開け、予が書簡を見よ。予が日記

第1部　多文化社会へ移行する時代へのメッセージ

を見よ。戦々兢々、深淵に臨むがごとく、薄氷を踏むがごとし」とある。報徳思想の生命力は、実践によって試され思想の強みである。

❼目指すは、新しい人と人との結びつきの社会関係、友愛の地

　1989年のベルリンの壁の崩壊、資本主義の勝利の謳歌、そして新自由主義の貫徹は、21世紀に入り、大きな社会格差を生み出し、地球環境の変動まで引き起こしている。それに加えて、民主主義を標榜する人々の中においても、民主の内実が鋭く問われる事態も起きている。

　こうした中で、カントの共和主義、尊徳の矛盾を止揚する一円融合の思想は、歴史を切り開く核心を含んでいるのではないか。

　この矛盾を「矛盾こそ希望だ」と、逆に捉えて語ったのはドイツの劇作家ブレヒトである。ブレヒトは演劇という集団芸術の中で、個性と個性がぶつかり合い、矛盾葛藤する一人一人を生かす、新しい人間の在り方を追求し、それを生み出す社会関係を探った。

　資本主義は個人の幸福を追求する。社会主義は社会の幸福を追求する。ブレヒトは、ヒトラーに追われ、スウェーデン、ソ連、アメリカと亡命しながら反ファシズムの運動を行い、社会主義に共感を示した。しかし時は大きな問題を孕んだスターリンの社会主義の時代である。『後に生まれて来る者たちへ』の詩でブレヒトは、「ああ我々　友愛のためにこの大地を準備しようとした我々は　我々では友愛を持つことが出来なかった」と無念を語っているが、この詩が触発的なのは、私たちの目指しているのは「友愛の地」であると端的に語っているところである。そうなのだ、人間が生きるということは、友愛の地を築くためなのだと改めて認識させられる。

　対立の止揚、一円融合、共和の思想……ブレヒトは矛盾にこそ希望を見出し、尊徳は「一円仁　みのり正しき月夜かな」とその達成を詠い、カントは「共和国は永遠の平和を好む、平和連合はあらゆる戦争を永遠に終わらせる」と語る。目指すのは友愛の地。

　私たちは日々、たくさんの課題に直面している。現代の問題は複雑で、一筋縄ではいかない。目標はしっかり見えている。だが、到達する道は困難なジグザグのコースだろう。しかしここには、民主主義の質を高め、人類をより高い段階へ推し進める、豊かな思想と実践が息づいている。

第4章　韓国と日本、2つの祖国を生きてきた生涯

河　正雄

Keywords　　　　　　　　　2つの祖国，姫観音像，芸術価値の共有

❶多文化共生の都市

　私が埼玉県川口市に住むようになったのは 1959 年からである。鋳物の街、工場地帯で環境、治安が良くないとの風評があった。当時、市の総人口は 15 万人程度で、外国人の統計はなかった。私の調べでは外国人 1200～1250 人のうち、朝鮮・韓国人が 1200 人ほどと大多数を占めていた。それが、2024 年の統計によると市の人口は 60 万 6 千余人、そのうち、外国人が 4 万 3 千余人で市全体人口の 7% を占めている。

　近い将来に 10% を超え多文化共生の中核都市になると予測されており、2020 年代に入ってからは日本で一番住みやすい文化芸術都市に変りつつある。自分の住む町が多文化共生都市と変わっているのである。

　この町に住みながら、美術会をつくって子どもたちに絵を教えたり、埼玉新聞社主催の講演会で講演をしたり、地域社会の一員としてできることは精を出してやってきた。同時に、民団（在日本大韓民国民団）の役職も務めた。私にとって、韓国も日本も大切な祖国であった。そして、そこに住む人々は、共生きのパートナーである。

❷清里銀河塾

　2006 年から山梨県北杜市に拠点を置く私塾「清里銀河塾」を開催している。20 代から山梨県北杜市清里の地で余暇を過ごすようになり、この地域・風土に育まれ、今の私がいる。この地に惹かれるようになったのは、単なる自然だけではなく、そこには、私が憧れ、尊敬する人がいたからである。植民地下の韓半島に渡り、韓国の民芸・陶芸を愛し、山林づくりに尽力して、韓国人の敬愛を受けた浅川伯教（1884-1964）・巧（1891-1931）兄弟の息が生き

ている。彼らは、韓日親善は政治や政略ではだめで、美を追求する芸術を通してこそそれが可能だと言っていた。そして、もう一人、戦前・戦後日米間の激動期を変わらぬ友愛をもって青少年教育に一身を捧げ、お墓まで清里に残したポール・ラッシュ（Paul F. Rush, 1897-1979）との出会いがあった。この世に人間愛を教え施された、この先賢たちは在日として生きる私の師であり、目標であり、シンボルであった。

　一人の人間として真実の道を切り拓き歩まれた先賢の足跡は、清里の風土に息づいていた。彼らの精神と清里の風土・韓国の風土・アメリカの風土と重なって、現代を生きる人の心に響くものが、この地域にはあると思われた。人を形成するものは「人の真実」であると思う。「人の真実」が誇り高く、求道的であれば風土、人もそれに準じる。しかし人心乱れ、荒廃に任せれば風土、人も堕するのではないだろうか。八ヶ岳の山麓、清里の地域風土の中に生まれた精神を身につける、浅川兄弟、ポール・ラッシュの生き方から学ぶことの意義と意味を私は見つけたいと思うようになっていった。

　清里銀河塾は国際理解と友好親善を高め、特に、韓日青少年交流を促進する健全な青年活動家の養成を目的としている。清里銀河塾は北杜市にて2006年の第1回開催から始まり、第4回は韓国移動塾として開催、第19回は水道橋YMCA、第20回は東京学芸大学にて在日韓国朝鮮人と多様性について学び、その後ソウルで、特別塾「清里銀河塾世界市民学校」として3回開催された。銀河塾の活動は現在も続いており、塾で学んだ学生・教師・社会活動家など1200人を超える。韓日の友好親善交流に寄与し、浅川から学んだ精神と知恵を社会貢献に生かして、今も奉仕活動の輪を広げている。

❸田沢湖の姫観音像

　私が幼少の時代を過ごした田沢湖畔に「姫観音像」が立っている。姫観音像の由来について、田沢湖町の掲示板には次のように書いてある。

　　いにしえ、辰子とよぶ村の乙女が、永遠にかわらぬ美しさと若さを保ちたいと大蔵山の観音に祈った。満月の日、俄かに山は砕け水をたたえた清浄な湖が成りて女は蛇体に変じて湖の主になりたまふた。それより村の人は、姫をあがめ、湖水の清浄を守り伝えて来た。しかるに昭和

第4章　韓国と日本、2つの祖国を生きてきた生涯

十四年に東北地方振興のため、仙北平野の開拓と水力発電に田沢湖を活用する事になり、湖水が大きな変化を受ける事になった。ここにほろびゆく魚族と湖神辰子姫の霊を慰めるため財を集めて、姫観音像を建立した。みほとけよ、願わくは大いなる恵みを垂れたまわんことを。

　　　　　昭和十四（1939）年十一月　槎湖仏教会　田沢湖町

　姫観音像が立っている田沢湖は私の故郷である。私の家の裏は東源寺の墓地であり、小学生時代、田沢湖駅の近くにあった東源寺の境内でよく遊んだ。家は貧しかったが節句など、祝いのご馳走を母の言いつけで生保内発電所工事の犠牲者が眠る朝鮮人無縁墓に供えていた。その東源寺が都市計画のため1969年、生保内公園墓地に移転した。地元の葬儀屋を営む中学の先輩毛江田真純氏の話では、墓石もない墓から掘り出した朝鮮人無縁仏3〜4体の白骨を火葬して生保内公園墓地の無縁仏塚（柏山墓地無縁者之墓）に1984年埋葬したという。しかし、東源寺にこの無縁仏の記録がないとも言った。

　成人して1980年から戦時中にあった田沢湖周辺の朝鮮人強制連行史実探しを始めた。1937年から1940年にかけて建設された生保内発電所に水を引くために、田沢湖導水トンネル工事が行われていた。玉川と先達川からの2つの導水路と田沢湖から生保内発電所への導水路を掘る工事が同時に行われていた。機械力のなかった時代、人里離れた山中の寒冷の地で、食糧不足に耐えながらの過酷な労働が多数の犠牲者を出したことは想像に難くない。トンネル工事の危険な作業のほとんどは、朝鮮人が受け持ち、待遇は、牛馬のような扱いであったという。

　先達発電所工事では、350名の朝鮮人が、五組の飯場に別れ強制労働に従事していた。私も4、5歳の頃に父母と共に、先達の飯場近くで生きた。戦局が悪くなりかけた頃、労働者たちは、食糧不足で栄養失調となり黄斑症状がでた。ある一人の朝鮮人が、見るに見かねて牛を殺し、息をひそめ食べているところへ刑事が乗り込んできた。刑事は事情を察してか見て見ぬ振りをして立ち去った。私の父母も牛肉を頂いて命をつないだという。

　田沢寺の墓地にも、久しく2つの朝鮮人無縁仏が埋葬されていたことを友人の伊藤幹男氏から教えられた。調べが進むにつれ、過酷な労働を強いられ犠牲になった朝鮮人労働者が多かったことが明らかになり、しかも、まともな葬儀も行われていなかったことがわかってきた。時は経っていたが、

第1部　多文化社会へ移行する時代へのメッセージ

1990 年に朝鮮人無縁仏追悼慰霊祭を営み、慰霊碑を建立した。

　　ふるさとを田沢とよばん彼岸ばな
　　　過去の不幸な歴史の波に翻弄され、悲しい運命を余儀なくされた我が
　　同胞、無縁の佛たちよ、望郷の思い切なく、痛恨の思い深く、辛く、悲
　　しくとも縁結びしこの地を永住の地と定め、霊安らかに眠り給えと祈る。
　　無窮花（ムグンファ）よ、彼岸の彼方の無縁の霊をいつまでも優しく見
　　守り語りかけ慰め給えと祈る。　1990 年秋分の日　田沢湖町よい心の会

　そして 1991 年 6 月 12 日、田沢寺に伺った。そこで、菅原宗美住職が、
姫観音像建立趣意書が田沢寺に保管されていると言い、それを見せてくれた。
それで、長い年月抱いていた私の疑問が晴れた。姫観音像は、田沢湖導水路
工事犠牲者の慰霊碑であったのだ。姫観音像建立趣意書には次のような内容
が入っていた。

　　姫観音像建立趣意書附言
　　　本姫観音像建立件ヲ告ゲ其ノ開眼式ヲ行フ時二際シテハ各会社従業員
　　関係者ニシテ其ノ職ニ殉ジ犠牲トナリタルモノ、追悼慰霊ノ弔会式ヲモ
　　執行シテ其ノ冥福ヲ祈ラントスルヲ以テ茲二併セテ之レヲ附言ス。
　　　　　　　　　　　　　　昭和十四（1939）年五月　槎湖仏教会

　1939 年 5 月田沢湖に隣接する生保内、田沢、桧木内、西明寺四ヶ村四寺
の住職が、発起人となり槎湖仏教会を組織、四ヶ村の工事関係会社の有志
200 余名から浄財を募り、1939 年 11 月、田沢湖畔藁田、潟前橋のところ、
玉川から田沢湖に注ぐ玉川導水路があるその脇の広場に、「姫観音像」を建
立したことがわかった。
　田沢湖町の掲示板にある姫観音像の由来について、私は納得がいかず「秘
め観音」ではなかろうかと多くの人々に疑問を投げた。もしや、この姫観音
像は田沢湖導水トンネル工事に係る犠牲者の慰霊碑ではないかと私は思って
いた。その私の思い、疑問を田沢寺に保管されていた姫観音像建立趣意書が
晴らしてくれたのである。
　田沢寺住職は、先代菅原宗展住職と共に工事飯場で朝鮮人の葬儀を 2 度

営んだことがあった。そして住職を継いで、1984年からは、槎湖仏教会地元有志が姫観音の供養を、毎年4月に営んできた。その法要を営んできた方々は、「今まで口には出せなかったが、田沢湖導水トンネル工事に係る朝鮮人犠牲者の慰霊碑ではないかと、思い秘めて守ってきた。」と語ってくれた。これらの事実から、姫観音像が、朝鮮人犠牲者の慰霊碑であることを確信するようになった。

　私が、田沢湖の姫観音像の由来について、朝鮮人犠牲者の慰霊について、こだわってきたのは、同胞の犠牲を確認することだけではない。過去の真実を明かすことこそ、その真実に関わっていた人々との真の共生きを可能にする出発点だと信じていたからであった。

❹河正雄美術館

　私の父母の故郷は、韓国全羅南道の霊岩である。美しい自然環境の霊岩は、自分のルーツを実感させるところである。この地域に現在生きている人々はこの地域が生んだ先賢たちと共に生きていると感じさせるのである。

　霊岩は、日本に論語や千字文など漢籍を伝えた百済の王仁博士の故郷でもある。王仁博士は当時（300年代後半）進んだ大陸の文字や儒学書をもってきて日本の人々と分け合い、共に生きた人物で、今日の共生の模範を示したと私は思っている。王仁博士の記念公園に桜の木を送り、王仁博士のお墓の庭園造営などを行ったのは、私のその思いからであった。

　その他、霊岩とその周辺にある、道岬寺、光州教育大学、障害者施設などに寄贈、寄付を行ってきた。そして、画家になりたかった自分の夢を叶うことができなかったことの代わりに、生涯集めた美術作品を、霊岩郡や光州市などに寄贈した。現在、霊岩には「霊岩郡立河正雄美術館」が、光州には「光州市立美術館分館河正雄美術館」が存在し、当地の人々、韓国の人々に愛されている。

　私のこうした行為は、私なりの共生の表現である。美術作品の収取は、作者（あるいは元の所有者）の大切な価値（作品）と私の価値（金）の交換であり、美術作品の美術館への寄贈は、地域の人々へ、そして、未来の人々へ私の大切な価値を伝える意味を持っている。価値の交換、価値の伝授が共生の基本だと私は思っている。

Part 2

第2部

多文化共生・人権・教育への
多様なアプローチ

第2部 多文化共生・人権・教育への多様なアプローチ

第1章 人権の歩みと共生への努力と数字にみる社会
―― 相互努力の双方向性から共生へ

李　修京

Keywords　　　　　　　　　　　　　　　　　　　人権，多文化共生，相互努力

❶人類の共生と人権意識の向上への努力

　厳しい環境の中で衝突と戦いの歴史を繰り返してきた人類社会だが、時代状況の中で妥協しつつ、他民族・他文化・他者との「共に生きる」ための努力も続けてきた。

　紀元前18世紀頃、古代バビロニア国のハンムラビ王は、無限の報復による争いを阻止し、最小限の同害報復にとどまるように、「目には目を、歯には歯を」という条文を含む「ハンムラビ法典」を制定した。2m25cmの石柱に282の条文を刻み、多民族国家の社会統合と共生のため、法的整備を行った（図1）。条文には現代社会にとって示唆に富む内容も多い。

　1215年のイングランドではジョン王による権力濫用に対し、国王の権利の制限を法の支配で規定した「マグナ・カルタ（大憲章、Magna Carta）」が制定され、イギリス憲法の土台となった。その後、イギリスの臣民の権利と議会の権限を定めた「権利の章典（1689）」が制定され、立憲君主制の基盤として世界の憲法制定に影響を及ぼした。

　アメリカでは1776年6月に人権宣言の先駆的文書として世界初の成文憲法の「ヴァージニア権利章典」が制定され、同年7月4日にフィラデルフィアの大陸会議でトーマス・ジェファーソンら5人によって起草された「アメリカ独立宣言」が採択された。その後、フランス革命が勃発した1789年8月に、人間の基本的権利や言論の自由、

図1　ルーブル美術館に所蔵中のハンムラビ法典
出典：筆者撮影

三権分立などの権利が記された「人間と市民の権利の宣言」が採択され、すべての人は法の下で平等であることが示された。1791 年には「女性と女性市民の権利宣言（フランス女性の権利宣言）」が制定された。しかし、これらの人権の歩みは 19 世紀に入ると、帝国主義国家の勢力拡大と植民地・市場・土地拡大の動きが 20 世紀半ばまで展開され、列強の覇権競争による暴走で二度の世界大戦が勃発した。戦争と世界的疾病の感染拡大で人類社会は壊滅的な打撃を受けるようになる。何よりも、未来を担う子どもの人権保障が必要だという認識のもと、1924 年 9 月 26 日に「子どもの権利に関するジュネーヴ宣言」が国際連盟第 5 回総会で採択された。そして、二度の世界大戦による反省と、人類の平和な共生社会の構築のため、1945 年 11 月 16 日（日本は 1951 年 7 月 2 日）に「国際連合教育科学文化機関（UNESCO）憲章」が採択された。そして、1948 年 12 月 10 日の第 3 回国連総会で「世界人権宣言」が採択された。地球上のすべての人間は生まれながらに自由であり、平等な尊厳と権利を有し、互いに同胞の精神をもって行動すべきだという内容で始まる人権宣言は、すべての人と国が達成すべき人権の共通基準としてグローバル社会への道標になった。

　その後、第 14 回国連総会で採択された「子どもの権利宣言」(1959 年 11 月 20 日)、あらゆるレベルの学校教育における人権教育の推進を促す「人権教育に関する決議」(1978 年 10 月)、人権教育の実践強化のための「人権教育のための国連 10 年」(1994 年 12 月 23 日)、ユネスコの「平和・人権・民主主義のための教育に関する総合的行動要綱」(第 28 回総会、1995 年 11 月 8 日) が採択された。世界的に人権啓発が展開されるなか、日本政府も 2000 年 12 月に「人権教育及び人権啓発の推進に関する法律（人権教育・人権啓発推進法）」を策定し、人権教育の啓発を展開しはじめた。

　なお、国連は 2015 年に、8 つの課題目標を掲げた 2001 年のミレニアム開発目標（Millennium Development Goals: MDGs）を継いだ 17 の目標と 169 のターゲットからなる「持続可能な開発目標（Sustainable Development Goals: SDGs)」を通して、貧困問題や人権、経済、教育、性差、社会、地球環境などの課題から「誰一人取り残さない（leave no one behind)」をスローガンに、さまざまな取り組みを行っている。

第2部　多文化共生・人権・教育への多様なアプローチ

❷数字にみる日本国内外の動き

　以上から、約 80 億の人が暮らすこの地球社会は古代より多くの犠牲を払いながらも人権問題の解決に努力してきたことが確認できる。一方、コロナ禍後の不安定な国際情勢とともに移民（2 億 8100 万人、2024 年現在）、戦争・紛争で故郷を追われた避難民（1 億 2000 万人以上、2024 年現在）避難民の移動（その多くが女性と子ども）も急増している。民族や歴史・文化・言語が異なる人々の出逢いと対立・葛藤による小競り合いも多発している。移民・難民の流入に不十分なインフラ整備問題や文化対立から生じる衝突は、極右勢力や反移民政策への支持拡大にもつながっている。例えば、欧米各地での移住者などによる名所での大規模礼拝や反戦パレードなどが SNS を賑わせた 2024 年、国内外でも移民・難民の増加に対するさまざまな意見が飛び交った。日本でも異文化との共生への知恵が求められた。例えば、火葬が 99%以上の日本に暮らすイスラム教徒の死後の土葬文化と土地使用をめぐる葛藤が生じた。コロナ禍後、日本は「過去最多」といわれる「多死社会」（2023 年の死者は 157 万 5936 人、厚生労働省発表）となり、少人数で催行する葬儀屋の展開が見られ、火葬場の不足問題や墓を持たないで自然に回帰する「樹木葬」など、多様な葬儀・葬送方法が行われている。日本も土葬文化の記憶があるが、土葬に伴う土地使用などで近隣住民の理解が得られるように話し合いが続きそうだ。

　日本のもう一つの「過去最多」として注目されるのが、2024 年の訪日観光客数（3686 万 9900 人）である。観光客の国内消費額も 8 兆 1395 億円にのぼり、莫大な経済効果は喜ばしいものの、インバウンドの恩恵が一部の観光地や観光関係側に限られ、地域住民や自治体への再分配が不十分であった。その結果、オーバーツーリズムによるさまざまな弊害の不満の声が高まっている。観光地の偏りという問題改善と、地域社会のインフラ整備や異文化観光客への観光マナーの周知活動などの整備、そして経済効果の再分配の解決がより豊かな観光立国としての共生につながる。異なる文化との出逢いにおいては地域住民との歩み寄りによる基盤づくりが肝心であり、社会の秩序を共に守る努力により相互関係が築かれる。一方的な自文化の強調や文化経済的優劣による相手（文化）の否定は対立と葛藤を生み出し、望ましい関係をもたらさない。「共生」には相互の一定の「tolerance（寛容）」が伴う

ことを共通認識とする学習の機会が必要である。世界は確実に多元化しており、人々の激しい移動とともに、一国一地域主義や自文化優越主義では多様な文化で成り立つ国際社会に歓迎されない。世界との歩調合わせを通して共に成長することによって未来の発展も可能となる。人類が直面するさまざまな課題に共に取り組んでいける市民性を高める教育が必要な理由もそこにある。その課題の改善のため、現在、世界規模で展開しているのがSDGs17の目標である。

　2024年10月のグローバル多次元貧困指数（the global Multidimensional Poverty Index: MPI）によれば、全世界の貧困層11億人の過半数にあたる5億8400万人が18歳未満の子どもであり、貧困層のうち、暴力的紛争地に住む人々が4億5500万人にのぼる（UNDP参照）。また、2023年の飢餓人口は7億1300万～7億5700万人にのぼると推定され（国連報告書）、学校に通っていない子どもたち（6～17歳）は2億5100万人（16.1%）にのぼる。一方、国連は5～17歳の児童労働者数が2020年の約1億6000万人から、2025年には1億2100万人に減少すると見込んでいる。難民の過半数が女性で、2023年現在、生理中でも衛生用品にアクセスできない「生理貧困（period poverty）」の人の数は5億人にのぼる。これらの背景には戦争・紛争のような政治状況と宗教・旧習・性差・階級や家父長制度などが強く影響している。その分、196か国の中でもG7の先進国に入る日本の国際社会への寄与が期待されている。

　一方、約1億2000万人が暮らす日本には340万を超える外国人住民も共生している。少子高齢化や貧困児童・高齢者貧困、ヤング・ケアラー、地域の過疎化や廃村による744自治体消滅可能性（2050年まで、1729自治体の4割。2024年の人口戦略会議報告）などが深刻な問題になっている。日本政府は、地方創生・観光・建築・介護・農漁村や保育・医療現場などに必要な人手不足の解消法として2023年に、家族帯同も可能で無期限に就労可能である在留資格「特定技能2号」の対象を11分野に拡大することを閣議決定し、翌年には「育成就労制度」の創設を決めた。早急に雇える外国人労働力確保に追われてつくられた制度のため、今後是正の課題もあるが、2027年から施行予定である。

　他方、外国人労働者との言語・文化による葛藤と排他的動き、外国人児童生徒教育の課題も浮上している。今後は146万人のひきこもり（2024年

第2部　多文化共生・人権・教育への多様なアプローチ

現在、小中学生は 34 万人）の社会活動を促す模索も必要である。また、貧困児童や高齢者の貧困と一人暮らしなどの諸問題を解決するために、子ども食堂やシェアハウスの活用など、さまざまな共生の試みが拡大しつつある。廃校や古民家などのリノベーションも進んでいる。学校の廃校の増加とともに、少子化とインターネットの普及、AI 時代のさまざまな影響が教育現場に響く昨今、教員の役割も多岐にわたっている。日本の全体教員数は 109 万 960 人（2025 年現在）だが、教員不足が悪化している自治体が 42.6%（2023 年）で、教員確保も深刻な問題である。不足数だけの問題ではなく、グローバル時代の多様性を身につけた質の高い教員育成が課題である。そのため、時代に見合った次世代育成ができる資質を備えた教員育成や、「『新たな教師の学びの姿』の実現」と「多様な専門性を有する質の高い教職員集団の形成」を目指す教員養成を通して、隠れ残業のないゆとりが魅力的な教職環境を整備していくことが社会の優先課題だといえる。これらの地道な努力とトレランスの意識をもって多文化が共生する人権社会を形成することがこの時代に生きる我々の責務だといえる。

🔍 考えてみよう！／調べてみよう！

- 人権尊重の精神の涵養を促す人権教育・啓発を推進する理由を考えてみましょう。
- 異文化と自文化の事例を考えてみましょう。

📚 参考図書・ウェブサイト

UN、ユニセフ、UNDP、UN WOMEN 日本協会、文部科学省、厚生労働省、法務省、NHK 放送 HP 参照（2025 年 1 月 23 日最終閲覧）。

権五定・鷲山恭彦監修／李修京編（2019）『多文化共生社会に生きる──グローバル時代の多様性・人権・教育』明石書店

Column

● Column ●
「生理」の理解と「生理貧困」の解決で共生社会へ

李　修京

　人類の存続に重要な役割を果たしてきた女性の「生理（月経）」現象。人類は生理現象によってつながってきたのは周知のとおりです。女子は成長とともに月経を迎えます。最近は発育状態によっては10歳から生理が始まる人も増えています。妊娠可能性を表したとしても、心身ともに未発達の子どもであり、基本的な学校教育を通して成長と発達に向かうことが望ましいです。しかし、途上国や宗教を理由にする一部の国家では女子教育や女子の社会進出に否定的で、子を産む手段や労働力、貧困家庭の口減らしなどの理由で嫌がる女児を早婚させる家も多く存在します。

　生理への偏見と差別は依然として世界各地に残っています。例えば、ネパールの一部地域に残るヒンズー教の「チャウパディ（Chhaupadi）」という慣習は、女性の月経血や出産血を不浄なものとみなすため、出血が続く期間中の女性は他の人や物に触れることが許されず、家や家族から隔離させられた畜舎や倉庫などで毒蛇や寒さによって死に至る事例が多く報告されています。さらに、ネパールの女性は病院より自宅出産が多く、これらの慣習や非衛生的な環境での妊娠・出産過程で医療施設での治療が受けられず死亡することも多発しています。チャウパディ期間中の女性を狙う性犯罪も深刻であるため、ネパール政府は処罰法を設けていますが、社会に影響のある宗教的慣習の改善には時間がかかりそうです。ちなみに、世界の18歳未満の女児8人中1人が性的暴行を経験し、学校に行っていない女児は1億2900万人、背景には根強い性差別と貧困問題があります。

　ところで、これらの慣習と同じヒンズー文化圏のインドでは、P&G社が生理中の女性がピクルス瓶に触れると中のピクルスが腐るという迷信を打破するため、10代の女性300万人が参加した「ピクルスを触ろう（Touch the pickle）」キャンペーンを展開し、生理への認識改善への動きにつながったと評価されています。しかし、21世紀現在、世界には生理ナプキンの使用すらままならない女性の数は2億人を超えています。

　国連は毎年10月11日を「国際ガールズ・デー」と定めて、生理への偏見

や児童婚などで苦しむ女児の社会的不平等問題を根絶し、改善を促すさまざまな企画を行っています。残念なことに、伝統という名の旧習と宗教的理由、貧困、家庭的事情などで15歳未満で結婚させられる児童の数は2億5000万人といわれています。特にアフリカの女児の早婚率は約30%（UNFPA報告）で、2030年まで女児の60%に近い9億3100万人が気候現象による飢餓や不平等、児童婚に追い込まれるといわれています（Save the Children HP）。今でも初潮を迎えてもいない幼い子どもをわずかなお金を支払って結婚相手にする国や地域、宗教社会があります。生涯を通して学校に行ったこともない女性が多い主な理由になります。

なお、閉経の平均年齢が50歳だとすると、女性は40年以上の月経ストレスの中で生きることになります。生涯およそ400〜500回、毎回（1回は3〜7日程度）約20〜120mlの出血に対応しなければなりません。人生の約8分の1に該当する3000日以上が出血状態であり、それに伴う心身の苦痛を「成長の証だから」とする社会的圧力に耐え忍ばなければなりません。

一般的に生理が始まる一週間前からホルモンの変化に伴う浮腫みやおなかの痛み、ニキビなどの肌荒れ、心理的不安（premenstrual syndrome: PMS）など、月経随伴症が現れます。いざ生理期に入ると、白色の服装の忌避やナプキン使用問題、頭痛・生理痛などの体調不良で、不便で辛い通学・通勤・仕事で憂鬱な気分になります。

一方、貧困などの事情で生活必需品の生理用品が入手困難な状況に対して、遅ればせながら世界中の女性たちが声を上げています。2017年にイギリスで #freeperiods（by Amika George）キャンペーン以来、「period poverty（生理の貧困）」の訴えが拡大し、2019年からイギリスやイングランド、ニュージーランドで11〜18歳の女子にナプキンの無料配布が行われ、2020年にはスコットランドで初の衛生用品の無料提供が法制化されました。また、韓国やアメリカ、オーストラリア、ケニアなどでさまざまな形でのナプキンの無料配布が行われています。

日本でも最近、いくつかの高校で生理理解への取り組みがあり、2024年には東京ガス本社で男性管理職の生理理解への体験研修が行われるなど、意識改善への動きが続いています。また、使い捨てナプキンの「アンネナプキン」（1961年）が登場して以来、地球環境を意識した生理ショーツや生理カップなど、多様な生理用品が開発されつつあります。今後は日本を含む世界各地での生理への理解が一層拡大し、生理貧困を解消する「period equity（生理の平等化）」が実現できれば、地球社会はより健康な共生環境になるはずです。皆さんの関心を期待しています。

第**2**章　多文化主義・多文化共生政策の歴史的背景と課題

権　五定

Keywords　　　　　　　　　　　　　不平等の正義，人権革命，公民権運動

❶「多文化共生」の条件と人権

　多文化共生社会に生きるとは何か。今日、多文化と接する機会が激増している。間違いなく、多文化の中に生きているのである。しかし、それをもって多文化共生社会に生きるといえるのか。

　一つの社会・体制の中に複数の異なる文化が存在するだけで、多文化共生社会とはいわない。一つの社会・体制の中のそれぞれの文化が平等・自由に営まれ、その文化が持続・共有できる学習（教育）システムが確立されて、初めて多文化共生社会が成り立つからである。

　人間の生きること自体共生である。生きることは、誰（何）かとの「関係」を形成・発展・変化させる過程である。その過程で最終的に発見したのは、人間の尊厳性・「人権」という普遍的価値であった。その価値を、考え方・生き方を異にする存在と共に実現させるのが多文化共生である。

❷多文化共生努力の原型

　人類は、5〜7万年前からアフリカで生の営みを始め、生きる糧を求めて移動し、世界に散開したという。移動の過程で外見の異なる人種が現れ、さまざまな文化や言語が形成された。移動が続くなか、異なる文化をもつ人間が遭遇し、新たな多様な文化が生まれていった。反面、言語・文化の違いによる葛藤、紛争が起こり、負の多文化化現象も見られた。旧約聖書創世記にある「バベルの塔」の故事はその事情を物語っている。

　ローマは「バベルの塔」を教訓に、拡張に伴う多文化化への対応策を工夫・実践していた。排他的密着集団（cohesive group）の市民が主導する安定した体制を維持していたローマは、版図が広がるにつれ、負の多文化化現象

第2部　多文化共生・人権・教育への多様なアプローチ

もみられるようになった。多文化共生を模索せざるを得なくなったのである。

　ローマの多文化共生政策の象徴的事例として、クリスマスの設定が挙げられる。ローマは拡張過程で域内に入ってきたキリスト教の信者が増え続け、392年には国教にせざるを得なかった。そして、ミトラス教など土着宗教の「光の祭り」が行われる12月25日にキリストのミサを上げることにした。クリスマスの始まりである。12月25日は、ローマの暦の上、光が復活を始める冬至であった。その日に、復活の宗教キリスト教のクリスマスを設定し、他の宗教・文化との調和・共生を図ったのである。ローマの知恵が生んだ多文化共生政策の原型であった。

❸近代の「不平等の正義」の体制下で破壊されていた共生の倫理と秩序

　ヨーロッパでは、18世紀から人間の理性こそ神や伝統より大切であるとする啓蒙主義（the Enlightenment）が社会をリードしていた。そして、科学技術の進歩・工業の発達・市民革命・国民国家の誕生・封建階級体制の崩壊など目まぐるしい変化が続いた。これらの変化は、生活の質の向上、平等・自由な市民層の形成など輝かしい時代をもたらしたかにみえた。しかし、格差・不均衡・不平等が蔓延する暗い時代でもあった。

　19世紀末までにはヨーロッパの主要国ほとんどが、単一民族・単一言語など国民的一体性を求める中央集権的統一国家・国民国家をつくり上げた。そして、国民国家間の無限競争が展開されていった。結果的に、勝った国が善であり、正義であった。「不平等の正義」の時代が到来したのである。

　「不平等の正義」の時代の先進国民国家は、弱小国を分割・統合し、世界のいたるところに植民地をつくった。国家体制が整ってない地域では、「無主地」とみなして勝手に入植を始めた。そして、先住民のすべてを剝奪し、同化を強いた。その過程で抵抗するものは殺戮した。最近、アメリカとカナダで、同化を拒む者に対する、cultural genocide の結果とみられる子どもの遺骨が発見されている（BBC 2021.6.24）。多くの主権国家をも植民地にし、言語・文化を奪い、強制労働・徴兵・植民地産業・植民地教育を強いた。

　近代の国民国家は、国家競争力増強の邪魔とみられた、障害をもつ人・重い病気をもつ人などは社会から除外した。「優生思想」に基づいて、強制的に不妊手術も行った。日本では最近、その犠牲者に対する国の責任を認める

判決が出ている（NHK 2014.7.4）。

「不平等の正義」の時代近代に、共生の倫理と秩序・人権が破壊されていたのである。

❹多文化共生の政策的次元の努力と限界

⑴「人権革命」に触発されて台頭する多文化主義・政策

1948 年国連総会で採択された、「人権革命」といわれる「世界人権宣言」をはじめ、「不平等の正義」の是正を求める宣言や国際条約が次々と出された。これらの「宣言的装置」は、国際社会に大きな影響を与え、圧力として機能し、オーストラリアやカナダなどは、先住民の土地権・自治権・条約権・文化権・言語権などを承認（recognition）し、多文化共生に向かった。

しかし、そこには、本来的であるはずの先住民の権利が、国家の「承認」によって成立するかのような考え方が見え隠れしていた。それが原因の本となって、今日に至るまで、先住民と国家との間にトラブルが続いている。最近、ニュージーランドで、ワイタンギ条約（1840 年）の再解釈法案をめぐって、マオリ族が反発している（KBS 2024.11.19）のもその一例である。

⑵マイノリティの抵抗・公民権運動によって生まれる多文化主義・政策

アメリカでは、1862 年黒人解放宣言が出されたものの、その後も、黒人は社会的に排除・差別され続けた。政策レベルにおいても、「分離されど平等である（Separate but Equal）」といって社会的排除と差別を正当化していた。その黒人の、1955 年に始まったバースボイコット運動が公民権運動と発展し、1964 年公民権法（Civil Rights Act）が成立した。

公民権法の成立後、人種分離政策の違憲性、教育機会の平等などに関する最高裁判所の判決が次々と出され、1980 年代からアメリカは本格的に多文化共生政策に移行していった。

建国当初から、アメリカはインディアンと黒人を差別し続けた。19 世紀半ばから殺到する移民労働者に対しては、徹底した同化を求めた。排他的な国家主義に満ちていたアメリカが多文化共生へと舵を切ったのは、革命的な変化であった。しかし、アメリカの多文化共生政策は限界も露呈している。黒人をはじめマイノリティに対する差別や誹謗が社会の慣習のように残っ

第2部　多文化共生・人権・教育への多様なアプローチ

ており、最近は、アメリカへの期待と信頼を裏切るような移民難民の処遇問題が浮上している。アメリカにおける「人種差別の流行（Racism Pandemic）」（BBC 2020.6.5）が報じられている所以である。

⑶ 外国人労働者の受け入れに伴う多文化化への対応策としての多文化主義・政策

　多文化共生政策の中、最も現代的な背景・状況から生まれたのは、外国人労働者を受け入れた結果生じる、文化的軋轢や摩擦、外国人労働者の人権問題に対応するために立案、実践されている政策である。

　戦後経済復興が軌道に乗り、ドイツ（当時西ドイツ）は 1960 年代から外国人労働者を受け入れ続け、2021 年現在、外国人が全人口の 27.2% である 2230 万人に達している（ドイツ連邦統計局）。言語・宗教・生活様式・経済的条件などが異なる外国人が増え続けた結果、ドイツでは負の多文化化現象が蔓延し、外国人労働者の人権問題が浮上してきた。そこで、ドイツの連邦政府・州政府・自治体・民間団体・教育現場は連携して法制度を整備するなど、問題解決に取り組んだ。また、外国人労働者関連問題の根底にある南北問題の構造を正しく認識・理解させるべく、「開発教育」を全国的に進め、ドイツは、多文化共生政策実践の優等生といわれた。

　しかし、2010 年、当時の首相メルケル（Angela D. Merkel）が、「ドイツの多文化政策は完全に失敗した」と言い出した。共生の倫理・秩序に反して、ネオナチが「死のリスト」までつくりながら外国人を排斥する動きを活発化していたからであった（Newsweek 2019.11.8）。

　ドイツの政策と基本的に同じ背景をもつ多文化共生政策が、韓国で推進されている。韓国は、「漢江の奇跡」といわれるほど急激に経済が拡大し、1990 年代から労働力不足に直面した。少子高齢化、高学歴化は労働力不足を煽った。こうした事情で、外国人労働者を受け入れはじめるが、2000 年代に入ると、負の多文化化現象が顕在化し、特に、外国人の人権問題が深刻になった。そこで、韓国政府は、「在韓外国人処遇基本法 2007」「多文化家族支援法 2008」を制定・運用するなど多文化共生政策に乗り出した。

　韓国は例を見ないほど積極的に多文化政策を推進している。一般労働者を大胆に受け入れて、2023 年現在外国人が全人口の 4.89% である 250 万 8000 人になっており（韓国法務部統計）、法制度の整備・外国人の支援・外国人への参政権付与・組織の管理職への外国人の登用・多文化教育の推進・多文

政策の啓蒙的広報など、多文化共生の可視化が非常に速いスピードで進んできた。しかし、多文化共生と背反する事象も多く見られている。難民の入国と国内における移動を反対する動きもあり、多文化教育が、ナショナリズムの論理を継承して、外国人の同化に傾斜しているという批判の声も上がっている。そして、寒波の中、暖房の入っていないビニールハウスで女性の移民労働者が死亡する事件も起こっている（KBS 2020.12.23）。

＊

　国家主導の多文化共生政策は、多文化共生の条件・環境を整えるなど重要な役割を果たしてきた。しかし、多文化共生を実践する当事者は、個々人の市民である。共生の当事者が、共生を実践しない限り多文化共生の実現は望めない。そして、多文化共生の相手の当事者は、外国人・先住民など他人に限らない。身内の相手との関係においても、常に共生のルールが作動しなければならない。

　人類歴史上の最も重要な課題は多文化共生である。人類は、征服・戦争・移動による歴史の断絶・破壊を回復させるために共生の課題に挑んできた。そして、その過程で新たな課題が生じている。新たな課題に挑むべき主体は、やはり共生の当事者である。

考えてみよう！／調べてみよう！

- 「多文化共生」は、なぜ、だれのために必要なのでしょうか？
- 多文化共生政策は、多文化共生の実現に向けて、適切に設計・実践されているでしょうか？
- 多文化共生の当事者として、自分は何をどう実践すればよいでしょうか？

参考図書

Gutman, A. ed. (1994), *Multiculturalism: Examining the Politics of Recognition*, Princeton University Press〔=1996, 佐々木毅ほか訳『マルチカルチュラリズム』岩波書店〕.

Kymlicka, W. (2007), *Multicultural Odysseys: Navigating the New International Politics of Diversity*, Oxford University Press〔=2018, 稲田恭明・施光恒訳『多文化主義のゆくえ——国際化をめぐる苦闘』法政大学出版局〕.

Zinn, H. (2009), *A Young People's History of the United States*, Triangle Square〔=2009, 鳥見真生訳『学校で教えてくれない本当のアメリカの歴史（上・下）』あすなろ出版〕.

第 2 部　多文化共生・人権・教育への多様なアプローチ

第**3**章　多文化共生社会の基盤としての
　　　　　人権教育・啓発

林　尚示

Q Keywords　　　　　　　　　　　　　　人権教育，文部科学省，外国人

はじめに――検討の素材など

　筆者は 2003 年から、文部科学省の「人権教育の指導方法等に関する調査研究会議」や「学校教育における人権教育調査研究協力者会議」の委員として人権教育について検討を深めてきた。これらの経験から、多文化共生社会と人権教育の関係について関心をもつようになった。現在は、世界経済フォーラムでも分断された世界における「信頼の再構築」がテーマとなっている時代であるため、人権教育の必要性はますます高くなっている。そのため、本章のリサーチクエスチョンは、「人権教育が多文化共生社会の基盤となるか？」とした。

　まずは本章における多文化共生社会と人権教育・啓発について定義をする。次に、政策に関するドキュメントなどの分析により多文化共生社会と人権教育の関係について整理する。最後に、人権教育が多文化共生社会の基盤となるかどうか考察をする。

❶多文化共生社会の基盤としての人権教育・啓発

⑴ 多文化共生とは

　本章における多文化共生については総務省多文化共生の推進に関する研究会の定義を活用する。そこでは、多文化共生を「国籍や民族などの異なる人々が、互いの文化的ちがいを認め合い、対等な関係を築こうとしながら、地域社会の構成員として共に生きていくこと」（総務省 2006: 5）と定義している。総務省では、多文化共生の拠点づくりのために、学校、図書館、公民館などが多文化共生の拠点となることを今後必要なこととし、特に「外国人の人権尊重の啓発や地域に多い外国人の言語を学ぶ機会を提供することも有

46

益である。」（同上：35）としている。

「外国人の人権尊重」は、政府の「人権教育・啓発に関する基本計画」にも関わる内容である。「人権教育・啓発に関する基本計画」は、日本国内で行われている人権教育と啓発活動に関する基本的な計画や指針である。法務省が公益財団法人人権教育啓発推進センターに委託した「人権教育・啓発に関する取組課題に係る調査研究有識者検討会」（2023-2024）にも、「外国人の人権尊重」に関連する内容がある。外国人等に対する人権侵害として、ヘイトスピーチ等の差別的言動が問題となっており、複数の人権課題にまたがる問題として、「インターネット上の人権侵害」と「ヘイトスピーチ」が取り上げられている。（公益財団法人人権教育啓発推進センター 2024: 38）「人権教育・啓発に関する取組課題に係る調査研究有識者検討会」では、現行の「人権教育・啓発に関する基本計画」の見直しを提言している。その中でも、外国人に対する人権侵害は「インターネット上の人権侵害」と「ヘイトスピーチ」の両方に関連しており、課題横断的な問題としている。

⑵ 人権教育とは

本章における人権教育については、「人権教育のための国連 10 年（1995年～2004 年）行動計画」（United Nations Decade for Human Rights Education）（1995-2004））、日本の 2000 年の「人権教育及び人権啓発の推進に関する法律」や文部科学省の定義を確認したうえで、文部科学省による人権教育の目標をもとに検討を進める。

国連が「人権教育のための国連 10 年」の行動計画を策定したが、その中で、人権教育を「知識と技術の伝達及び態度の形成を通じ、人権という普遍的文化を構築するために行う 研修、普及及び広報努力」（外務省）と定義している。人権は普遍的文化（universal culture）で、その構築のために知識、スキル、態度（knowledge, skills, attitudes）の形成をする考え方が特に重要である。

日本の「人権教育及び人権啓発の推進に関する法律」では、人権教育とは、人権尊重の精神の涵養を目的とする教育活動をいい、人権啓発とは、「国民の間に人権尊重の理念を普及させ、及びそれに対する国民の理解を深めることを目的とする広報その他の啓発活動（人権教育を除く。）をいう。」と定義されている。この法律によって、国や地方公共団体は、人権教育および人権

啓発に関する施策を策定し実施する責務を負っている。また、国民は、人権
尊重の精神の涵養に努め、人権が尊重される社会の実現に寄与するよう努め
る責務を負っている。

　これらの定義に基づいて、筆者も委員として参加した文部科学省による
「人権教育の指導方法等に関する調査研究会議」において、学校における
人権教育の目標を定めた。筆者らが検討を重ねた結果、人権教育の目標は、
「一人一人の児童生徒がその発達段階に応じ、人権の意義・内容や重要性に
ついて理解し、[自分の大切さとともに他の人の大切さを認めること] ができる
ようになり、それが様々な場面や状況下での具体的な態度や行動に現れると
ともに、人権が尊重される社会づくりに向けた行動につながるようにするこ
と」（文部科学省 2008）となった。この目標は、当時から現在にいたる日本
の学校教育で一貫して活用されている目標である。

　近年の人権教育については、国連の「普遍的文化としての人権」、そのた
めの「知識、スキル、態度」の形成、日本の「人権尊重の精神の涵養を目的
とする教育活動」、そして文部科学省の「[自分の大切さとともに他の人の大切
さを認めること]」が態度や行動に現れるようにする目標によって整理するこ
とができる。以下、多文化共生社会の実現に係る各省の人権教育の取組につ
いてみていこう。

⑶ 個別人権課題「インターネット上の人権侵害」に関連する総務省の取り組み

　総務省では、多文化共生社会と人権教育との関係において、特に個別人権
課題「インターネット上の人権侵害」に関連して取組が行われている。そし
て、2024 年に、プロバイダ責任制限法の一部改正が行われた。そして、同
年に「特定電気通信による情報の流通によって発生する権利侵害等への対処
に関する法律」も公布された。情報流通プラットフォーム対処法では、権利
侵害情報への対応の迅速化、運用状況の透明化などがなされた。この法改正
により、インターネット上で自身に関する誹謗中傷などを他人から書き込ま
れた場合の対応が迅速になる。そのため、個別人権課題「インターネット上
の人権侵害」が減少し、多文化共生社会の実現に近づくのではないだろうか。
学校における人権教育でも、総務省の取り組みを知識として伝えることは大
切である。子どもや家族が被害者となるインターネット上の誹謗中傷等の違
法・有害情報への対策となるためである。

第 3 章　多文化共生社会の基盤としての人権教育・啓発

⑷ 個別人権課題「外国人」および「ヘイトスピーチ」に関する法務省の取り組み

　法務省は 2022 年に「外国人との共生社会の実現に向けたロードマップ」
（2024 年一部変更）を作成している。そこで示されたビジョンを実現する
ために取り組む中長期的な課題（4 つの重点事項）を設定している。それは、
①円滑なコミュニケーションと社会参加のための日本語教育等の取組、②外
国人に対する情報発信・外国人向けの相談体制の強化、③ライフステージ・
ライフサイクルに応じた支援、④共生社会の基盤整備に向けた取り組みであ
る。④について、人権教育との関連では、「外国人との共生に係る啓発月間
の創設、各種イベント等の実施（法務省）」「学校における、異文化理解・多
文化共生の考え方に基づく教育の更なる普及・推進（文部科学省）」などが含
まれる。

　ヘイトスピーチ解消に向けた取り組みとしては、2016 年に「本邦外出身
者に対する不当な差別的言動の解消に向けた取組の推進に関する法律」（ヘ
イトスピーチ解消法）が施行されている。しかし、インターネット空間を含
めた不当な差別的言動がいまだ存在（警察白書より）する現状を踏まえ、イ
ンターネット上での啓発活動、ポスターやリーフレットなどによる啓発活動
が行われている。これらの内容は、学校教育においても教材として活用可能
なものである。

⑸ 人権教育についての文部科学省の取り組み

　文部科学省では、学校教育を対象として「人権教育開発事業」「人権教育
担当指導主事連絡協議会」「人権教育推進研修」を行っている。「人権教育開
発事業」には、「学校における人権教育の在り方に関する調査研究」や「人
権教育研究推進事業」が含まれる。「人権教育担当指導主事連絡協議会」は
文部科学省が主催する協議会で、都道府県教育委員会の人権教育担当者を対
象としたものである。「人権教育推進研修」は独立行政法人教職員支援機構
が主催で文部科学省が共催している。対象は都道府県教育委員会の指導主事
や学校教員で人権教育の指導者となる者等である。これらの事業は、直接的
に児童生徒に影響するものであり、多文化共生社会実現のための人権教育上、
重要なものである。

　また、「社会教育を推進するための指導者の資質向上等事業」においても、
社会教育主事の養成や講習の実施等により指導者の育成や資質の向上が図ら

第２部　多文化共生・人権・教育への多様なアプローチ

れている。文部科学省では、学校教育と社会教育の両面から、多文化共生社会の実現に資する人権教育の取り組みが行われている。

⑹　国連「人権教育のための世界計画」第５フェーズ行動計画 (2025–2029)

　2024 年に国連人権理事会で、「人権教育のための世界計画」第５フェーズ行動計画が採択された。この行動計画は、人権教育の普及や広報、研修などを通じて人権文化の発展や人権教育への関心を高めるための基本的な枠組みであり、国際文書に基づいた人権教育の基本原則や方法論への共通理解を促進する指針である。第５フェーズ行動計画では、国は人権教育を促進する政策を策定し、採用し、実施し、モニターすべきであるとしている。特に、正式な教育に人権教育を確実に取り入れるために、政策と法律を次のような方法で策定することを求めている。国家カリキュラムと教育基準（national curriculum and educational standards）において、人権の知識、スキル、態度を基本的能力として認めるべきであるとしている。また、人権教育に特化した国家カリキュラムの作成、または人権教育を既存のカリキュラムに総合すべきであるとしている。そのため、日本の教育課程の改訂に際しては、人権教育を通して分断や格差の拡大を防ぎ、共生社会を実現するという方向性が望まれる。

まとめ

　本章のリサーチクエスチョンの答えは、人権教育が多文化共生社会の基盤となるというものである。その理由は次の３点である。

　第一に、多文化共生社会の実現のための障害となる個別人権課題「インターネット上の人権侵害」に対して、総務省の取組により対策が取られていることが明らかになった。なお、インターネット上の人権侵害は国内問題ではないため、世界規模でのルールづくりも今後は必要になるだろう。

　第二に、多文化共生社会の実現のための障害となる個別人権課題「外国人」および「ヘイトスピーチ」に対して、法務省の取り組みにより対策が取られていることが明らかになった。なお、ヘイトスピーチに類する現象は学校教育でもいじめの形態で表出することがあるため、法務省と文部科学省の施策については十分な連携をとるとよい。

50

第3章　多文化共生社会の基盤としての人権教育・啓発

　第三に、多文化共生社会の実現のためには、人権教育についての文部科学省の取り組みの効果が期待できることが明らかになった。文部科学省の人権教育は、多文化に限らず自己の大切さと他の人の大切さを認めることを基盤とするため、より汎用的な教育となっている。

考えてみよう！／調べてみよう！

- 国の「人権教育及び人権啓発の推進に関する法律」にはどのようなことが書いてあるでしょうか？
- 政府の「人権教育・啓発に関する基本計画」の特徴はどのようなことでしょうか？
- 文部科学省の「学校教育における人権教育調査研究協力者会議」はどのようなことを検討しているのでしょうか？
- 文部科学省の「人権教育開発事業」はどのような事業でしょうか？　具体的に調べてみましょう。

参考図書・ウェブサイト

外務省「人権教育のための国連10年（1995年〜2004年）行動計画（仮訳）」（https://www.mofa.go.jp/mofaj/gaiko/jinken/kyoiku/pdfs/k_keikaku3.pdf，2025年1月28日最終閲覧）

公益財団法人人権教育啓発推進センター（2024）「法務省委託人権教育・啓発に関する取組課題に係る調査研究有識者検討会報告書」（https://www.moj.go.jp/content/001415278.pdf，2025年1月28日最終閲覧）

総務省（2006）「多文化共生の推進に関する研究会報告書——地域における多文化共生の推進に向けて」（https://www.soumu.go.jp/kokusai/pdf/sonota_b5.pdf，2025年1月28日最終閲覧）

法務省（2024）「人権教育・啓発関係府省庁連絡会議」（https://www.moj.go.jp/JINKEN/renrakukaigi.html，2025年1月28日最終閲覧）

文部科学省（2008）「人権教育の指導方法等の在り方について［第三次とりまとめ］」（https://www.mext.go.jp/b_menu/shingi/chousa/shotou/024/report/08041404.htm，2025年1月28日最終閲覧）

文部科学省（2013）「人権教育の指導方法等に関する調査研究会議」（https://www.mext.go.jp/b_menu/shingi/chousa/shotou/024/index.htm，2025年1月28日最終閲覧）

文部科学省（2024）「学校教育における人権教育調査研究協力者会議」（https://www.mext.go.jp/b_menu/shingi/chousa/shotou/128/index.htm，2025年1月28日最終閲覧）

United Nations (2024), Fifth Phase (2025-2029) of the World Programme for Human Rights Education, United Nations.

第 2 部　多文化共生・人権・教育への多様なアプローチ

第 **4** 章　人権問題としての「教員の長時間労働」

立田順一

Keywords

教員，長時間労働，人権

❶「教員の長時間労働」の実態

　教員の長時間労働の問題がマスコミなどで頻繁に取り上げられるようになったのは、2010 年代の後半からだといえるだろう。しかし、教員の勤務実態が深刻な状況であることについては、教育現場の実情を知る人々のあいだで、それ以前から周知の事実であった。

　教員には授業以外にも、事務作業、児童生徒指導、部活動の指導、保護者対応、担当の校務分掌、会議や打ち合わせへの出席など多岐にわたる業務がある。そして、その大部分を児童生徒が下校した後に行わなければならないため、休日も含めた勤務時間外の労働が常態化しているのだ。

　文部科学省が 2022 年に実施した教員勤務実態調査によると、小学校教諭の平日の平均在校時間は 10 時間 45 分、中学校教諭は 11 時間 1 分、高等学校教諭は 10 時間 6 分となっており、労働基準法で定められた「1 日 8 時間」という労働時間を大きく超えている。前回（2016 年）の調査に比べれば 30 分程度減少しているが、1 か月に換算したいわゆる「過労死ライン」（月 80 時間の時間外労働）を超えると想定される教諭の割合は、小学校で 14.2%、中学校では 36.6% にのぼっている。また、この数字には自宅などに持ち帰って行う業務や休日などの業務は含まれていないため、実際の労働時間はこれをさらに上回っていると考えられる。

　こうした長時間労働の解消に向けて、文部科学省や各自治体の教育委員会は、部活動の外部委託、教員の業務を補助するスクール・サポート・スタッフの配置、長期休業中の閉庁期間の設定、留守番電話の設置をはじめとする「働き方改革」に取り組んできている。また、それぞれの学校でも学校行事の見直しや ICT を活用した校務の効率化、定時退勤日の設定などを実施しているところだ。しかし、教員の定数増や加配などを含めた抜本的な改革が

第4章　人権問題としての「教員の長時間労働」

行われていないこともあり、まだ大きな効果が出ているとは言い難い。

❷人権問題としての「教員の長時間労働」

　筆者がこうした実態を人権問題だと考える理由の一つは、そこに労働の権利に対する明らかな侵害があるからである。労働基準法では、労働者の労働時間や休息時間が定められており、これらの基準は労働者の健康と生活を守るための基本的な権利である。しかし、教員の場合には後述する理由などにより、こうした法的保護が十分に機能していない。多くの教員が過労を強いられ、休憩・休息の時間すら確保できていないという状況は、法の理念に反しているだけでなく、労働者としての権利が蔑ろにされている状態だといえるだろう。

　また、長時間労働は教員一人ひとりの幸福追求権も侵害していると言わざるを得ない。幸福追求権とは、日本国憲法第13条に基づき、すべての人が自己の幸福を追求する権利を有するというもので、労働者にも適用される基本的な人権である。しかし、多くの教員は長時間労働によってプライベートな時間を十分に確保することができず、趣味や自己啓発などに充てる時間が削られてしまっている。

　さらに、長時間労働は家庭生活にも影響を与え、家族との時間を十分に取れないことが家庭内不和や精神的なストレスを引き起こす要因ともなり得る。加えて、長時間労働によって教員の心身の健康が脅かされ、過労死や自死といった人命に関わる状況に至っているケースもある。

　こうした状況は、教員が自分の生活や幸福を自由に追求する権利を著しく侵害しているといえるだろう。

❸「教員の長時間労働」が生じている原因

　教員の長時間労働が生じている原因として、その業務量に比べて人的な配置が不十分であることは前述したとおりである。しかし、それ以外にも次の5つの点を指摘しておきたい。

　1つ目は、教員という職業の特殊性である。勤務時間の大半が授業を行う時間であることに加え、児童生徒にとってはリフレッシュの時間である休憩

53

時間も、教員にとっては指導や相談、授業の準備などに追われることになる。特に、トラブルが発生した場合や児童生徒が個人的な相談をしてくる場合、それを自分自身の休憩や休息よりも優先することになる。授業の「空きコマ」が少ない小学校教員の場合には、トイレに行く時間さえ確保することができず、膀胱炎になることも稀ではないという。

2つ目は、学校が抱える課題の多様化・複雑化である。いじめの問題の深刻化や不登校の児童生徒の増加に加え、日本語指導や発達障害・学習障害などの特別な支援を必要とする児童生徒の数も増え続けている。また、SNSをめぐるトラブルをはじめ、児童生徒指導上の問題が多様化・複雑化しているということもある。さらに、児童虐待や家庭の貧困などに起因する福祉的な対応も学校に求められているのだ。スクールカウンセラーやスクールソーシャルワーカーなどの専門スタッフの配置も進められてはいるが、そのニーズを十分に満たしているとは言えないだろう。

3つ目は、時代の変化や社会的要請などにより、学校が担う業務が増え続けていることである。プログラミング教育、キャリア教育、SDGsをはじめとして、学習内容は年々増える一方だ。また、現行の学習指導要領のもとでの「主体的・対話的で深い学び」の推進やGIGAスクール構想によって配当された「1人1台端末」の活用など、学ぶ内容だけではなく学び方も大きく変化してきている（GIGAはGlobal and Innovation Gateway for Allの略）。こうした変化に対応するための準備や研修などによって、長時間労働に拍車がかかっているという実態がある。その反面、これまでの学習内容の見直しや削減は十分に図られておらず、カリキュラム・オーバーロードと呼ばれる状況が生じている。また、先ほど述べた児童虐待などへの対応をはじめとして、本来は家庭や地域、他の行政機関などが中心になって対応すべきことが、学校に持ち込まれていることによる負担も大きいだろう。

4つ目は、「公立の義務教育諸学校等の教育職員の給与等に関する特別措置法」（給特法）に起因する問題である。1971年に制定されたこの給特法では、教員の業務の特殊性を理由に、一般的な時間外勤務手当（残業代）は支払われず、その代わりに月額給与の4％に相当する「教職調整額」が一律で支給されるという制度になっている。この給特法のもとでは、「超勤4項目」（①校外実習等、②学校行事、③職員会議、④非常災害等）を除くと、時間外労働を命じることができない。つまり、実際にどれだけ時間外労働をしても教

職調整額は一定であり、時間外労働を抑制する歯止めにはなっていないのである。また、給特法では「超勤4項目」以外は教員の自発性に基づく業務だとみなされる。すなわち、授業の準備、テストの採点、部活動の指導、児童生徒指導など、教員が授業外で行う業務の多くが自主的な業務として位置付けられているのだ。これによって、管理職による労働時間の管理が曖昧になり、「定額働かせ放題」と揶揄される状況が生まれている。2024年8月に中央教育審議会は、「『令和の日本型学校教育』を担う質の高い教師の確保のための環境整備に関する総合的な方策について（答申）」のなかで、給特法を維持しつつ、教職調整額を現行の月額給与の4%から10%以上に増額する方針を示した。しかし、国立大学の附属校や私立学校の教員には給特法が適用されず、時間外勤務手当が支給されることになっており、これが長時間労働を抑制する機能を果たしている。同じ教員でありながら、国立大学の附属校や私立学校では適用できて、なぜ公立学校ではできないのか、という点には大きな疑問が残る。

　5つ目は、これだけ過酷な状況でありながら、教員の仕事が「やりがい」に満ちたものであるということである。子どもたちの成長に間近で関わることができる教員という仕事は、今でも「やりがい」にあふれたものであることに間違いない。だからこそ、多くの教員は時間外であっても「子どもたちのために」と考え、長時間労働にも耐えているのだろう。

　2017年に横浜市教育委員会と東京大学の中原淳研究室（現在は立教大学）が共同で行った質問紙調査のなかに、図1で示したデータがある。図1左の「あなたは、現在の仕事にやりがいを感じていますか」という質問に対して、78.2%の教員が「感じている」と答えている。その一方で、図1右の「これから教員を目指す若い人に、この仕事を勧めたいと思いますか」という質問に対して、「そう思う」と回答した教員は34.0%にとどまっている。この「やりがいがある仕事だが、若い人には勧めたくない」というところに、教員の長時間労働が抱えている問題の複雑さが垣間見えている。また、「子どものために」という言葉を前にしてしまうと、教員が個人としての権利を主張しづらくなるということも考えられる。学校の管理職や教員一人ひとりが、「子どもも教員も、どちらも大切」という意識をもつことが必要だろう。

第2部　多文化共生・人権・教育への多様なアプローチ

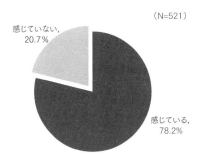
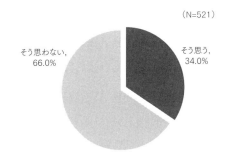

図1　やりがいはあるが、若い人には勧めたくない仕事
出典：横浜市教育委員会・立教大学中原淳研究室（2018）より転載

❹「教員の長時間労働」の影響

　教員の長時間労働の問題は、心身の不調による休職や退職、育児や介護と仕事の両立が困難なことによる離職の増加などにつながっている。また、学校現場で労働者の権利や幸福追求権が侵害されていることは、すでに若い世代にも知れわたっており、それが教員採用試験の倍率低下、臨時任用職員の不足による欠員の一因になっているとみられる。

　筆者が大学における教職課程の科目「人権教育」の授業で教員の長時間労働の問題を扱ったところ、ある学生は授業後に次のような感想を記していた。

　「私があこがれている先生も、残業時間が驚くほど長かったようです。そういう姿を見て、疑問すらもつこともなく、かっこいいと思ってしまう部分がありました。でも、そのあこがれの先生は、今年になってから頻繁に体調を崩すようになっています」

　この学生は、教員になるかどうかを迷っているようだ。もしも、このまま長時間労働という人権問題が改善されなければ、教員になることを諦めてしまうのかもしれない。教員の長時間労働は、今現在の問題であると同時に学校教育の将来に関わる問題でもあるのだ。そして、その影響を受けるのは学校で学ぶ子どもたちなのである。

第 4 章　人権問題としての「教員の長時間労働」

考えてみよう！／調べてみよう！

- なぜ、教員の定数増や加配（定数以外に教員を配置すること）が進まないのでしょう。
- このまま「教員の長時間労働」の問題が改善されないと、学校ではどのような問題が起きると思いますか。予想してみましょう。
- 「教員の長時間労働」の問題を改善するために、あなたならどのような対策を考えますか。
- 学校では、教員以外の職種の人たちも働いています。その人たちの働き方はどのようになっているのでしょうか。
- 日本以外の国にも「教員の長時間労働」の問題はあるのでしょうか。

参考図書・ウェブサイト

小川正人編（2024）『学校の未来をつくる「働き方改革」──制度改正、メンタルヘルス対策、そして学校管理職の役割』教育開発研究所

妹尾昌俊（2019）『こうすれば、学校は変わる！「忙しいのは当たり前」への挑戦』教育開発研究所

辻和洋・町支大祐編／中原淳監修（2019）『データから考える教師の働き方入門』毎日新聞出版

藤原文雄編（2018）『世界の学校と教職員の働き方──米・英・仏・独・中・韓との比較から考える日本の教職員の働き方改革』学事出版

文部科学省（2024）「教員勤務実態調査（令和 4 年度）の 集計（確定値）について」（https://www.mext.go.jp/content/20240404-mxt_zaimu01-100003067-2.pdf，2024 年 10 月 25 日最終閲覧）

横浜市教育委員会・立教大学中原淳研究室（2018）「教員の『働き方』や『意識』に関する質 問 紙 調 査 の 結 果 か ら 」（https://www.edu.city.yokohama.jp/tr/ky/k-center/nakahara-lab/txt/180514_hatarakikata.pdf，2024 年 10 月 25 日最終閲覧）

第2部　多文化共生・人権・教育への多様なアプローチ

第**5**章　忘却されているもう一つの人権
——労働者の海外送り出し国における問題

カルロス，マリア・レイナルース・D

Keywords　　看護師の国際移動，フィリピン，医療保健システム

はじめに

　日本を含む世界の受け入れ国では、受け入れた人々への待遇や人権の課題が問題として取り上げられ、それなりに議論が進んでいる。日本においても在留外国人の数は 341 万 992 人（2023 年末現在で過去最高水準）で出身国と言語が多様化しつつあるなかで彼らの就労や福祉の問題が注目されている。

　けれども、彼らの母国からの国際移動によって起こる問題にも私たちは目を向けておく必要がある。個人・家族レベルの問題としては家族の崩壊や子どもや親の介護などが挙げられ、また国家レベルでは頭脳流出とそれに伴う経済・社会基盤の弱体化が大きな問題となっている。ここではフィリピンの看護師を事例に、彼らの海外移動がフィリピンの医療保健システムが十分に機能しなくなる一つの大きな原因であることを考察する。

　現場では看護師らの役割は大きく、医療の質を左右する大きな要因ともなっている。また、看護師不足は世界的な現象であり、先進国が発展途上国の看護師を積極的に受け入れることによって、逆に供給国において医療システムが崩壊する問題につながりかねない。このことは、今後も世界の人間の安全保障における大きな脅威であるため、問題の解決には送り出し国の努力のみならず受け入れ国側の協力や相互の助け合いが必要となり、総合的に考えなければならない。

❶フィリピンの労働者、とりわけ看護師の海外送り出しの現状

　フィリピンは世界で最も多くの労働者を海外に送り出す国の一つであり、フィリピン統計局の調査によれば、2023 年 4 月〜9 月の間に海外で働くフィリピン人（Overseas Filipino Workers: OFW）の数は 216 万人にのぼっている。

その多くはアジア諸国（中東や東アジア、東南アジア）での契約型単純労働者
である。彼らの 2023 年の母国への送金は 37 億米ドル（過去最高額、GDP の
約 8.5% に相当）と国民経済への膨大な貢献が認められ、「国家の英雄」とし
て扱われている。2022 年には OFW とその家族の権利保護と福祉促進プロ
グラムの充実化と送り出しに関わる省庁の統合、国際移動産業の主導と管理
を目的に移住労働省が設立された。

　フィリピン人看護師の送り出しは新しい現象ではない。それは、1920 年
代のアメリカへの移動から始まったといわれている。現在、フィリピンは看
護師の主な提供国で、主に中東、イギリス、オーストラリア、カナダ、日本、
ドイツ、ニュージーランドで就労している。2017 ～ 2023 年の 7 年間の間だ
けでも、就労目的で新規出国した有資格看護師の数は合計 11 万 4952 人に
達しており、また、ストックで見るとフィリピンの有資格看護師の 51% を
占めていると推定されている。日本も 2008 年から日比経済連携協定（EPA）
のもとでフィリピン人看護師を受け入れているが、彼らの日本国家資格取得
や定着の問題もあり、日本の看護労働市場への影響は極めて限定的である。

❷フィリピンにおける看護師不足

　フィリピンは現在、深刻な看護師不足に直面している。公立病院の看護職
配置は 1 対 20 から 1 対 50（つまり、看護師 1 人に対して 20 ～ 50 人の患者の割
合）であり、極めて少ない。同国の厚生省が定める「安全な看護職員配置」
の 1 対 12 をもとに計算すれば、12 万 7000 人の看護師の新規採用が必要で
それを満たすのには 23 年間もかかると予測される。

　不足の理由は複雑でさまざまである。国家予算が少ないため看護師の正規
採用枠を増やせないことや、補充人事の手続きが複雑で時間がかかるため需
要があっても埋まらないままであることが指摘されている。また、供給側の
問題としては国内で働きたい有資格看護師は少ない上に離職率も高いことが
挙げられる。2023 年現在の約 95 万人の有資格看護師のうち、50 万人（全体
の約 53.55%）だけが看護師として働いている。この人手不足はケアの質の悪
化や病棟の一部の閉鎖、医療ミスなどの患者の安全確保の課題を生み、現役
看護師の過剰労働とそれに伴う離職によるさらなる人手不足などの結果をも
たらし、医療保健システムの崩壊の問題とまでつながっている。

第2部　多文化共生・人権・教育への多様なアプローチ

　問題に対して、国内では政府だけでなく、私立病院や大学などはさまざまな取り組みを始めている。フィリピン政府は医療サービスに充てる国家予算を上げて、現役看護師の給料を引き上げたり、看護師の正規採用枠を拡大したりした。また、看護師の医療保険を充実させたり、国家試験に合格するためのさまざまな支援策を導入したりしている。コロナ禍の時には看護師不足を緩和するために、政府は看護師の出国を禁止した。さらには、国家試験に不合格となった看護学部卒業生の公立病院での条件付き採用を許可までした。そして、私立病院の多くは大学と連携し、奨学金制度や無償の研修制度を導入しできるだけ早い段階から人材確保に努力している。

　しかし、これらの対策だけでは長期的にみると看護人材の確保及び国民への安定した医療保健サービスの提供は難しいだろう。なぜなら、看護師不足を考える際、看護スキルの質の問題も当然考えなければならない。また、この問題をみるときに、その経済的側面に加えて、この国の文化による彼らの行動にも目を向ける必要がある。次節では、看護師の国際移動が国内の看護労働市場に対して与える影響と、その結果として国内の医療保健システムが十分に機能しなくなることを考察する。

❸看護師の国際移動の医療保健システムに対する影響

　看護師の国際移動はフィリピン人学生の看護師になる動機と卒業後の進路、病院の看護人材育成に対する考え方、現場における熟練看護師の不在と看護スキルの質と分布と関係するため、国内の医療保健システムに影響を与えていると考えられる。

　筆者の研究によれば、多くの学生が大学で看護学を学ぶ最も強い動機は「海外で働くため」となっており、このことは、彼らのその後の進路と職業選びに反映される。つまり、彼らの多くは卒業後、経験を積むために病院で働き、同時に受け入れ国の看護資格や言語の勉強など海外就労のための準備を行う。看護師として海外に行けない場合、給料が安く就労環境も悪い国内の病院で働くことをせず、コールセンター従業員やオンライン英語教師として働いたり、オンラインビジネスを立ち上げたりしている。また、無職のまま海外に行けるチャンスを待つ人もいる。政府の公表データに表れないが留学生や介護士、呼び寄せ家族として出国し、現地で看護師の資格を取得する

60

看護師も多い。その結果、統計上看護師が余っても人手不足が解消できないままである。

では、なぜ多くのフィリピン人看護師は海外就労を強く希望するのだろうか。最も大きな理由は言うまでもなく、高い報酬である。フィリピン・マニラの公立病院で正規で働く有資格看護師の月給は円で換算すると約8.5万円だが、外国で働くと少なくともその3倍はもらえる。そのほかに、フィリピンでは「移動の文化」があり、海外に行くことはそれほど違和感なく、社会的・経済的移動の手段としてみている。

さらに、学生らは入学する時点での受け入れ先の看護師受け入れ状況を重視するので入学者数はジェットコースターのように時期によって激しく変動する。つまり、看護師になりたい学生の人数は海外の「曖昧で気まぐれ（＝頻繁に変わる）」な受け入れ政策に大きく左右され、不安定な看護労働供給をもたらしている。また、コロナ禍が終息した時、多くの受け入れ国は再び外国人看護師を積極的に受け入れはじめたため、看護学部の学生数が急激に増え、多くの大学は教室や教員（とりわけ看護実習担当）不足、実習先の確保の困難に悩まされている。

また、病院の経営者は看護師のスキル向上やキャリア形成、定着のために取り組む意欲がない傾向がある。なぜなら、せっかく育成した看護師らは海外に行くためにすぐ辞めるからである。つまり、フィリピンの病院は外国のための看護師の「生産工場」になっている。その結果、多くの病院では非正規雇用制度が取り入れられ、海外就労に必要な経験を積みたい若い看護師らが期限付きの雇用契約によって安く働かされている。さらに、能力が高く経験のある看護師らは優先的に海外で採用されるので、熟練看護師が少なく、医療ケアの質の低下と見習い看護師の指導者不足の問題が発生している。

以上をまとめれば、「移動の文化」の影響および給与を含む労働環境の問題もあり多くのフィリピン人、とりわけ能力と経験のある看護師は外国で働いている。そのため、国内現場の人手不足の問題は量だけではなく、質的な側面もあり、両方への対応が求められている。

結びにかえて

看護師の国際移動がもたらす送り出し国の問題の解決に向けては、送り出

第2部　多文化共生・人権・教育への多様なアプローチ

し国・受け入れ国双方にとって利益が得られるような win-win の形にするに
はどうすればよいだろうか。何よりも双方の話し合いとすり合わせが必要で
あり、受け入れ国からの配慮や援助もさらに重要になってくるであろう。

　最近日本においてもコンビニやその他のところで多くの外国人労働者を見
かけるようになってきた。その人たちへの人権の心配りは大変大切なもので
あるが、その人を送り出した国・地域・家族たちの負担の増大も考えなけれ
ばならない。今回は看護師を送り出す国であるフィリピンで起こった問題を
例として挙げている。みなさんには身近にいる外国人労働者の背景にある母
国での社会・経済システムへの大きな影響に関しても思いを馳せていただけ
ればと思う。

🔍 考えてみよう！／調べてみよう！

- もし小さい頃自分の母や父が海外へ仕事に行くことになったら自分にどんな
  大変なことがあるかを考えてみましょう。
- 送り出し国に対して受け入れ国はどのような支援が有効であるかを考えてみ
  ましょう。
- 少子高齢社会における人手不足に対して、外国人受け入れ以外に適切な対応
  策がないのかを考えてみましょう。

📖 参考図書

高畑幸（2024）『在日フィリピン人社会——1980〜2020 年代の結婚移民と日系人』名古屋大学
　　出版会

Buchan, J. et al. (2022), *Sustain and Retain in 2022 and Beyond: The Global Nursing Workforce and
　　the COVID-19 Pandemic*, International Centre on Nurse Migration.

Choy, C. C. (2003), *Empire of Care: Nursing and Migration in Filipino American History*, Duke
　　University Press.

Kingma, M. (2005), *Nurses on the Move: Migration and the Global Health Care Economy*, Cornell
　　University Press.

第 **6** 章 教権と学生の人権は両立できないのか？
──「学生人権条例」の廃止をめぐる論争

金　映錫

Keywords　　　　　　　　　　　　学生人権条例，教権侵害，教育課程編成権

❶「ソイチョ（瑞二初）事件」をきっかけに浮上した教権問題

　2023 年 7 月、ソウル・ソイ初等学校（瑞草区瑞草洞第二小学校）で一人の教師が教補材（教材・教具）準備室で、自ら命を絶ったまま発見された。当の教師が学生間の争い問題を処理する過程で、保護者から悪質な訴えを受けたことが悲劇の原因ではないかという疑惑が提起された。この事件をきっかけに、学校の現場で起こるさまざまな教権（教師の教育する権限）侵害の事例が公開され、延べ 80 万人余りの教師たちが、国会議事堂前に集まって、「公教育の正常化のための教師の集い」を開催した。教師たちの主な要求は、学生に対する正当な指導活動を保障する立法と児童虐待処罰法の改正という二点であった。学生の指導に臨む教師たちのやり方に不満を抱いた保護者たちが、暴言、脅迫を含んだ悪質な訴えを繰り返し、児童虐待の嫌疑で告訴することが頻繁に発生していて、このような状況では教師が、学生の指導に臨むのは困難であるということであった。

　これに対して、政府は同年 8 月 17 日「教員の学生生活指導告示（案）」を出し、続けて 8 月 23 日「教権回復及び保護強化綜合方案」（以下、綜合方案）を発表した。そして、9 月 21 日、国会は本会議で、教員団体の要求と政府の綜合方案が反映された、教師の教育活動保護のための関連法案 4 法（「教員の地位向上及び教育活動保護のための特別法」「教育基本法」「幼児教育法」「初中等教育法」）改正案を通過させた。改正の主要内容は、①教師が児童虐待の疑いで申告された場合、正当な事由の確認なしで職位解除処分ができない、②教育監（教育自治体の長）は、捜査機関に正当な学生指導活動の有無に関する意見を迅速に提出する、③悪質な訴え行為を、「教育活動侵害行為」とみなす、④教権侵害が発生した場合、加害学生と被害教員を直ちに分離し、加害学生および保護者に対する特別教育を行う、⑤保護者から提起される訴

第2部　多文化共生・人権・教育への多様なアプローチ

えの処理業務を、教員ではなく、校長あるいは園長が担当する、⑥教師の正当な学生の生活指導を児童虐待犯罪とみないだけでなく、学校における学生の指導に対して、保護者はそれを尊重して積極的に協力する、などであった。教師たちの要求がほとんど反映された教権保護のための4法の改正に対して、全教員団体は声明を出して歓迎した。法律の改正だけで教権が十分保障されるわけではないが、教権回復の重要な足場ができたと評価された。

❷「学生人権条例」の廃止および改正の動き

　「ソイチョ事件」をきっかけに始まった教権墜落論争は、法改正だけでは収まらなかった。その根本原因についての論争が続いたのである。2010年代以後、いわゆる進歩教育監たちが主導して制定した「学生人権条例」が教権墜落の主犯であるという主張が提起された。「学生人権条例」が、学生の人権保護だけを前面に出し、責任主体としての学生および保護者の責任については何も言及しなかったのが原因で、教師の真面目な学生指導ができなくなったといっていたのである。

　このような世論を受け入れた教育部は、「学生人権条例」の改正を推進しはじめ、2023年8月に発表した綜合方案に基づいて、学生の人権と教権のバランスの取れた新しい人権条例を、市・道教育庁が自律的につくることを支援すると明かした。教育部は、京畿教育庁（首都圏の京畿道の教育庁）が推進してきた「学生の権利と責任に関する条例」を模範事例に挙げた。教育部の方針は、2023年7月24日、保守系政党出身の大統領が首席秘書官会議において、「教権を侵害する非合理的な条例の改正を推進する」よう求めたことを受けて出たものとみられる。

　政府の動きとは別に、2024年に入ってから、4月24日に忠清南道議会と、4月26日にソウル市議会がそれぞれ「学生人権条例」の廃止案を通過させた。

　そもそも「学生人権条例」は、2010年10月5日京畿道が最初に制定・公布し、続いて、光州・ソウル・全羅北道・済州道・忠清南道が制定・運営してきた。これらの地域はすべて進歩勢力が地方議会の多数を占めていた。保守派が多数を占めていた、江原道・慶尚南道・釜山・蔚山では条例の制定を試みたが失敗し、中道的な仁川では「学校構成員の人権増進条例」をつくっている。「学生人権条例」の廃止を決めた忠清南道とソウルは、2022年

64

第 6 章　教権と学生の人権は両立できないのか？

に実施された地方選挙で保守系の「国民の力」が知事を出し、議会の多数派となったので条例の廃止が予見されていた。「国民の力」の重要な政治的基盤である、保守宗教団体は、「学生人権条例」が、性的指向・妊娠・出産などによる差別を受けない権利を規定していて、それが同性愛・婚前性関係を煽っているとして、条例の廃止あるいは改正を強く主張してきた。「学生人権条例」の制定から廃止まで、その背景には政治的要因が存在していることがわかる。その他、学生の人権は、既存の憲法・法律によって保護されているはずなのに、あえて新たな条例をつくる必要はなかったのではないかという批判も根強く残っていた。

❸「学生人権条例」がもたらした学校現場の変化

　「学生人権条例」は本当に教権侵害の原因になったのか。「学生人権条例」の擁護者たちは、学生が教権を侵害するケースは多くない、教権を侵害するのは、同僚教師か保護者の場合が多いと反論する。学生による教権侵害も、主に、注意欠如・多動性障害（ADHD）を持つ学生か特殊教育対象の学生であるとした上、条例のある地域より条例のない地域で教権侵害が多く発生していることを裏付ける統計まで出している（国家人権委員会）。

　「学生人権条例」が学生の人権保護に肯定的な効果があるというデータもある。2016 年に国家人権委員会が全国の中・高校生 5000 人余りを対象に調査した結果によれば、体罰の禁止・学生の意見尊重・私生活の保護・表現‒思想の自由・休息権の保障などの面で、条例地域の学生たちが非条例地域の学生たちより人権侵害を受けた経験がはるかに少なかった。2019 年の児童・青少年人権実態調査結果でも、「学生人権条例」が、教師の暴力・個人情報の無断公開・容貌や服装および所持品検査など学生の人権侵害要素を減少させていることが明らかになっている。また、「学生人権条例」が学校内暴力を減らし、学生たちの問題行動の改善に効果があるという研究結果もみられる。その他、「学生人権条例」の制定以後、学校が学生の自律を強化した結果、夜間自律学習時間が減少したことも確認されている。これは、条例が学生たちの基礎学力低下を招いたともいえる。関連して、夜間自律学習時間が減ったにもかかわらず、学生たちの余暇時間が伸びてないことも明らかになっている。多くの学生たちが塾など私教育機関へ流れてしまったと考えら

65

第2部　多文化共生・人権・教育への多様なアプローチ

れる。

　学生人権条例がさまざまな論争を引き起こしたのにもかかわらず、条例が学校構成員に及んだ影響を具体的に裏付ける経験的資料は非常に乏しい。限られた資料を基にいえることは、「学生人権条例」が学校における人権尊重の慣行と文化を助成するのには、一定の効果を残したと判断できる。反対に、条例が、保守宗教団体が主張するような結果をもたらしたという根拠はまだ提示されてない。

　ただ、教師を対象に行った調査では、教師たちは、学生の人権保護のための努力に比べて、教師の権益保護に対する関心と努力が不足していると認識していることが確認できた。教師たちは、学生たちによる暴言・悪口・暴行・授業妨害・性的いたずらを深刻な教権侵害と認識している。また、教師を無視する一方、学生と保護者の権利を重視する社会的雰囲気が教権侵害の根本原因であると考えている。「学生人権条例」が教権侵害の直接的な原因ではないにしても、学生の人権尊重に比べて、相対的に教権を軽く見る通念が教権侵害につながっているとみており、直接的には、言論の、教師関連の歪曲報道とあいまいな教権関連法制度が教権侵害をもたらした主犯であるといっているのである。教師たちは、学生の人権強化の過程で、教師を学生と同行する存在ではなく、学生人権の破壊者とみなして、非難され、保護すべきでない存在にしてしまったと認識している。

❹残された課題

　これまで、韓国では教師と学生、学生間の葛藤を、教育的に解決するより、加害学生に不利益を与える方法で処理し、司法的争いを招く場合が多かった。学校暴力が社会的問題として浮上すると、教育部は、学校現場に、「学校暴力加害記録」を学生生活記録簿に記載するように通達を出した。暴力行為をした学生の保護者は、自分の子どもが入試などで不利益を受けることを心配して、被害学生に謝らず、学校と教師を相手に裁判を起こす場合が多かった。また、教師が学生間の葛藤問題を処理する過程で、児童虐待嫌疑で告訴される場合も頻繁に発生している。「ソイチョ事件」以後、教育部は教権侵害行為を学生生活記録簿に記載する方針を決めたが、教員団体の強い反対でその方針を撤回した。学校構成員間の葛藤問題に対する最終的な判断が教育行政

当局に委ねられており、問題解決方法が依然と変わらない姑息なものであることを表している。

教権保護のための、立法活動と保護者団体・教員団体の努力が続いているが、韓国における教権関連の根本的な問題はもっと深いところにある。教権の本質である教育課程の編成権と評価権が教師に与えられてないので、教師を尊重する文化が形成されにくい。もし授業の構成・進行・評価を教師が一体的に行い、その結果に基づいて進級・進学が可能であれば、教師に対する学生の態度は変わるはずである。教権の強化が学習権の強化につながるような循環構造を真剣に吟味する時である。

🔍 考えてみよう！／調べてみよう！

- 教師の正当な指導の範囲と学生の人権侵害に見られる事例を区分してみましょう。
- 教師の正当な指導に従わない学生や保護者がいる場合、どう対処するのが望ましいでしょうか？
- 学生指導の最終的責任は、教師・保護者・校長・国家、誰に帰属するでしょうか？

📚 参考図書

교육부 (2023)「교원의 학생 생활지도에 관한 고시」〔教育部 (2023)「教員の学生生活指導に関する告示」教育部〕

교육부 (2023)「교권 회복 및 보호 강화 종합방안」〔教育部 (2023)「教権回復および保護強化綜合方案」教育部〕

국가인권위원회 (2016)「학교 생활에서의 학생의 인권 보장—— 실태 조사 보고 및 토론회 자료집」〔国家人権委員会 (2016)「学校生活における学生の人権保障——実態調査報告及び討論会資料集」国家人権委員会〕

국가인권위원회 (2023)「학생 인권 조례 오해 넘어 이해로—— 학생 인권 조례 바로 알기 안내서」〔国家人権委員会 (2023)「学生人権条例、誤解を超え理解へ——学生人権条例を正しく理解する案内書」国家人権委員会〕

金映錫 (2019)「韓国における『学生人権条例』制定をめぐる論争と学生の人権問題」権五定・鷲山恭彦監修／李修京編『多文化共生社会に生きる——グローバル時代の人権・教育・多様性』明石書店、180-184頁

第2部　多文化共生・人権・教育への多様なアプローチ

第 7 章　学問の本質を教える教育論は多文化共生を促進するか

渡部竜也

Q Keywords　　　　ゲートキーピング，教育格差，主権者の育成

❶研究者間の「ゲートキーピング」をめぐる意識の差

　以前、ある学会誌において拙訳書『教師のゲートキーピング』が書評に上がったことがある。この書評において、カリキュラム・マネジメント（以下、カリ・マネ）の研究者でもある評者（教育方法学の研究者）は、同書の筆者の解説部分にあった「教師はカリキュラム・メーカーたらねばならない」の主張が気になったのか、「そんなこと教育方法学では昔から主張されている」と言わんばかりの書きようであった。

　カリ・マネと「カリキュラムと授業のゲートキーピング」は、似て非なる概念である。カリ・マネは、従来の教師はカリキュラムの設計者・運営者ではなかったという前提に立ち、特に「総合的な探究の時間」において、カリキュラムの設計者・運営者になることを現場教師に意識づけるために登場した概念と思われる。ゲートキーピングはこれとは逆で、元々すべての教師は、当人が意識しているかどうかは別にして、いかなるときもカリキュラムの設計者・運営者である、とした概念である。教師、特に社会科の教師は公的カリキュラム（学習指導要領）をしたたかに読み替えて自己流のカリキュラムへと調整しているのであり、そうした行為をゲートキーピングと呼ぶのである。これは明らかに公的カリキュラムへの「対抗」という意識を強くもつ。

　こうしたゲートキーピングに対しての温度差はなぜ生じるのか。関係者の著書を読んだり、聞き取りをしたりしていくなかで、筆者は一つの結論に導かれることになった。その結論とは、教育方法学の主流派たちの教育観と、伝統的な社会科教育の研究者や実践家たちのそれとが根源的に異なるから、というものである。教育方法学の主流派たちは、社会科に限らずすべての教科の教育とは「教科内容についての深い理解」を図り、「将来直面すると思われる問題や状況に対して柔軟に対応できる能力、すなわち、学習した

ことを転移させる」力を生徒につけることであると考えている。これに対して、伝統的な社会科教育の研究者や一部の実践家たちは、（特に社会科）教育とは「主権者（または民主的で平和的な国家・社会の形成者）として今、そして将来、ふさわしい行動ができるように、そのために必要な知識や技能、知的作法を身に付ける」ことであると考えている。

　一見すると同じことをいっているように思えるかもしれない。しかし、教育方法学者の主流派は、教科内容それ自体の「理解」とその「転移」そのものに目的にあるのに対して、伝統的な社会科教育の研究者や実践家のこだわりは、「主権者の育成」にあり、この教育観の違いは、具体的に授業分析だとかカリキュラム設計という段階の議論に具体化されるとき、大きな視点の違いとなって現れる。教育方法学者の主流派たちは、教科内容の理解と転移に関心があるため、理解と転移を子どもたちに生じさせるため手続き（理解の障壁を減じていくための教育方法や教授技術、子どもの興味関心を高めるための教材等の選択）には大変にこだわる。しかし、いかなる教科内容を選択するべきか、というカリキュラム編成の議論については、最悪な場合、教育学の検討領域の外にあるものとして教科内容専門（または学習者である子ども自身）に丸投げしてしまうか、学習指導要領といった公的カリキュラムのフレームを無批判なままにして議論してしまう。そうでない場合でも、転移を促すのに有利になる汎用的な知識や技能を選んで教科内容としてしまう。

　これに対して、伝統的な社会科教育の教育者たちは、教科内容について、「主権者の育成」にとっての意味について、つまり社会を批判的にみたり、論争を分析・考察・判断したりするのにその教科内容の社会的な意味を問いかける点に特徴がある。「主権者の育成」という理念は、教科内容（そして教育方法）の社会的意味を問うのに重要な判断基準となる。この結果、いかなる教科内容を選択するべきか、というカリキュラム編成の議論について彼らは、子どもたちにすべてを決めさせることも、学問領域の専門家に丸投げすることも支持しない。彼らは、教師を含む教育者たちがある程度まで責任をとるべきであると考える。なぜなら、すべての学問的なことが必ずしも主権者の育成に役立つとは限らないし、学問的ではないことも、主権者を育成するためには教えていかねばならないことがあるからである。また、主権者になるには、行政行為などの批判的吟味をする能力の育成が不可欠なため、国家権力と教育とが適度な距離をとることを支持し、逆に国家権力が事細か

にカリキュラムや教科内容に口出しをすることを警戒する。

　こうした教育方法学の主流派と伝統的な社会科教育の研究者たちの教育観の違いを踏まえると、教育方法学の主流派の多くが、教師のゲートキーピングという概念については特段関心をもたないことの理由も見えてくる。教育方法学の主流派の多くにとって、教科学習は、各学問領域の問題関心や研究成果についての深い理解を促すための場、または各学問領域の概念や見方考え方、そして例えば歴史的思考といった汎用性の高い知識や技能を習得するための場（もしくは子どもなりの教科内容の理解を促す場）であり、「総合的な探究の時間」は各教科の教育で学んだそのような教科内容について応用・統合していく場である。つまり、彼らは教科学習と「総合的な探究の時間」とで役割を分けて考え（例えば、市川 2008）、そして主権者の育成は、一教科である社会科ではなく、「総合的な探究の時間」で目指すべきテーマと位置づけられる。一教科である社会科でやるべきことは、歴史・地理・政治・経済の各学問領域の教科内容の深い理解を学習者に保障すること、そして教科内容が「総合的な探究の時間」や実際の社会生活の場面で使われる（＝「転移する」）ように学習者を支援していくことだけに限定される。

❷教育方法学の主流派の教育観がもつ問題点
——多文化共生を阻害する

　こうした教育方法学の主流派の教科教育についての教育観は、いくつかの点でとても危険なものである。まず、彼らの教育観は、明らかに主権者を育成する上で障害となる。彼らの発想に基づけば、教科において教科内容が教授されるにあたって、それが学問的でありさえすれば、もしくは汎用性が高い知識や技能でありさえすれば、もしくは児童生徒が関心をもちさえすれば、その社会的意味は問われることがない。だが、このように教師が今から教えようとしているその教科内容の主権者育成にとっての意味をまったく問わないで良いとされてしまうことは、教科（社会科）の公的カリキュラムに、主権者教育として明らかに無意味、むしろ逆効果にもなりかねないような学問的行為や内容すらも温存させてしまう一方で、本来なら有益であると思われる学問的行為や内容を公的カリキュラムに取り入れていく、または教師のゲートキーピングで補っていくチャンスを奪ってしまう危険性がある。

現行の日本の社会系教科の学習指導要領は、中学や高校においては表向き学問的な構成となっている。しかし、例えば地理は地誌に重点が置かれ過ぎており、逆に系統地理の側面は弱い。また地理とその他の教科（特に政治）との融合の視点は弱い。地誌での地域調査の枠組みは常に国境や行政区の存在が前提とされている。こうしたことの主権者教育上の意味を例えば社会科教育学者である草原（2004）らは問いかけている。だが、こうした考察はまったく無意味であると教育方法学の主流派は遮断してしまう危険性がある。また日本の学習指導要領は明らかに社会学や法学が軽視されてきたが、このことが主権者育成にもたらす弊害について検討すらされないままになりかねない。

　次に、彼らの教育観は、学問的な思考に慣れ親しむ習慣のない文化圏に生活する者たち（たいていは、日々の生活で精一杯の貧困層である）を疎外してしまう危険性がある。例えば、現在の日本の中学・高校の学習指導要領において、歴史教育の目標は、その時代の特性を明らかにすること、そして歴史的思考の教授に重点が置かれており、歴史学の作法に比較的に忠実であるといえる。だが、これらのことはそのままの形では子どもたちに現代社会を理解したりするのに貢献しない（そもそも歴史学は、現代社会との接合を必ずしも意識しない学問である）。そのため伝統的に社会科教育の研究者や実践家たちは、歴史教育の教育目標や歴史教育と歴史学やその他学問領域との関係を常に根源的に問い直してきた。しかし教育方法学の主流派たちは、こうした伝統的な社会科教育研究者たちの議論を軽視し、歴史教育を「歴史学する（歴史学者ごっこをする）」場としようとしている。また中には、生徒のほとんどは、歴史学を深く理解し、歴史学の本質なるものを知ることで徐々に内発的に動機づけられることになるはずだから、「歴史学する」学びの意味を教師や歴史学者たちと共有できるはずであると主張する者もいるかもしれない。だがこの主張については、昨今の国内外の研究の成果を見る限り支持できるような証拠は出てきていない。むしろこれらの研究の明らかにするところは、子どもたちはこうした歴史の学習によって理解はもたらされても、受験など限定的な範囲でしか意味を感じない、という実態が生じており、結果として歴史の時間に教えられている内容の多くは、こうした学びの意味を感じることのできない子どもにとって、他の教科に比べても比較的短期間に忘却されてしまうかもしれない事実である（星2019; バートン＆レヴスティク

2015)。しかも、こうした歴史学主導の歴史の学びに意味を感じることのできる者には、親や周囲の影響によって歴史学的な作法に馴染みのある子どもたちや、歴史のメインストリームの語りに出てくる支配者層との関係が近い中上流階級の子どもたちが多く、そうではない子どもには、歴史の周辺に追いやられている被支配層の、そして歴史学の作法にも馴染みのない中流以下の子どもたちが多いという実証的な研究データも海外では登場してきている（Epstein 1998）。

　逆に教育方法学の非主流派の研究者の中には、学問について、子どもが関心をもつ範囲で子どもなりの理解ができればそれで良いとしてしまう者もいるようだが、これはこれで別の問題を生み出す。それは主権者として必要になってくる知識や技能まで、社会的集団の間で格差が生じてしまうことである。日々の生活で精一杯の貧困層は、一般的にみて、学問的な思考に慣れ親しむ習慣をもちにくい。これは、歴史学などのそのままでは現代社会において特に必要にはならない学問ばかりでなく、彼らが社会生活を送るのにより有益となる学問の知識や技能までも貧弱なものになりやすいことを意味している。

🔍 考えてみよう！／調べてみよう！

- 古文・漢文や日本史を教育課程において必修にすることで不利になる人々にはどのような人たちがいると思いますか。
- 上の問いで排除が予想される人々に歴史や古文を学ぶことを強制できるとすれば、それはどのような目標の下で、どのようなスタイルの学習になるとあなたは考えますか。

📖 参考図書

市川伸一（2008）『「教えて考えさせる授業」を創る――基礎基本の定着・深化・活用を促す「習得型」授業設計』図書文化

草原和博（2004）『地理教育内容編成論研究――社会科地理の成立根拠』風間書房

バートン，キース／リンダ・レヴスティク（2015）『コモン・グッドのための歴史教育――社会文化的アプローチ』渡部竜也ほか訳，春風社

星瑞希（2019）「生徒は教師の授業をいかに意味づけるのか――『習得』と『専有』の観点から」『社会科研究』90: 25-36.

Epstein, T. (1998), Deconstructing Differences in African-American and European-American Adolescents' Perspectives on U.S. History, *Curriculum Inquiry* 28(4): 397-423.

第**8**章　教育は私たちの何を支えるか
――現代の学校の価値と可能性

末松裕基

Keywords　　　　　　　　　　言葉，複数性，政治的思考

❶「なぜ」の無い空間

　医学は「敗北の仕方の援助」（中井 2009: 35）といわれたりするが、それに対して教育は私たちの何を支えるのだろうか。なりたい自分に「なりゆく（becoming）」という自己形成に教育を位置づけるとしても、自分「である（being）」ことさえ、容易には成り立たないような状況が、家庭や社会にも増えてきている。現代のこのような社会環境において、学校に行くことの価値をどのように考えられるだろうか。

　同じ仲間と「共に生きる」というのは動物の生活に共通する特質であって、それだけでは人間を十分に説明したことにはならない。動物が本能で群れをつくるのに対して、人間は言葉を使って集団を維持する。政治学者の宇野重規が指摘するように、異なる価値観の者が生きる社会には対立や矛盾が存在するが、人間はそれを政治の力で乗り越えなければならない（宇野 2018: 55-56）。

　「政治」といった場合に、それは私たちとはさほど関係の無い、遠い世界の事柄であり、政治家が担うものである、という印象をもつ人も多いのではないだろうか。もしくは、それを選挙などの政治制度にのみ関わるものととらえ、教育や学校とどのような関係があるのか想像し難い、と考える人もいるだろう。「政治」とはどのようなものだろうか。

　ユダヤ人のプリーモ・レーヴィは、第二次世界大戦中に、イタリアからアウシュヴィッツに強制収容された。飲み物も十分に無いなか、排泄物が垂れ流される劣悪な環境の鉄道で4日間かけて移送された彼は、到着後、自分がどこに連れて来られたのかもわからないまま、飢えと喉の渇きに耐えられなかった。「私は窓の外の、手の届く、大きなつららにねらいをつけ、窓を開けて、つららを折りとった。ところが外を巡回中の太った大男がすぐにやっ

第2部　多文化共生・人権・教育への多様なアプローチ

て来て、荒々しくつららを奪いとった。『なぜだ？』私は下手くそなドイツ語で尋ねた。『ここにはなぜなんて言葉はないんだ』男はこう答え、私を突きとばして中に押しこんだ」（レーヴィ 2017: 30）。

　「なぜ」の無い空間が全体主義である。それは「政治」が破局的状況に陥ったことを意味する。以上を踏まえると、「政治」は常に私たちの身近にあり、私たちの人生を大きく左右するものであることがわかる。特定の者や集団がそれを支配したり、同意や納得の無いまま暴力や命令による強制によって進められたりするものでは決してなく、私たちが言葉を通じて「なぜ」と問い、対話をしていく。そのような過程と関係性が「政治」であり、政治的関係を形成できることが人間を特徴付けている。レーヴィが強制収容所で繰り返し見た夢は2つあり、食事を食べているものと、自分が話をしても誰からも聞いてもらえず無視されているというものだった。「政治」は私たちの言動によって形づくられるという意味で私たちの手に委ねられているということと、政治家や統治機構に意識的・無意識的に全面的に譲り渡してしまうことの危うさとを、レーヴィの体験は教えてくれる。レーヴィの書名が『アウシュヴィッツは終わらない』と題されていることは、現代の私たちが生きる世界とも地続きで同じような問題が生じうることを表している。

❷善の組織化

　人間にとっての最悪の敵対者は、行き当たりばったりに猛威をふるう自然の諸力ではなく、本当に恐るべきは、自分の方が優位と見るや恣意的な欲求を押し付けてくる人間たちである、と指摘したのは哲学者のトマス・ホッブズである。哲学者のシモーヌ・ヴェイユも、人間のみが人間をよく隷従せしめる、と指摘した。社会生活を送るすべての人間は、何らかの状況において、他者の意のままになっている自分をはがゆく思わずにはいられない。しかし、「にもかかわらず」とヴェイユが続けて述べたのは次のことである。人間は自分は自由のために生まれたと感じずにはいられず、何があっても人間は隷従を受けいれることができない。それは人間は考えるからだ、と（冨原 2024: 60）。

　以上は人間の他者関係の危うさと、それにもかかわらず、人間が自由のためにしぶとく思考し続けていくことの意義を示しているといえる。言語芸術

を担う小説を「社会のカナリア」と称し、現代社会のあり方に警鐘を鳴らしてきた作家のカート・ヴォネガットは「人間というのは、権力という酒に酔っ払ったチンパンジーなのだ」（ヴォネガット 2017: 92）と表現する。そして、彼は「善が悪に勝てないこともない。ただ、そのためには天使がマフィアなみに組織化される必要がある」と述べる。

　そのような組織化において、私たちにはどのような視点が必要となるだろうか。ここで注目したいのが、ユダヤ人哲学者のハンナ・アーレントの複数性（plurality）という視点である。複数性とは、一人ひとりは決して同じではありえず、その意味で等しくわれわれは人間であり、一人ひとりがこの世界で何かを始めることに意義がある。そして、自由は自己の中にあるのではなく、他者と分かちもつものである、とする考えである（アーレント 2023）。アーレント研究者の矢野久美子がいうように「他の人びととの関係の織物から離れ、独立して主権のうちに身を保つというのは、人間本来の『弱さ』から目をそむけることでもある。アーレントは、物事を自分自身の思いどおりにはできない人間の『弱さ』とは、複数の人びととのあいだで生きることをふくむ人間の条件にほかならないと述べる。複数性という『厳然たる事実』からすれば、自分で決定できるという主権は想像上のものでしかない」（矢野 2024: 45）。

　複数性を重視したアーレントは、人々の対話ほど言論を必要とする人間の活動はない、と指摘した。言論を用いた対話を通じて「人は自分が誰であるかを示し、他の誰でもないその人となりを自分から積極的に明らかにすることで、人間の世界の中にその姿を現す」（アーレント 2023: 326-327）。そして、対話において自分を開示したときに、当人は自分が誰であるかを知らない。しかし、そうした開示のリスクを勇気をもって冒そうとしなければならない、と彼女は論じた。

　ここまで現代社会の政治の危うさを確認し、言論を用いた対話の重要性とその難しさを考えてきた。私たちは、アドルフ・ヒトラーの存在によって政治的破局が生じた、と考えがちであるが、ヒトラーのような者は歴史上他にもいたが、そのような存在がすべて全体主義や政治的破局を招いたわけではない。アーレントが指摘する全体主義の「結晶化」には、人間の無思考や対話の欠如が関係している。

❸学校＝「自分の言葉の木」を育てる？

　このように考えていくと、現代の学校の可能性をどのように考えられるだろうか。作家の大江健三郎は「なぜ子供は学校に行かねばならないのか」についてこれまでの人生で、二度そのことを考えた、と述べている（大江2005: 9-23）。最初の機会は、第二次世界大戦後で、それは戦時中には「天皇は神」とし「アメリカ人は人間でない、鬼か、獣だ」と言っていた教師が、戦後は、まったく平気で、反対のことを言い始めた。それも「これまでの考え方、教え方は間違いだった」と反省したり子どもに伝えたりすることなしに、「天皇は人間だ」「アメリカ人は友達だ」と教えるようになったことに違和感を覚え学校に行かなくなる。そして、学校を抜け出し森に入り一人植物図鑑を持って勉強を始める。大江は当時を次のように回想する。「学校に行っても、私が心から面白いと思う樹木のことに興味を持って、話し相手になってくれる先生も、生徒仲間もいないことはわかっていました。どうしてその学校に行って、大人になっての生活とは関係のなさそうなことを勉強しなければならないのでしょう？」

　そして、強い雨が降る日に再び森に入り、土砂崩れで家に帰ることができなくなり、発熱し倒れる。その後、救い出されたものの、医者も手の施しようがない。「お母さん、僕は死ぬのだろうか？」「私は、あなたが死なないと思います。死なないようにねがっています」「僕は死ぬのだろうと思う」「もしあなたが死んでも、私がもう一度、産んであげるから、大丈夫」「けれども、その子供は、いま死んでゆく僕とは違う子供でしょう？」「私から生まれて、あなたがいままで見たり聞いたりしたこと、読んだこと、自分でしてきたこと、それを全部新しいあなたに話してあげます。それから、いまのあなたが知っている言葉を、新しいあなたも話すことになるのだから、ふたりの子供はすっかり同じですよ」このようなやり取りをする。

　大江は「私はなんだかよくわからないと思ってはいました。それでも本当に静かな心になって眠ることができました」と回想し、翌朝からゆっくりと回復し、その後、自分から進んで学校に行くようになった。そして、学校で次のように考える。

　〔……〕いまここにいる自分は、あの熱を出して苦しんでいた子供が死

んだ後、お母さんにもう一度産んでもらった、新しい子供じゃないだろうか？　あの死んだ子供が見たり聞いたりしたこと、読んだこと、自分でしたこと、それを全部話してもらって、以前からの記憶のように感じているのじゃないだろうか？　そして僕は、その死んだ子供が使っていた言葉を受けついで、このように考えたり、話したりしているのじゃないだろうか？

　この教室や運動場にいる子供たちは、みんな、大人になることができないで死んだ子供たちの、見たり聞いたりしたこと、読んだこと、自分でしたこと、それを全部話してもらって、その子供たちのかわりに生きているのじゃないだろうか？　その証拠に、僕たちは、みんな同じ言葉を受けついで話している。

　そして僕らはみんな、その言葉をしっかり自分のものにするために、学校へ来ているのじゃないか？　国語だけじゃなく、理科も算数も、体操ですらも、死んだ子供らの言葉を受けつぐために必要なのだと思う！　ひとりで森のなかに入り、植物図鑑と目の前の樹木を照らしあわせているだけでは、死んだ子供のかわりに、その子供と同じ、新しい子供になることはできない。だから、僕らは、このように学校に来て、みんなで一緒に勉強したり遊んだりしているのだ……

（大江 2005: 16-17）

　このような学校体験をもつ大江は、その後、脳に障害をもった息子の光を育てる。5歳になっても言葉を話せない息子は鳥の鳴き声や音楽に関心をもちはじめる。「光にとって、音楽が、自分の心のなかにある深く豊かなものを確かめ、他の人につたえ、そして自分が社会につながってゆくための、いちばん役にたつ言葉です。それは家庭の生活で芽生えたものでしたが、学校に行って確実なものとなりました。国語だけじゃなく、理科も算数も、体操も音楽も、自分をしっかり理解し、他の人たちとつながってゆくための言葉です。外国語も同じです。／そのことを習うために、いつの世の中でも、子供は学校へ行くのだ、と私は思います」（大江 2005: 22-23）。

　「生涯に、木を四本植えたと、男は言った」で始まる長田弘の詩「手紙の木」は「文明とは何だろう」と問いかける（長田 2015: 558）。「木を伐り倒すのが文明なのだ。それでも、と男は言った。人は木を植える。木は手紙だか

らだ」「すべての木は、誰かが遺していった手紙の木なのだ。こういうふう
に生きたという、一人の人間の記憶がそこに遺されている、物言わぬ手紙の
木」。長田のいう「人のこころのなかにそだつ言葉の木」を私たちはいかに
育み育てうるだろうか。教育は投壜通信のようなものだと最近よく思う。母
校は英語で alma mater といい「養母」を意味するラテン語に由来し、元々
は穀物などの実りの女神を指していたことも、教育のあり方を考える際の参
考になるのではないだろうか。

考えてみよう！／調べてみよう！

- 教育と政治の関係性をどのように考えますか。
- 人間にとっての対話の意義や課題をどのように考えますか。
- 現代の学校の可能性を、言葉との関係からどのように考えますか。

参考図書

アーレント，ハンナ（2023）『人間の条件』牧野雅彦訳、講談社学術文庫
ヴォネガット，カート（2017）『国のない男』金原瑞人訳、中公文庫
宇野重規（2018）『未来をはじめる――「人と一緒にいること」の政治学』東京大学出版会
大江健三郎（2005）『「自分の木」の下で』朝日文庫
長田弘（2015）『長田弘全詩集』みすず書房
冨原眞弓（2024）『シモーヌ・ヴェイユ』岩波現代文庫
中井久夫（2009）『精神科医がものを書くとき』ちくま学芸文庫
矢野久美子（2024）『アーレントから読む』みすず書房
レーヴィ，プリーモ（2017）『〔改訂完全版〕アウシュヴィッツは終わらない――これが人間か』
　　竹山博英訳、朝日選書

● Column ●
教育の性質と目的をどのような視野で考えていくか？

末松裕基

教育は文化的営みであるが、グローバル市場や政財界からの要請、家庭や地域の私的意思の影響を受けやすい。教育は学校や教師の独占物ではないので、そのような多様な利害を調整する中で成り立つことは何ら問題はない。しかし、「生産性」「人材」など、経済用語や軍事用語で教育が語られることが多くなっている時代において、教育に対してどのような見通しや視点を有しておく必要があるだろうか。

文化（culture）は「耕す・栽培する（cultivate）」から生まれた言葉であり、丹念に耕し育ていい実を結ばせる、という意味をもつ。教育は私的利害のみで規制・調整ができるものではく、さまざまな利害関係者や当事者が中長期的な視点から議論し構築すべき公共性を有すものである。しかし、コスパやタイパのような目先の損得による経済合理性や、人を「人材」として使える／使えないで支配するような考えが当然のようになってきていることは、私たちの多くが体感している。

哲学者の今道友信は、人間とは何かを問うなかで、「理性的動物」に加えて「祈ることのできる動物」という定

義の重要性を訴えている（今道 2005: 44）。人間をこのようにとらえる今道は「今この国で叫ばれている戦闘の言語ではなく、号令の言語でもなく、今失われかけている対話の言語、思索の言語、祈りの言語、これを守り育てなければならない」と指摘する（今道 2005: 121）。

「祈りの言語」とはどのようなものだろうか。作家の大江健三郎は、長男が脳に障害をもって生まれた際に、シモーヌ・ヴェイユの『神を待ちのぞむ』を昼夜すがりつくように読んだそうである。大江は、ヴェイユの「注意力の性質は、祈りの性質と深い関係がある」との記述から、注意力を養い鍛えることが本当に祈ることができるようになるための一番大切な訓練であると気づき、「『あなたは、どのようにお苦しいのですか』と問いかける、そのための注意力をきたえた人間になりたい」（大江 2007: 197-198）と思い至る。

ヴェイユが別の著書で「共感」「憐れみ」と訳される compassion を用いているが、それは避けようと思っても避けられない「受難（passion）」を「共に（com）」していく「共苦」を意

味する（ヴェイユ 2010b: 61）。「思い
やり」とも表現できる言葉であり、私
たちがそのような「祈りの言語」を目
指す難しさに、どのようなことが関係
しているのだろうか。

　大江の師でもある渡辺一夫は、学校
生活は温室であり学生は苗木のような
ものとして「温室の監理人たる僕も、
齢をとるにつれて、温室外の寒気の厳
しさがいよいよ判るようになりますと、
送り出す苗木の運命が心配になること
が多くなってきました」と述べる（渡
辺 1962: 16）。

　ここで注目したいのは、渡辺が「温
室外」という学校外の社会環境に目を
向けている、という点である。医学の
世界でも、「精神病は本質的に医学の
外部にかかわる」という視点の重要性
が指摘されてきた。哲学者のフェリッ
クス・ガタリが主導し、フランスで
1953 年に創立され、ドキュメント映
画「すべての些細な事柄」（ニコラ・
フィリベール監督）でも紹介されたラ
ボルド精神病院はそのような発想によ
る試みである。哲学者の宇野邦一は、
同病院の取り組みについて「精神医療
は、決してただ医学によって確立され
た知識と技術を、病院で患者に適用す
るという活動に限定されてはならない。
精神の病が発生することは、この社会
の集団、家族、関係のあり方に、ひい
ては政治にも資本主義にも密接にかか
わっている」と言及する（宇野 2020:

166）。病院の外部の問題を病院内部の
問題にして投薬で静かにさせる、とい
うことの問題性が浮き上がり、これを
学校に当てはめると、さまざまな問題
が見えてくる。

　しかし、例えば、教育学者の今井康
雄が問題視するように、米国の教育界
では、成績という結果を厳しく求めら
れるエリート学生たちの間で、精神刺
激薬が集中力を高め認知機能を強化す
るスマート・ピルとして流通する現象
が生じている。そこでは教育の過程が
結果に至るための単なる通路として、
節約したいコストとしてとらえられて
いる（今井 2022: 181-182）。

　私たちは学校の外部の問題を学校で
全て解決すべきと焦るのではなく、例
えば、日常で感じたことを学校で素直
に話せたり、社会がまだ注目せず問題
視すらしていないような学校内外の事
象に目を向け理解しようとしたり、し
ぶとく考え議論していくことが必要だ
と思う。

◎引用・参考文献

今井康雄（2022）『反自然主義の教育思想
　　──〈世界への導入〉に向けて』岩波書店
今道友信（2005）『出会いの輝き』女子パウ
　　ロ会
ヴェイユ，シモーヌ（2010ab）『根をもつこ
　　と（上・下）』冨原眞弓訳、岩波文庫
宇野邦一（2020）『ドゥルーズ──流動の哲
　　学〔増補改訂〕』講談社学術文庫
大江健三郎（2007）『「話して考える」と「書
　　いて考える」』集英社文庫
渡辺一夫（1962）『やぶにらみ人生』竹内書店

第**9**章 「再分配−承認ジレンマ」を超えた多文化社会の実現

鄭　虎範

🔍 Keywords

分配（再分配），承認，正義（不正義）

❶正義の多文化社会の実現を目指す議論

　正義の多文化社会はどのように実現できるか。正義の多文化社会とは、社会を構成している、人種・民族・肌色・アイデンティティ・文化・国籍……を異にする多様な人々が差別されず、同等な権利を駆使しながら生きている社会といえる。多様な個人・集団に対する排除・抑圧・差別・偏見が退けられ、各自の権利と人権が保障されて、社会構成員のだれもが人間として価値ある生を営むことができる社会の実現、これが多文化共生を望む人々の願いであり、課題である。そのような社会の実現に至る可能性や方法を模索する作業の一つとして、アクセル・ホネット（Axel Honneth）とナンシー・フレイザー（Nancy Fraser）の間に広げられた、「承認（recognition）」と「再分配（redistribution）」をめぐる論争を検討してみたい。ドイツの社会哲学者ホネットとアメリカの政治哲学者フレイザーは、多文化主義の理論的・哲学的根拠として「承認」と「再分配」を取り上げ、それに関する理論的アプローチを行ってきた。ホネットは「承認」だけで、複合的な多文化社会の諸問題・課題に整合的に接近することができるとみており、フレイザーは、今日の複合的葛藤と社会的不正義を解明するためには、「再分配」と「承認」の二元論的接近が必要であると主張する。両者の見解は異なってはいるが、二人の理論は、共に正義の多文化社会の実現に深く関わっている。

❷多文化主義における「再分配」と「承認」

　再分配のパラダイムは、社会・経済構造に根を張っている、経済的周辺化・搾取・剝奪などの不正義に注目し、それらの不正義問題を解決するための社会・経済的構造の再構築に焦点を合わせている。不正義問題を解決する

第 2 部　多文化共生・人権・教育への多様なアプローチ

表 1　再分配と承認パラダイムの比較

区 分	再分配パラダイム	承認パラダイム
①登場背景	経済構造に根を張る社会経済的不正義	社会的諸様式に根を張る文化的不正義
②事例	経済的周辺化・搾取・剝奪	文化的支配・無視・軽蔑
③処方	経済構造の再構築（所得の再分配・労働分業の再編成・投資決定の規制）	アイデンティと文化的産物の再評価・文化的多様性への意味付与
④政策対象	経済的に決定される階級	地位・身分的集団
⑤目標	階級的差の縮小	集団間の相違の認定・収容

出典：Fraser, Kymlicka の言説から抜粋、要約した内容をもとに筆者作成

ためには、収入と富の再分配・労働分業の再組織化・所有権構造の変更・投資決定過程の民主化、そして、そのほかの経済構造の変更が必要であるとみる。このような経済構造に内在する不平等に対する闘争は再分配の政治を出現させた。

　それに対して、承認のパラダイムは、表現・解釈・疎通など社会的営みに根を張っている文化的不正義に焦点を合わせている。したがって、その解決の処方として、文化的・象徴的変化を追求している。これまで軽視されてきたマイノリティのアイデンティティと文化的生産物を高く再評価することであった。文化の多様性を認め、それぞれの文化に肯定的な価値を与え、すべての人々のアイデンティティを再定立するように、表象・解釈・意思疎通の形を変形させることを目標とする。このように、身分的位階構造に内在する不平等に対する闘争は承認の政治を出現させた。承認のパラダイムは、他人・他集団のアイデンティティとその生き方・思考方式がもつ価値の独自性を認め、受容する。したがって、承認の政治学は多様なマイノリティの固有のアイデンティティと文化的特性に対する承認を求める闘争を指向する。一つの社会内の身分的集団、特にマイノリティ集団を尊重・尊敬するのである。再分配と承認パラダイムを、フレイザーの見解を中心に比較すると表 1 のようになる。

　ホネットとフレイザーは、2003 年に再分配と承認を中心に、この時代の正義について激しい論争を広げた。その論争を通して確認できたのは、再分配と承認を択一的関係とみるのも、再分配を優先させる経済主義的見方も退けるべきであるということであった。フレイザーは再分配と承認は密接につながってはいるが、置き換えのできる関係ではないとし、再分配・承認の二

元論的正義論を提案したのに対し、ホネットは、再分配は承認のもう一つの手段とみて、不平等の分配の是正のために社会的承認の秩序を強調していた。ただ、この論争を通して二人は、再分配と承認を択一的関係とみるのも、再分配が優先するという経済主義的・資本主義的見方も、間違っており、抽象的で反歴史的談論を超え、新たな正義論の模索が必要であることに合意している。

❸一元論的正義論と二元論的正義論

　ホネットは、再分配と承認を対立的にみるのは、皮相的見方に過ぎないとし、広く支持される道徳的カテゴリーに入る承認に、再分配の概念を包摂させることで、経済的不平等を是正する理論的根拠をつくることができるという。ホネットは、承認一元論の枠組みに立って再分配と承認次元の問題を統合的に考えることができると主張する。彼の理論の核心は、社会的不正義は、個人的次元でも集団的次元でも、マイノリティの正当な承認要求を、社会的に無視することから始まるということである。分配の不平等・不正義も同じ構造の中で生じるので、再分配を承認から分離することは間違いであるとみている。

　フレイザーは、これまで分配問題を軸に展開されてきた正義に関する議論は、再分配要求と承認要求に分かれて行われてきたとみている。そして、彼女は、再分配と承認が分離・対立的に議論されているのは間違った展開であるとみる。今日の正義問題には、再分配と承認両方からアプローチしなければならない。例えば、女性たちは男性に比べて、低賃金職種に勤めながら、不平等の分配で差別されており（再分配的問題）、同時に、外見のために無視される場合もある（承認的問題）。経済的不正義と経済外的不正義の二重の不正義を経験しているのである。このように、再分配あるいは承認一つだけで今日の不正義の構造を把握するのは不可能である。再分配と承認を統合した二次元論的正義観が必要なのである。結局、現代社会においては、再分配なしで承認は意味がなく、承認なしでの再分配は空虚である。このことは、再分配か承認どちらかに一方を包摂させることはできないことを意味する。

　フレイザーは、正義を求める経済的再分配の要求を文化的承認の要求に転換させると、現実的に不平等の構造を固着化させると考えている。最近の

第2部　多文化共生・人権・教育への多様なアプローチ

フェミニズム・マイノリティ・同性愛者などの解放運動は、経済的平等や物質的再分配のための闘争ではない。それはあくまでも文化的アイデンティティと結合している固有の特性を尊重されたい闘争である。しかし、解放運動者たちが感じている不正義は、文化的次元の無視と経済的次元の不平等両側面から発生している。

❹「再分配‐承認のジレンマ」を超えて

　フレイザーは、再分配と承認を相互排除的にみるのに反対し、双方調和する統合的アプローチを提示しようとする。彼女は、経済的不正義を解決しようとする試みと文化的不正義を解決しようとする試みが葛藤を起こす可能性があるという。経済的不正義に対する改善策は、再分配を通して各集団間の不平等構造を直そうとする。それに対して、文化的不正義に対する改善策は、承認を通して各集団の多様なアイデンティティを強化しようとする。その場合、再分配は集団の分化防止エネルギーとして作動し、承認は集団を分化させるエネルギーとして作動する。このように、二種類の不正義を同時に解決しようとするときに現れる葛藤を、「再分配‐承認ジレンマ」という。フレイザーは、ジェンダー問題と人種問題に見られる異なる性格の不正義の改善過程に見られる矛盾や葛藤をもって「再分配‐承認ジレンマ」を説明する。ジェンダー関連の不正義は、男性による女性に対する抑圧から出ており、人種関連の不正義は、西欧社会における主流集団（白人）の非主流集団（有色人種）に対する差別的待遇から出ている。したがって、ジェンダーと人種関連の不正義を改善するためには、男性と女性、白人と有色人種の違いを認めない必要がある（区別の撤廃）。一方、ジェンダーと人種関連の不正義に対決するためには、女性の特性、有色人種やマイノリティ集団の存在を強化して、男性と女性、主流集団と非主流集団の違いを明確にする必要がある（区別の明確化）。男性とマジョリティが、自己の尺度に基づいて女性とマイノリティの存在・アイデンティティを低評価・無視することから不正義が生まれたからである。

　「再分配‐承認ジレンマ」を克服するために、フレイザーは、「同等の参与（parity participation）」の原則に基づいて再分配と承認の要求を同時に正当化する必要があると提言している。すべての社会構成員が同等の資格をもって

相互作用できる社会的条件を保障しなければならないといっているのである。もっといえば、まず、構成員が独自的な参与者になれるように物質的再分配を行わなければならない（客観的条件）。そして、構成員が参与者として同等に尊重されるように制度化した文化的価値の承認の上、その価値が安定的に保障されなければならない（相互主観的条件）。再分配と承認によって正義の地平が広がり、拡大された正義観は、正義の多文化社会を実現させる規範的・理論的土台となる。

🔍 考えてみよう！／調べてみよう！

- 社会的不正義をなくすため、共生を実現するための分配構造の再構築（再分配）とは具体的にどのようなことを指すでしょうか？
- 共生の実現のためにマイノリティの文化的独自性（アイデンティティ）を承認するとは具体的にどのようなことでしょうか？
- 共生を実現するために、他者との違いを認めない必要と違いをより鮮明にする必要があることを、具体的事例をもって説明してみましょう。

📖 参考図書

Honneth, A. (1992), *Kampf um Anerkennug: Zur moralischen Grammatik sozialer Konflikte*, Suhrkamp〔=2014, 山本啓・直江清隆訳『承認をめぐる闘争——社会的コンフリクトの道徳的文法〔増補版〕』法政大学出版局〕.

Honneth, A. and Fraser, N. (2003), *Umverteilung oder Anerkennung?: Eine politisch-philosophische Kontroverse*, Suhrkamp〔=2012, 加藤泰史監訳『再分配か承認か？——政治・哲学論争』法政大学出版局〕.

Kymlicka, W. (2001), *Contemporary Political Philosophy: An Introduction*, 2nd ed., Oxford University Press〔=2005, 千葉眞・岡﨑晴輝訳『現代政治理論〔新版〕』日本経済評論社〕.

第2部　多文化共生・人権・教育への多様なアプローチ

第**10**章　多様性の共生のために
　　　　　「リスペクト」の概念を探る

戸田孝子

Q Keywords　　　　　　　　　リスペクト，存在論的人間理解，形成論的人間理解

　この章では、多様な存在である他者との「共生」のために「リスペクト」
の概念について考えてみたい。自分の選んだ価値と同じ価値の実現を目指し
ている先輩を「リスペクト」するというのは、イメージしやすい。また、自
分を支えてくれる人々に感謝の気持ちとともに「リスペクト」の気持ちを
抱くことも分かりやすい。では、まだ技術の未熟な後輩には、どういういう
ときに「リスペクト」の気持ちが湧くだろうか。もし、自分を傷つけた加害
者にも「リスペクト」をもつようにと考えた時は、どのように可能だろうか。
多様性の共生に必要な、すべての人への「リスペクト」について掘り下げて
みよう。

❶「リスペクト」の現代的語用

　「リスペクト」というカタカナの「敬意」を示す言葉は、現在、若者の間
で、「他者の発揮しているエネルギーへの敬意」と「同じ人間として共に生
きることそのものを互いに尊ぶこと」という2つの意味を合わせ持つ言葉
として使用され、その概念は、多様性の時代に相応しく成長しつつある。
　スポーツ界では、日本サッカー協会が2008年に「リスペクト宣言」を
掲げた。敬意を示す対象に、選手、これは試合の相手チームの選手も含め
て、審判員、サポーターと集う皆が平和的にスポーツで発揮されるエネル
ギーの充実感を共有できるようにという思いが込められている。ゲームの
ルールや用いる用具に対するリスペクトが含まれているのは、日本で伝統的
に、スポーツをする場、スポーツのルール、スポーツの用具に対して、その
ために力を注いだ人々への敬意を表する文化が反映されている。サッカー観
戦で「リスペクト」の議論が始まった背景には、観戦時にサポーターが起
こした暴動の歴史がある。1980年代に北アイルランドへ学校調査で訪問し

た際、偶然乗り合わせたバスの中で、サッカーの試合へ向かう両チームのサポーターたちが、それぞれのチームを応援する声を張り上げ、エスカレートして喧嘩になりそうになったことを思い出す。チームの違いに、民族・政治思想・宗教の違いが明白に意識されていた時代であったからだ。皆が共に楽しみたいスポーツ観戦の機会を、平和的に運営するためにはどうしたらいいかという問いが「リスペクト」の議論を展開させてきたのだ。

　音楽の世界では、近年、ミュージシャンが、自分の作曲した曲が、他のミュージシャンの影響を受けている場合に、「この曲は……をリスペクトしている」と表現することがある。これは、恐らく、表現したい何かをその人がもっていて、その表現方法を求めていたときに、他のアーティストが、自分にはまだ思いつかなかったことで、正に自分はこれを求めていたというものを発表したときに、「悔しい」「先を越された」というような思いではなく、「ありがとう、私が表現しようともがいていた答えを、あなたの表現の中に聴くことができた」「あなたの表現が、私にブレイクスルーを与えてくれた」というような賞賛と感謝からくる「敬意」を込めた表現なのだと理解する。

❷根底にある2つの人間理解

　さまざまに背景の違うところから生み出された「リスペクト」の概念を、どう整理していったらいいのだろうか。考えるヒントとして、理論的な人間理解の2つの側面を提示しておきたい。

　人間理解には、2つのアプローチがある。一つは存在論的な見方で、もう一つは形成論的な見方である。はじめに、人間を存在論的にみた場合についてであるが、私たち一人ひとりが「多様な存在である」と認識しているということは、「誰一人として同じ存在はないということ」すなわち、一人ひとりが「存在の唯一無二性」をもっているということになる。この「存在の唯一無二性」についての「理解」と「受容」と「その意味の探求」は、人間理解において目指すべき一つ大切な方向である。まず、「自分について」そして、親や教師には、「その子ども」について、存在の有り様を良く観て「そのように在る」ということ、そのままを受け止めようとする姿勢が求められる。どう方向付けていくかという問いはここでは必要ない。存在そのものの理解へ集中する。良く観るという過程で、もし、簡単に分かってしまうと

いうということがあれば、それは怪しい、実は危険なのだ。なぜかというと、前提として「多様性」「誰一人として同じ存在がない」「それぞれの存在の有り様が唯一無二である」というなら、観ようとする自分がこれまで身に着けてきた見方、枠組み、価値観で、果たして「その存在の有り様」をみて、簡単に理解できるだろうか。できるのなら、固定した見方の中に位置づけただけで、自分が理解できる見方との重要な違いを見落としているかもしれない。一人ひとりが違っているならば、「どうしてもわからない」ということがあって当然なのである。その「わかりえぬもの」があるということへの気づきこそが、その人、その子どもの「存在の唯一無二性」の理解への扉を開いてくれる。まずは、なぜそうなのかわからないけれど、「今、その様に在る」ということを受け止めること。自分についても、他者についても、そのままを受け留める。そして、次に、「分からないけれど、何か意味があるのかもしれない」と思いやること、それは、「そう在ることの意味の探求」へ向かう姿勢になる。いつも、その存在の奥に「唯一無二性」という、わからないが、そう在ることの神秘が、一人ひとりの中に隠されている。それは、ただ在るだけで、その人が「リスペクト」されるべき所以となるものなのである。

　もう一つの人間理解は、形成論的な見方である。「こうあってほしい」「こうなりたい」という思いはこの見方からくる。読者には馴染み深い見方であり、場合によっては、人はその目的でのみ生きるべきだ、教育はその目的でのみ必要なのだととらえている人も少なくないかもしれない。確かに近代は、この形成論的な見方の方が優勢で、「人間形成」「子どもは自立し社会人になるように学ぶ」「大人も生涯学習、自己実現、自己形成をしていく」「リタイヤ後も、より良い生き方を選んで、意識ある限り最期の時まで、毎日を自分で意思決定していく」人生の終わりまで続く、追い立てられるような、選んで決めて進んで創っていくという人間理解なのである。これは、存在論的な理解とは異なり、本人の意思決定を強いて行動を迫るものなので、「こうなりたい」というイメージで、多様な一人ひとりが、それぞれに、有限の時間、有限の、取り合えずは地球という場で、活動していくことになると、まったく衝突が起こらないというわけにはいかないであろう。欲しいもの、行きたいところが同じだったら、どうするのか、譲り合わない限り衝突だ。誰もいないからと思い切り力を爆発させていたら、病で静かに休んでいたい人に気づかず迷惑をかけてしまうということもあるかもしれない。選択肢はたくさ

第10章　多様性の共生のために「リスペクト」の概念を探る

んあり自由に選べそうでいて、少し進めば、あちこちに問題は生じてくる。こちらの人間理解は、ただ在るだけでは怠け者になってしまう。衝突のない場所と時間を慎重に選んで、思い通りに力を発揮できたとしても、誰もいないとき、誰もいない場所であったら、承認や評価を得られない。かなり厄介な問題が想像される。こちらの人間理解では、問題を解決できた人、ステップごとの目標を首尾よく達成した人、自分の自己実現をサポートしてくれた人に対しての「リスペクト」は生まれやすいかもしれない。

❸実践上の問い

　ここで、初めの問いに戻ろう。自己実現の道で、未熟な後輩が「助けてくれ」と言ってきた場合、その後輩を「リスペクト」できるだろうか。もし、自分の進む道を遮ったり、傷つける人が現れたら「リスペクト」できるだろうか。この問いに答えるためには、存在論的な基盤に立ち返って、自分は、自己実現の道で何を選択することが、自身の「唯一無二性に適っているのか」を吟味して、意思決定をしなければならないのだ。

　ある事件の被害者の方のインタビューの映像が放映されたとき、その親御さんは、「私の子どもは憎しみのうちに生きてほしくないから」とおっしゃって、続く、加害者について語るシーンで、自然と言葉が「敬語」になっていたことに気づいた。この時、筆者の心には、その親御さんへの深い「リスペクト」の思いが湧き起こった。同時に、大変難しいことではあるが、現実にそのような「リスペクト」の出来る方もおられるのだということを知った。さらには、それまで、この加害者は「なんて悪いことをするのだ」と怒りの気持ちでしかみられなかった自分の中に、その加害者の人も、きっと子どもの頃は「お誕生日おめでとう」と祝福された思い出のある人なのだろうとその人の保育園や幼稚園の誕生会の風景が浮かんだ。そして、むしろ、大人になる過程で、その人に友達がいなかったという報道から、その人を孤独にさせてしまった社会の一員であった自分の無関心や責任のなさにも思いが及んだのだ。その親御さんが、選択された「リスペクト」の態度は、筆者にとって、ミュージシャンが使うように、「この文章は、その親御さんの姿勢をリスペクトして書いている」と言って伝えたいものになる。

　犯罪を犯してしまった人に対する「リスペクト」のとらえ方については、

89

啓蒙としての参考文献を挙げたので当たってほしい。被害者の心の痛みに気づいて善く生きることを再考できる力への「リスペクト」が根底にある。

　医療現場では、患者さんの尊厳を守るための「リスペクト」がどのように表現されるべきか研究が進んでいる。さまざまな実践現場で、「リスペクト」の具体的な議論が盛んに行われているので、関心のある分野の成果を、海外の文献も含めて貪欲に学び、自分自身が直面した難しい場面での、こう有りたいと願う自分のイメージに適ったものを、勇気をもって表現していってほしい。

　すべての人の多様な側面を全部一人で背負って完璧に生きている人など一人もいない。実は、誰もがとても傷つきやすく小さな存在である。そういう私たち一人ひとりが、一緒に、同じ地球で、同じ時を生きているということの「尊さ」に気づいたとき、私たちは、大きな「リスペクト」に包まれるだろう。

🔍 考えてみよう！／調べてみよう！

- 自分の体験した「リスペクト」に関する事柄について、その時なぜそう感じたのか、なぜそう行動したのか、次はどうしたいのかを考えてみましょう。また、クラスメイトの体験にも傾聴し、共生のための「リスペクト」について、互いに、実践上の問題として考えを深めましょう。
- 関心のある仕事の分野で「リスペクト」の概念がどのように実践されているのかを調べてみましょう。

📖 参考図書・ウェブサイト

公益財団法人日本サッカー協会「リスペクト宣言　大切に思うこと」(https://www.jfa.jp/respect/. 2024 年 9 月 30 日最終閲覧)

吉田修「"リスペクト（Respect）"──"対話"そして"ハラスメント（Harassment）防止"の根底にあるもの -Respect forms the basis of dialogue and the prevention of harassment.」(https://www.jstage.jst.go.jp/article/thcu/7/1/7_1/_pdf/-char/ja. 2024 年 9 月 30 日最終閲覧)

Jamie J. F. and Dijonée, T. (2021), *Respect: A Necessary Element of Justice Contact with Emerging Adults*, Temple University Department of Criminal Justice.

第 **11** 章　異なる語りをもつ他者と共に生きる市民を育てる
──「真正な対話」に基づく多文化共生のための歴史教育

金　鍾成

Keywords　　　　　　　　　　　　　　　　歴史教育，他者，真正な対話

❶多文化共生のための歴史教育

　近代国家が登場して以来、歴史教育は過去に対する同一の語りを共有することで、「私たち」という意識、すなわち国民としてのアイデンティティを形成してきた。しなしながら、冷戦崩壊後の国内外に多様な語りが噴出し、またグローバル化による異なる背景をもつ他者との交流が増加するなかで、これまで維持されてきた「私たち」に対する再概念化が求められるようになった。日本も例外ではない。同和問題、沖縄戦、アイヌ民族、在日コリアンなど国家によって抑圧されてきた集団の語りが同一の語りをもつ単一民族の神話に異議を申し立てている。また、異なる語りをもちながらも日本の中に暮らす海外からの移民は日本中心の一面的な語りの中で自分たちの居場所を探すために声を上げている。

　過去を語ることが現在の自分を表す行為であることを考えると、多文化共生社会を生きる市民にはどのような過去の語り方が必要で、それを育成するどのような歴史教育が必要かを検討しなければならない。本章では、上述のように異なる語りをもつ他者が浮き彫りになっている日本社会を前提にしながら、多文化共生のための歴史教育の在り方を検討することを目的とする。具体的には、相互理解の主体による実際の対話である「真正な対話」（authentic communication）に基づく「より良い教科書づくり」プロジェクトを事例に、その多文化共生のための歴史教育としての可能性を検討する。

❷異なる語りをもつ他者とどのように出会わせるか

　多文化共生のための歴史教育は、一面的な国家の語りを揺さぶるために異なる語りをもつ他者と出会わせること前提とする。ここでは、他者との出会

わせ方を大きく2つの類型に分けて説明する。

　一つ目の類型は、他者の語りと出会わせる多文化共生のための歴史教育である。同じ出来事に対して異なる語りをもつ他の集団の語りと出会わせ、なぜ私たちと彼らの語りが違うのかを考えさせ、今後私たちはその出来事をどのように語れば良いかを考えさせるアプローチである。例えば、日本では勝利の歴史や大国化の歴史として語られている日清・日露戦争が、韓国では被害の歴史や抗いの歴史として語られていることを伝え、それらの語りの相違の理由を探究させ、今後私たちはどのように日清・日露戦争を語っていけばよいかを考えさせる授業が想定される。

　他者の語りと出会わせる多文化共生のための歴史教育は、学習者が有する既存の一面的な語りを揺さぶり、他の語りの可能性を示すという点で、多文化共生に必要な資質・能力を育てているといえる。しかしながら、「共生」する相手との相互理解という視点から考えると、共にその出来事を理解する必要のある肝心な他者との交流が行われないこと、すなわち学習の成果が共に相互理解を追求する外集団に伝わらず、内集団に留まっているという課題を指摘しなければならない。

　上述の課題を克服する二つ目の類型は、他者と出会わせる多文化共生のための歴史教育である。相互理解の主体による実際の対話である真正な対話によって、他者の語りだけではなく、実際にそれを語る他者とも出会わせるアプローチである。例えば、日清・日露戦争に対して異なる語りをもつ日本と韓国の学習者に互いの語りを出し合わせ、語りの相違の理由を探究させ、その相違を乗り越えるために日本と韓国の学習者がどのように日清・日露戦争を共に語っていけばよいかを考えさせる授業が想定される。

　他者と出会わせる多文化共生のための歴史教育は、内集団の学習の結果を相互理解の主体である外集団の他者に伝えることで、「共生」という側面をより強調する歴史教育の実現を可能にする。さらに、真正な対話は、私たちと彼らとの二分法を乗り越え、ある出来事に対する語りを共につくっていく新たな「私たち」という意識を生み出すことで、「共生」の積極的な意味を主張する歴史教育の方法であるともいえる。

❸「真正な対話」の事例としての「より良い教科書づくり」プロジェクト

　真正な対話をデザインする際には、以下の4つの原理が参考となる（金2020）。原理①と②は他者の語りと出会わせる多文化共生のための歴史教育の原理ともいえる。ここに、内集団の学習の結果を外集団の他者に伝える原理である③が追加されることで、他者と出会わせる多文化共生のための歴史教育が成立することになる。なお、原理④は、対話のために適切な媒体を選ぶ際に基準を記述している。

　　①自らの語りを可視化させた後に新たな語りの可能性を示唆することで、
　　　既存の認知枠組みを揺さぶる。
　　②子どもが自己と他者の語りを取り巻く（政治的な）文脈を捉えられる
　　　ように支援する。また、それを分析・批判する機会を設ける。
　　③内集団の探究／話し合いの結果を外集団の構成員に伝える機会を設け
　　　る。また、意見の行き来が続くように支援する。
　　④集団のナラティブを象徴し、かつ子どもに馴染みのあるものを対話の
　　　媒体として選定する。

　筆者は、上記の真正な対話のデザイン原理に基づき、日本と韓国の社会科教員志望学生による「より良いヒロシマ教科書」プロジェクトをデザイン・実施した。日本の歴史教科書では、原爆の悲惨さ、核廃絶、復興というキーワードで語られるヒロシマであるが、韓国の歴史教科書では日本による植民地支配から独立するきっかけとして短く語られている。日本と韓国の社会科教員志望学生は、それぞれ両国の語りを比較・検討し、なぜそのような語りの相違が生まれるかを各自の文脈を踏まえながら探求し、各自がより良いと考えるヒロシマ教科書を提案した。

　図1で示すように、計2往復（計4次）の対話が行われた。1次の結果、韓国の学生は「全体のストーリーが欲しい」というメッセージを送った。ヒロシマで起きた悲劇だけではなく、帝国主義の登場からヒロシマへの原爆投下に至るまでの一連のストーリーを全部学ぶことが大切であると主張した。2次の結果、日本の学生は韓国の学習者からのメッセージを受け止めながらも「ヒロシマはヒロシマとして教える」必要があるというメッセージを送っ

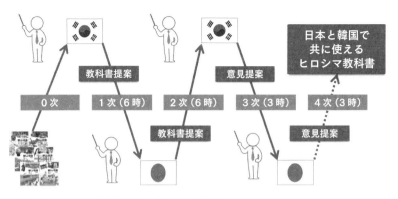

図1 「より良いヒロシマ教科書」プロジェクトの概要
出典：筆者作成

た。帝国主義の登場から教科書を始めることには同意するものの、語りの中心はヒロシマであるべきであると主張した。3次と4次において、両国の学生は互いのメッセージを分析しながら対話の論点をより明確にすることができた。具体的には、韓国の学生は「過去の反省を踏まえた歴史教科書」として、日本の学生は「これからを考えるヒロシマ教科書」として、より良いヒロシマ教科書をつくりたかったことが浮き彫りになった。

　日本と韓国の社会科教員志望学生のヒロシマの捉え、またヒロシマをどのように教えればよいかに対する完全なる合意には至ることはなかった。しかしながら、彼らは、ヒロシマについて深く知り、ヒロシマに対して異なる語りが存在することを実感し、その語りの相違の理由について学ぶことで、自分の語りが完全なるものではないことに気づくことができた。また、教科書の構築性を経験しながら対話の主体として語りの解体と構築に能動的に参加することで、他人事ではない自分事としてヒロシマを理解することができた。さらに、上記のような学びを可能にした対話の価値に注目し、考え方の衝突など難しさもあったものの、異なる語りをもつ他者と対話し続けることの意義についても気づくことができた。

❹ 「真正な対話」の拡大可能性

　「より良い教科書づくり」プロジェクトは、日本と韓国という国境を越え

第 11 章　異なる語りをもつ他者と共に生きる市民を育てる

る真正な対話の事例であるが、真正な対話を必要とする他者は日本の国内にも数多く存在する。上述した同和問題、沖縄戦、アイヌ民族、在日コリアンなど国家によって抑圧されてきた集団はもちろんのこと、ジェンダー、障がいの有無、経済格差など他のアイデンティティやバックグラウンドの相違による異なる語りをもつ他者も存在する。日本が異なる語りをもつ他者と共に生きる多文化共生社会の実現を目指すのであれば、歴史教育において、ひいては教育全般において、国内外の多様な他者と真正な対話を行う機会を設け続ける必要があるのだはなかろうか。

　最後に、多文化共生のための歴史教育は、自分の語りを絶対視しない、他の語りの可能性に常に開かれている構築主義的歴史教育を必要とする。「ワタシ」と「アナタ」がある出来事に対して完全なる合意に達することは不可能かもしれない。しなしながら、だからといって対話そのものをあきらめろというわけではない。むしろ、完全なる合意ができないことを認める「非合意の合意」（数土 2000）の上で、理解しあえない他者とも対話し続けることが重要であると考える。理解しあえない他者との真正な対話が、多文化共生社会における「共生」にどのような意味をもつかを今後も検討していきたい。

🔍 考えてみよう！／調べてみよう！

- 多文化共生のための歴史教育について考えてみましょう！
  - 日本社会にはどのような異なる語りをもつ他者がいると思いますか。
  - 日本の歴史の学習指導要領や教科書が前提としている市民像・国民像と多文化共生のための歴史教育が前提としている市民像・国民像の類似点と相違点について考えてみましょう。

📖 参考図書

加藤圭木監修・一橋大学社会学部加藤圭木ゼミナール編（2021）『「日韓」のモヤモヤと大学生のわたし』大月書店

金鍾成（2020）「他者の語りに開かれた市民を育てる──「広島平和記念資料館の『The last 10 feet』再デザイン」プロジェクトと「より良い『ヒロシマ』教科書づくり」プロジェクトを事例に」『教育哲学研究』121: 10-16.

数土直紀（2001）『理解できない他者と理解されない自己──寛容の社会理論』勁草書房

第2部　多文化共生・人権・教育への多様なアプローチ

第12章　日本語教科書から考える多文化共生時代の言語教育——ジェンダーとセクシュアリティの視点を通して

米本和弘・石川　智・森　祐太

🔍 Keywords　日本語教育，ジェンダー／セクシュアリティ，ヒドゥンカリキュラム

はじめに

　これまで皆さんが使ってきた英語の教科書には、どのような登場人物がいただろうか。昔とは違い現在は、英語を母語とする人として、いわゆる白人と呼ばれる人物だけではなく、アジア系やラテン系、アフリカ系などのさまざまな人種の人物が英語教科書に登場するようになってきた。その理由の一つとして、近年、多文化共生社会実現のため、Diversity（多様性）、Equity（公平性）、Inclusion（包括性）の価値観が重要視され、教育の分野においても、DEI を考慮したカリキュラムが研究、提唱されるようになったことが挙げられる。教科書は、その教科で学習すべき内容や知識が掲載されているだけではなく、作成者や教師が意図せずとも、学習者の価値観形成に大きく影響を与えている。しかし、最近出版された教科書であっても、DEI に対する配慮が十分にできていないことも少なくない。英語教育や日本語教育などの言語教育は、その言語が話される社会や文化が授業の素材や話題になることが多く、さまざまな背景をもった学習者が同じクラスにいることも多いため、DEI に一層注意を払う必要があるといえるだろう。本章では、日本語教育の教科書をジェンダーとセクシュアリティの観点から、具体的にどのような課題があるのか、そしてその課題に学習者や教師の立場からどのように向き合うことができるのかを検討する。

❶教科書の影響力——ヒドゥンカリキュラム

　教育機関では、学習者が円滑に教育目標に到達するためにカリキュラム、つまり、学習目標・内容・指導法などの教育課程を決めている。例えば、英語の授業であれば、どの文法をいつまでにどのような方法で勉強するかと

いったことである。通常、教師はこのカリキュラムに沿って授業を行い、学習者はその内容を学ぶ。一方、教える側が明示した学習されるべき内容とは別に、「ヒドゥン（隠れた）カリキュラム」というものが存在する。ヒドゥンカリキュラムとは、明示されていない内容を学習者が無意識のうちに授業や教科書などを通して学ぶことを指す。例えば、英語学習の例文で「日本人は丁寧で内気である」と英語で書かせたとする。実際、丁寧でも内気でもない日本人もいるはずだが、この文の中には「日本人は礼儀正しく内向的である」という考え方が反映されており、そのような固定観念を学習者が無意識のうちに学習してしまう可能性がある。このように、学習者は教科書や教師の授業中の言動などから影響を受け、暗黙のうちに明示されてはいない内容を学習する可能性がある。特に英語教育や日本語教育などの言語教育においては、多くの場合、学習者が学習言語の文化や社会について直接触れる機会が限られており、教科書を通して接することが多いと考えられる。つまり、教科書が与える影響は、それが意図的かどうかに関係なく大きいといえる。

❷日本語教科書におけるジェンダーとセクシュアリティ

　前述のように日本語の学習者も、教科書や教師の言動などから言語以外の日本についての社会通念や固定観念などさまざまなことを無意識のうちに学んでいると考えられる。教科書に現れる日本の文化や規範（例：わびさび、敬語）は多岐にわたるが、本章では特にジェンダーとセクシュアリティに関する社会的・文化的な問題について取り上げて検討する。

⑴ 男女言葉

　日本語の教科書ではしばしば、男女の話し方や言葉の使い方が異なるという説明が見られる。例えば、男性は一人称に「私、僕、俺」、女性は「私、あたし」を使い、文末に使われる終助詞として男性は「行くぞ」と「ぞ」を使うが、女性はあまり「ぞ」を使わないなどである。このように、日本語では男女の話し方に違いが見られ、日本語を習得する際には、この違いを理解することが大切だと考えられている。そのため、たいていどの教科書でも初級レベルから、男女言葉について説明されており、教科書の会話などにもその違いが反映されていることが多い。

第2部　多文化共生・人権・教育への多様なアプローチ

　終助詞「わ」（例：忙しいわ）も、教科書ではよく女性の登場人物などによって使われる。水本（2015）は、日本の留学プログラムにおいて教科書に掲載されていた若い男女の会話のうち、「わ」を女性語だとする教科書の説明を省いて教えるという実験を行った。教師が意図的に説明を省いたにもかかわらず、その後の自由会話の際に、多くの女性学習者が文末に「わ」を使用していた。つまり、多くの女性学習者が教科書の説明やモデル会話などを通して、「わ」を女性語として認識し、使用する傾向が見られたと報告している。では、女性学習者と同年齢の日本語を母語とする女性が文末表現の「わ」を使って話しているだろうか。実際には、日本語の男女の言葉の差はなくなりつつあり、現在は文末に「わ」を使う若い女性は非常に少なくなっているというデータがある。このように教科書に掲載されている情報や会話が、必ずしも現在の話し方や言葉の使い方を十分に反映しているとはいえない場合もある。しかし、教師がその内容を授業で意図的に教えずとも、このように学習は教科書の影響を受ける可能性が示唆されている。

(2) 性別役割分担

　日本語教科書においてジェンダーに関わるのは、文法や話し方だけではない（有森 2017）。ここでは、「男性は外で働き、女性は家庭で働く」といった性別役割分担など、私たちのジェンダー（社会的・文化的性差）に関する意識への影響について取り上げる。

　水本（2015）では、日本語教科書内のイラストに着目し、性別役割分担に関する意識がどのように表現されているのかを分析している。具体的には、女性が多く登場する場面として、家族を見送る、家事をするなど、家庭や家族に関するものが多く、男性が多く登場するものとして、会議や出張といったビジネス場面が挙げられることを指摘している。さらに、男女どちらも登場するビジネス場面であっても、例えば、受付や電話応対、コピーをするのは多くが女性であり、部長や社長といった管理職は大半が男性であったとしている。同様に、子どもを対象にした日本語教科書では、校長先生のイラストは男性であることが多く、養護（保健室）の先生のイラストは女性であることが多い。

　さらに、教科書のイラストに現れる偏りは職業に関するものだけではない。例えば、男女の服装や色については、男性はズボンを、女性はスカートを履

いており、男性の服は黒や青、女性の服はピンクや黄色などの色で描かれることが多い。さらに、扱われる例文などによって、このようなイラストに現れるジェンダーに関する意識は強化される。例えば、「母は赤ちゃんに薬を飲ませました」という使役文の例文は、子どもの世話をするのは女性であるという意識を反映している可能性がある。また、典型的な性質を示す表現である「らしい」では、「どんな人が男らしい／女らしいですか」との質問に学習者が答えることなどによって、学習者がもつ性別役割分担に対する意識が強固なものとなる恐れがある。

(3) 異性愛規範

　このような偏った性別役割分担を少しでも解消するために、最近は教科書作成の段階で、男女の職業が偏っていないか、写真やイメージが男らしさや女らしさを助長していないかなどが見直されるようになった。実際には、セクシュアリティ（性自認や性的指向、性表現など）は複雑で多様性があり、かつ流動的であるため、そもそも「男」と「女」という二元的な性別の枠組み自体を変えるべきだという流れがある。しかし、多くの教科書には恋愛や結婚は男性と女性という異なる性別のあいだで行うものであるという「異性愛規範」と呼ばれる固定観念が見られる。「結婚する」「デートする」「恋愛」などのイラストや写真が男女であり、「彼氏」がいるのは女性で「彼女」がいるのは男性であるといった異性愛規範が当然のものとして扱われることが多く、異性愛カップル以外の恋愛や結婚に言及したり、それを描いたりしている教科書はまだ非常に少ない（小宮 2014）。また、英語の教科書の例であるが、ゲイを公言している偉人について扱った文章であっても、セクシュアリティについては言及せず、あえてそのトピックを避ける例なども報告されている（Moore 2020）。

　筆者らが作成した読解用教科書（石川ほか 2024）では、セクシュアル・マイノリティ（LGBTQ+）を公言している著名人を選び、日本におけるLGBTQ+問題を取り上げた。ただ、宗教や文化によっては、異性愛以外の恋愛・結婚が罰せられることもあるため、異性愛を前提とした社会システム以外の在り方を教科書に盛り込むことは難しい場合もあるだろう。しかし、LGBTQ+を考慮した考え方や人々を積極的に取り上げなくとも、例えば、異性愛が当然であるというような描写は避ける、性別が明らかではない人物

のイラストを使う、「彼氏」「彼女」の他に「パートナー」という単語も紹介する、といった多様性や包括性を意識した教科書づくりを進めるべきだろう。

❸多文化共生時代の言語教育

　本章では、日本語教科書を取り上げ、その中に現れるジェンダーとセクシュアリティに関する課題を3点から考察した。これらはあくまでも一例で、教科書にはジェンダーとセクシュアリティ以外にも、民族や人種、階級や年齢など、私たちの考え方や見方に影響を与えうる内容が含まれていることが多い。私たち筆者も、教科書を作成する際には、そのような偏った見方に陥らないように気を配ってきたつもりである。

　ただ、その一方で、教科書作成者の意識が不十分な場合もあるし、多くの人に使用される市販の教科書を作成、出版する際には、さまざまな制約があることも事実である。また、教科書をどう理解し、どう使うかという教師の影響も大きいことが指摘されている（トムソン木下・尾辻2009）。つまり、作成者がさまざまに検討した教科書であっても、使用する教師がそれらの点を意識できていないということも考えられる。そのため、教師が教科書を使用する際には、男女言葉や性別役割分担のように偏った内容や表現、LGBTQ+への視点など、教科書に現れるさまざまな情報の精査・検討と、学習者が無意識に偏った考え方に捉われないように配慮した教育活動の計画・実践が求められる。

　では、学習者はどのように教科書と向き合うことができるだろうか。学習者はいかなる場合であっても、教科書の内容をそのまま受け取るのではなく、批判的にみて、考えることが大切である。ここでいう批判的とは、教科書に書かれていることを否定的にとらえたり、非難したりするということではなく、いろいろな人々の立場から物事をみて、論理的に考えるということである。さらに、そのような批判的な視点は自分自身にも向ける必要がある。つまり、自分はなぜそのような視点をもったのか、なぜそのような言動をとったのかを考えなければならないということである。

　日本語教育などの言語の教育では、学ぶ対象となる言語のみを学ぶわけではない。その中でジェンダーやセクシュアリティを含めた多様な考え方に触れ、自身の考え方や視点を見直す機会ともなる。この点で、言語の教育も学

習者および教師の多文化共生に対する理解を促進させる場としていくことが求められるだろう。

🔍 考えてみよう！／調べてみよう！

- 今、使っている／以前使っていた教科書の中に、ジェンダーやセクシュアリティに関係がある内容があるか調べてみましょう。その内容について、あなたはどう思いますか。
- 教科書には他にどんなヒドゥンカリキュラムが存在しているでしょうか。また、教科書以外のどんなところに、どんなヒドゥンカリキュラムが存在しているでしょうか。
- 日本語の教科書を見てみましょう。社会や文化について、どのようなことが書かれていますか。何か違和感があるものはありますか。

📖 参考図書

有森丈太郎（2017）「ジェンダー・アイデンティティの多様性から考える日本語教育」『2017 CAJLE Annual Conference Proceedings』24-33.

石川智・米本和弘・森祐太（2024）『The Great Japanese 20 の物語［初級］——人物で学ぶ日本語』くろしお出版

小宮明彦（2014）「言語教育（学）と異性愛規範——日本語教育（学）をめぐって」『ことば』35: 109-120.

トムソン木下千尋・尾辻恵美（2009）「ビジネス日本語教科書とジェンダーの多面的考察」『世界の日本語教育』19: 49-67.

水本光美（2015）『ジェンダーから見た日本語教科書——日本女性像の昨日・今日・明日』大学教育出版

Moore, A. R. (2020), Understanding Heteronormativity in ELT Textbooks: A Practical Taxonomy, *ELT Journal* 74(2): 116-125.

● Column ●
多文化社会における言語教育

石黒みのり

都立高校を中心に高校生にコリア語を教えて、10年が経とうとしています。言語名はさまざまな言い方がありますが、ここでは「コリア語」としたいと思います。コリア語は「ハングル」という独自の文字を持ち、日本語と文法体系が似ている言語です。漢字由来の言葉も多く、発音も日本語と似ている語彙も多く存在します。

日本の高等学校におけるコリア語教育は、1973年兵庫県立湊川高等学校で「朝鮮語」として授業が開講されたことを皮切りに始まりました。当時の日本社会には、コリアルーツの人々に対する差別意識があり、言語学習を通して差別意識を変えていこうとする「人権教育」の一環として開設されました。2005（平成17）年には日本の高等学校の英語以外の外国語設置校数がフランス語を追い抜き「韓国・朝鮮語」が2位となりました。その順位は現在も維持し続けています。2021（令和3）年の文科省の調査によれば、「韓国・朝鮮語」は全国で335校に開設されており、1万2304人の生徒が学んでいるそうです。この調査が開始された1999（平成11）年は開設校131校

でしたが、2021（令和3）年時点では335校なので約3倍の増加と言えるでしょう。開設校および受講者数の増加は筆者自身も実際に肌で感じています。

高等学校におけるコリア語は基本的には自由選択科目です。近年のKコンテンツの影響もあり、生徒たちの受講動機のほとんどはK-POPやKカルチャーが好きだという理由で受講しています。しかし、実は最も多いのは「英語以外の外国語を学んでみたいから」という理由です。英語だけでなく、他の国の言葉を学び理解したい、視野を広げたいという気持ちの表れでしょう。初めて勤務した高校は10年前は1クラス13人程度だったのが、近年40人前後を維持しています。他にもクラスが増えたり、新設する学校も増えています。

現在、日本の公教育では「英語」も、コリア語を含む「英語以外の外国語」も、教科名は「外国語」となっています。そのため、日本の高等学校における学習指導要領には英語についての細かい解説はありますが、「英語以外の外国語」については「その他外国語に関する科目については、…〔中略〕…

Column

英語に関する各科目の目標及び内容などに準じて指導を行うものとする」と数行程度の記述しかありません。そのため、指導内容や学習目標は担当教員に委ねているのが現状です。したがって、高等学校における英語以外の外国語の学習指導要領はあるようでないに等しいのです。裏を返せば、日本における「外国語」は「英語」中心であると言えます。

また東京都教育委員会が出している「東京グローバル人材育成指針」(2022)を見ると、東京都教育委員会が推進してきたグローバル人材育成の取り組みは英語に関する内容がほとんどです。「グローバル人材育成のための4つのTARGET」も「英語」を活かして「主体的に学び続ける態度」の育成を中心に構成されており、「英語以外の外国語」に関する取り組みについては何も書かれていません。TARGETの4つ目に「多文化共生の精神の涵養と協同する力の育成」とありますが、果たして「英語」だけで異なる文化や習慣の違いを尊重し、認め合うことができるのでしょうか。さまざまな国の人、さまざまな国のルーツをもつ人たちと「英語」で意思疎通はできたとしても、一歩踏み込んだ文化や価値観の理解に至るのは難しいでしょう。先程も述べましたが、コリア語は日本語に近い言語です。生徒たちはコリア語の学びを通して、英語との違いや日本語の言語的な違いを発見していきます。言葉の奥にある文化の違いに気づく生徒もいます。その気づきが、異文化理解の第一歩になります。

コロナ禍の2022年頃から、コリア語を使ってオンライン交流を開始し、2024年にようやく日韓の高校の対面交流が実現しました。生徒たちはSNSやオンライン交流は慣れていましたが、実際に会うのは初めてでした。ちょっと勉強しただけの段階でしたが、ホームステイの受け入れもしてもらいました。生徒たちはとても緊張していたようですが、知っているコリア語や英語、わからないときは翻訳機を使いながら、お互いのことを知り合おうと一生懸命に意思疎通を図っていました。多言語教育、英語に加えてもう一言語を学習する意味はここにあると思いました。交流後の生徒の反応には、「国を超えてここまで友情を深めることができてよかった」「国が違うから話せないと思っていたけど、気持ちは伝わる、そして仲良くなれる」とありました。英語に加えてもう一言語を学習する意味はここにあると思いました。

このように、言葉を通して国という一つの枠組みを超え、人と人との関係を築いていくことが、今後の多文化社会の共生の鍵になるのだと思います。

第2部　多文化共生・人権・教育への多様なアプローチ

第**13**章　日本人学校における多文化共生に向けた教育

見世千賀子

Keywords　　　　　　　　　　　　日本人学校，現地理解教育，多文化共生

❶在外教育施設・日本人学校とは

　海外に在留する日本人の子どものために、学校教育法（昭和22年法律第26号）に規定する学校に準じた教育を行うことを主な目的として設置されているのが、在外教育施設である。日本人学校は、国内の小学校、中学校または高等学校における教育と同等の教育を行うことを目的とする全日制の教育施設である。在外教育施設には他に、補習授業校、私立在外教育施設がある。

　日本人学校は戦前にも存在したが、戦後は1956年にタイのバンコクに設置されて以来、2024年現在、世界49か国・1地域に、94校ある。アジア地域に41校と最も多く、欧州21校、中南米14校、中東8校、北米4校、大洋州3校、アフリカ3校となっている（文部科学省 2025）。全学校に義務教育段階にあたる小・中学部がある。高等部は、上海のみに設置されている。また、一部の学校は幼稚部を併設している。

　日本人学校は、日本の主権が及ばない外国にあるため、政府が設置している学校ではない。一般に、現地の日本人会や商工会などが主体となって設立され、その運営は、日本人会や進出企業の代表者、保護者の代表などによって構成される学校運営委員会が担っている。日本政府は、国内とは異なる環境におかれた日本人の子どもたちに対して、憲法14条1項・26条の「教育の機会均等及び義務教育無償の精神」に沿って、日本国民にふさわしい教育を行うとともに、併せて国際性を培うことを目的に海外子女教育政策を通して、側面からさまざまな援助を行ってきた。日本人学校の教育課程は、文部科学大臣によって、国内と同等の課程を有するとの認定をうけている。

　日本人学校の教育は、主に日本国内で募集・選考・派遣された教員によって行われる。国による最大の支援は、この教員派遣である。文部科学省は派

104

遣教員に関わる事務のほか、教科書の無償配布、教材の整備などを担当し、外務省が、学校の施設借用や安全対策面の補助などを行っている。

2022（令和4）年6月には、これまで予算措置のみで実施されてきた在外教育施設への支援に対し、「在外教育施設における教育の振興に関する法律」が公布、施行され法的整備がなされた。これによって、①在留邦人の子の学びの保障、②国内同等の学びの環境整備、③在留邦人の子の異なる文化を尊重する態度の涵養と我が国に対する諸外国の理解の増進がより一層図られることとなった。

2023年現在、日本人学校には、約1万5000人の子どもが在籍している。地域別在籍者数はアジアが最も多く全体の約8割を占める。各学校の児童生徒数は、10人に満たない小規模校から、2000人を超える大規模校まで多様であり、50人以下の学校が44校と最も多くなっている。児童生徒数の大小は、各学校の教育活動に影響を与える大きな要因のひとつである。

❷日本人学校における現地理解教育・国際理解教育

日本人学校では、原則として日本の学習指導要領に基づき、日本の教科書を使用し、日本からの派遣教員を中心とする日本の教員免許を有する教師が教育を行っている。また同時に、所在国によって各学校のステータスは異なるが、現地国の法令などを遵守した教育活動を行うことが求められる。

各日本人学校では、海外にあるという利点を活かし、国際性を培う目的で現地理解教育や国際理解教育に取り組んできた。具体的には、現地に関する学習、現地語・英語の学習、フィールドワーク、交流活動などである。現地国や現地の地域社会に関する学習は、生活科や社会科などの教科学習、また総合的な学習の時間を通して、現地の地理、歴史、文化などの学習や、学校が独自に作成した社会科副読本を活用した学習などが行われている。ミュンヘンタイムやカラチタイムといった、独自の名称を冠した学習を行っている学校もある。

現地語の学習は、韓国語、中国語、タイ語、ドイツ語、チェコ語、スペイン語など、9割以上の学校で実施されている。英会話はすべての学校で小学部からネイティブ講師などによる授業が行われている。フィールドワークは、日本国内の学校で実施するような社会科見学、臨海・林間・農村などの宿泊

学習、同国内や隣国などへの修学旅行など、実体験を重視した活動を行っている。交流活動は、すべての学校が現地校もしくは現地にある国際学校や外国人学校と行っている。一般に、交流相手校を日本人学校に招待する活動と、逆に招待される活動が行われている。互いに民族舞踊の紹介をしたり、共にスポーツやゲームをしたり、合唱や合奏などの音楽交流、習字や折り紙などを教える活動などが行われている。図工や環境問題などをテーマに合同授業を行った例もある。

　さまざまな取り組みが行われてきたが、個人の意思で海外に行く留学とは違い、親の都合で海外に来た子どもたちの中には現地社会に興味関心がもてず現地理解学習や交流に積極的ではない子どももいる。現地の人への偏見や差別意識をもったままの子どももいる。現地理解教育は、異文化を理解したり、日本的文化を紹介したりすることが多く、日本対現地（＝外国＝異文化）という二項対立的枠組みを強化してしまう危険性も併せもつ。そのような問題を乗り越えて、日本人学校では現地や現地の人々と協力して、多文化共生という課題に向けて取り組む必要がある。

❸多様な言語文化背景をもつ者同士の関わり合い・学び合い

　現在の日本人学校では、すでに子どもたちの言語文化背景の多様化が進んでいる。アジア地域を中心に国際結婚家庭の子どもが増加している。外国人家庭の子どもを受け入れている学校もある。また、両親とも日本家庭の子どもでも、海外生まれや移動を繰り返し複数の言語文化を経験してきた子どももいる。日本人学校は、多様な言語文化やアイデンティティの有り様を肯定し、学校内での多文化共生を実現する多文化的学校へ向かう必要がある。教師は、学校や教室内の多様な背景をもつ子どもを平等に扱い、多様性を活かした教育実践を行う必要がある。また、現地社会や人々の協力を得て多文化共生という課題に向けた取り組みを行うことが不可欠となる。

　マレーシアのクアラルンプール日本人学校では、希望者を対象にカンポンホームステイという興味深い取り組みを長年行っている。田舎のマレー人家庭に2泊3日宿泊させてもらい生活を共にする。筆者は、2016年に同行したが、現地の村に入り、マレーシアのムスリムの人々の生活を実際に体験しながら肌感覚で学ぶことがでた。このプログラムは、日本に留学経験の

あるマレーシアの方々の同窓会組織による協力により実施されている（中村2020）。学校や教員が現地社会や人々と積極的に関わり、協力体制、信頼関係を築いていくことが必要である。

　また、インドのムンバイ日本人学校に勤務していた矢沢は次のような興味深い取り組みを行っている（矢沢2024）。矢沢は、着任したインドで見た貧困やゴミ問題に、課題意識をもつ。生徒たちもインドでの生活の中で、ゴミや水問題、海の環境について実体験をもっており、中学部の生徒たちとSDGsについて学び始める。学習が進むなかで、生徒と相談し研究テーマを「水と海」に定め、インドや世界の水と海について調べ始める。

　その過程で、ムンバイの海岸をきれいにする活動に取り組む弁護士であり環境活動家のアフロズ・シャー氏の存在を知り、毎週土曜日に行われている海岸清掃に参加するようになる。日本では想像できない量のゴミで覆われた海岸を地元の人や多くの外国人が参加し清掃を行う。しかし、海に浮かんだゴミは絶えず海岸に打ち寄せる。そのため、継続した清掃が行われている。希望した児童生徒や保護者も清掃活動に参加する。子どもたちはゴミや魚の匂いが立ち込める中、現地の人やスタッフと協力しながら作業を行う。

　中学部の生徒はシャー氏に英語でインタビューしている。その一部は、次の通りである。「Q. 海岸清掃にもたくさんの子どもたちが参加していました。シャーさんは参加している子どもたちにどんなことを期待したいですか。」「A. あなたたちは未来を担うリーダーです。大人はあまり意識していませんから、あなた方が包装を減らす方法、循環型経済を実現する方法、廃棄物を適切に処理する方法などについて、何をどうすればいいのかを考えて、全世界に広めてください。」その後、生徒は調べたことやシャー氏から学んだことをまとめて、保護者や来賓（近隣のインターナショナル・スクール校長など）へ向けてプレゼンテーションを全文英語で行っている。

　この一連の学習活動では、ゴミや水問題を解決するための探究的な学習を行うことで思考力や判断力を育て、多様な言語文化背景をもつ人々と関わることや協働で問題解決することをボランティア活動を通して学び、英語でプレゼンテーションを試み、伝える活動を行うことで、英語力や全体としてのことばの力、発信力を育成している。多様な背景をもつ現地の人々と関わりながら、共に、よりよい社会を築いていくための基礎的な資質や能力を身に着けることが可能となっているといえよう。

107

第2部　多文化共生・人権・教育への多様なアプローチ

❹多文化共生という課題に向けて

　グローバル化時代の日本人学校は、帰国して困らない学力を保障するのみの学校や、国際性を培った「日本人」の育成のみならず、多文化共生社会をつくる多文化市民を育成する学校としての役割が求められている。日本人学校には、子どもたちが多文化共生を選択し、実践する市民となるように育成する社会的使命がある。そのために、子どもにも教師にも多様な言語文化背景をもつ人たちと積極的に関わり、協働して物事に取り組む経験と学びが重要となるのである。

🔍 考えてみよう！／調べてみよう！

- 世界にはどこにどのような日本人学校があり、どんな教育活動が行われているのか、調べてみましょう。
- 日本人学校では、多文化共生に向けてどのような取り組みができるだろうか、考えてみましょう。
- 他国の外国人学校について調べてみよう。どのような違いや共通点があるでしょうか。

📚 参考図書・ウェブサイト

佐藤郡衛ほか（2020）『海外で学ぶ子どもの教育──日本人学校・補習授業校の新たな挑戦』明石書店

中村仁（2020）「クアラルンプール日本人学校における特色ある教育活動──開校50周年を迎え、持続可能な活動にするために」『在外教育施設における指導実践記録集』42: 11-14.

文部科学省HP「在外教育情報」（https://www.mext.go.jp/a_menu/shotou/clarinet/002.htm, 2025年1月29日最終閲覧）

矢沢洋一（2024）「インド（ムンバイ）におけるSDGs教育の実践──ムンバイで実施されている海岸清掃への参加経験を通して」『在外教育施設における指導実践記録集』46: 24-28.

Column

● Column ●
高等学校における英語以外の外国語という選択肢

日下部龍太

　日本の小中高における外国語教育は事実上英語教育である。2025年1月実施の大学入試共通テストを参考にすれば、「外国語」の受験者数がそれぞれ「英語（リーディング）47万6174人」「中国語625人」「韓国語109人」「ドイツ語109人」「フランス語88人」であり、「外国語」に占める英語の受験者比率は約99.8%に達する。2024年5月1日の日本における総人口（外国籍者を含む）は約1億2394万1000人である。同年6月末現在における在留の中国人は84万4187人（日本総人口の約0.68%）、韓国人は41万1043人（同約0.33%）となっており、現在の英語以外の外国語受験者数の多くはそれらの国にルーツまたは滞在歴を有する特別な背景をもつ子弟に限定されていると想定される。むしろ、彼らですら英語を受験している可能性も高い。すなわち、日本の小中高における「外国語＝英語」なのである。

　しかし、留学生や労働者や観光地など日常生活でよく目にする外国人の多くは非英語圏出身者であり、特に中華系や韓国系やベトナムなどが圧倒的なシェアを占めている。「外国語＝英語」という概念は旧制中学校・高等女学校の時代にすでに確立しており、1899年開催の第三回高等教育会議の決議録では外国語科目として「一・二の私立學校ヲ除く外」英語を教授していたようである。ただし、1886年の第一次中学校令においては、5年制である中学校の4年次と5年次に「第二外国語若クハ農業」が必修科目として用意されており、少なくとも当初の段階においては第二外国語（ドイツ語およびフランス語を指す）教育が軽視されていたわけではなかった。しかし、1894年の第二次中学校令において第二外国語が廃止されており、その理由としては「省令説明」で「実績に照らしてみて、第一外国語だけでも数年の学習をもってしても習熟の困難な生徒が多数であり、したがって第二外国語を削って第一外国語の時数を増したほうがよい」と説明がなされている。その後、中等教育段階においては現在にいたるまで一度も第二外国語が必修化されることはなかった。また、4年制であった高等女学校は当初の段階から一度も第二外国語が必修化はされていない。なお、初等教育段階では一部の私

立学校や民族学校などを除けば、2011年までそもそも外国語教育が用意されなかった。すなわち、1894年から現在まで130年間にわたって日本の中等教育（2011年以降は初等教育も含む）における「外国語＝英語」の状態が継続してきたのである。

　筆者の主張は以下である。英語の重要性は過去も未来も大きく変化すると予想することはできない。そのため、義務教育である小中段階における「外国語＝英語」に関しては異を唱えない。しかし、英語教育がいずれは小学校1年生から始まることが予想される現状において、英語教育の早期化と同時進行で英語教育の早期終了も検討の余地があると考える。すなわち、2011年以前は中高の6年間で学んだ英語教育を小学校1年生から学びはじめるということになれば、中学校3年生で終了してもよいという選択肢を与える余地は十分にあるのではないかということである。具体的には、すべての高等学校において「英語+1」の外国語科目を用意させ、生徒は英語またはその高等学校が独自に設置した外国語科目（中国語・韓国語・フランス語・ドイツ語など）のどちらか1つを選択履修できるというカリキュラムを提案したい。筆者が過去に住んでいた群馬県大泉町は人口の2割以上が外国人であり、その中でもブラジル人とペルー人が最も多い。このような特色ある町では「ポルトガル語」や「スペイン語」の設置なども選択肢として考えられるであろう。これまで英語以外の外国語教育は大学が主に担当してきたが、日本の大学進学率は57.7%にしか満たないことも意識する必要があろう。また、これまでは自身の成績や偏差値で選択するしかなかった高等学校選択にどの外国語が用意されているかという特色も用意することができるようになる。多様な外国語能力を有する日本社会は英語圏以外の外国人との交流という大きな契機になる。2016年時点の中国は大学入試における日本語受験者数が1万人であったが、2024年は50万人を突破したと言われる。私は中国におけるこのような変化が将来の日中関係改善の契機になる可能性を秘めていると考えている。日本においても、少なくとも高等学校における「外国語＝英語」は脱却を検討する時期に入っているのではないだろうか。「外国語＝英語」の常識を疑う社会の方が正常に思えるのだ。

第14章 仮想空間と現実空間をつなぐ教育の可能性
──多文化共生と社会的公正を目指して

鈴木直樹

Keywords 　　　　　　　　　　　　　身体活動，仮想空間，XR 技術

はじめに

　現代社会において多文化共生は教育分野の中心的な課題である。社会が急速に多様化する中で、学校に通う子どもたちも多様性を増している。外国籍の子ども、身体的もしくは精神的な障害を抱える子ども、心理的課題を持つ子どもが増加し、それらの子どもたちも平等に教育を受ける為の工夫が求められている。また、中央教育審議会（2021）の答申では、「令和の日本型学校教育」の目標として「個別最適な学び」と「協働的な学び」を実現することが掲げられ、一人も取り残さない教育の実現を目指している。すなわち、このような状況下において、多文化共生の学びを実現するには、現代の教育課題に対応した革新的な技術や方法が不可欠であると考える。

　とりわけ、本章で取り上げる体育科においては、「運動能力が高い子どもとそうでない子ども」「男子と女子」といったように二項対立するものを分離して、一見、同じような集団にして指導することで、技能習得を目指した指導がなされてきたといってもよい。本来、多文化共生といった視点からすれば、違いがある条件は、学びの契機となるはずであるが、そのような状況はむしろ歓迎されない状況であった。しかし、現代は、こういった二項対立する認識を超え、異なる他者を受け入れ、異なる価値観との出会いの中で新たな自分探しをしていくことこそ大切となってくるであろうと考える。一方で、違いを乗り越える上での障壁は高く、それを乗り越えるための工夫が必要である。本章で紹介する実践は、この課題を克服するために、仮想現実（virtual reality: VR）や拡張現実（augmented reality: AR）といったクロスリアリティ（extended reality; cross reality: XR）技術を活用し、子どもたちに物理的制約や文化的違いを超えた新たな学びの場を提供することを目指した。そこで、XR 技術を活用して取り組んだ実践を紹介し、それがどのようにして

第2部　多文化共生・人権・教育への多様なアプローチ

多文化共生と社会的公正の実現に寄与したかについて検討していく。

❶ XR 技術を活用する教育的意義

　仮想空間上のメタバースに入る際にアバターを使用することが多い。この仮想空間におけるアバターの使用がユーザーの認知や行動に影響を与える現象は Yee & Bailenson（2007）によって、プロテウス効果（Proteus effect）として定義されている。この効果は、仮想空間でアバターを通じて自己表現を行う際に、アバターの外見や特性がユーザーの自己認識や行動様式に影響を与えることを示している。例えば、権威的な服装のアバターを使用すると自信を持って積極的に行動し、親しみやすい外見のアバターを用いると他者との協力的な関係が促進されることが報告されている。

　したがって、この理論的背景は、教育現場において以下のような重要な意義をもつ。

1. 身体的制約を超えた平等な参加の実現：身体障害や心理的な課題を抱える子どもが、アバターを介して他者と対等に活動することが可能となる。
2. 自己効力感の向上：仮想空間での成功体験は、子どもの自信を高め、現実世界での行動力を強化する。
3. 社会的協働の促進：異なる文化的背景や能力を持つ子どもが共通の課題に取り組むことで、多文化共生の意識を醸成する。

　プロテウス効果は、これらの点で教育の多様性を高め、社会的公正を実現するための理論的基盤を提供している。具体的には、プロテウス効果を活用し、ジェンダーや文化的偏見を緩和するツールとしての活用が期待される。

　また、デジタルデバイスは、デジタル情報のパラメーターを変化させることが容易である。したがって、AR スポーツなどでは、技能差を補うことが可能であり、勝敗の未確定性を生み出しやすくすることができる。その結果、誰もが活動に参加することを支えることができるツールとなる。

　以下、このような特性を活かして実践された授業について報告をしていく。

第 14 章　仮想空間と現実空間をつなぐ教育の可能性

❷実践事例

(1) メタバースを活用したダンス活動

　身体的な障害を抱えた特別支援学級の子どもと普通学級の子どもがメタバースを用いて共同でダンス活動を行った事例がある。この活動では、身体的な制約を持つ子どもがアバターを用いることで自由に身体表現を行い、他者との協

図1　車椅子に乗っている子どものアバター
出典：筆者作成

働を楽しむ姿が見られた。例えば、車椅子利用者の子どもが自らの動きをキャプチャーして、アバターで踊っても、メタバース上ではアバターは立った状態で踊っている（図1）。その立位のアバターは、自分の手を動かした動きや車椅子で回転した動きを反映して動く。その為、その子どもは通常よりも大きく目立つ動きでダンスを踊り、モニター上でメタバースでのダンスを観察していた子どもたちからは高く評価される活動をしていた。

　また、学級の子どもたちとコミュニケーションを取ることが苦手で不登校になってしまった子どもがいた。その子どもは、これまで体育の授業に他の学級の子どもと共に参加することはなかったが、遠隔地からではあるが、アバターになって他の子どもとのダンス活動に参加できた事例もある。

　さらに、日本の高校生とフィリピンの高校生が共にメタバース上でダンス活動を行った事例では、メタバース上でコミュニケーションを取り合いながら活動を行った。コミュニケーションは英語で実施されたが、英語での発言を躊躇する日本の子どもたちもアバター同士で積極的にコミュニケーションを取り、活動をしながら相手を知ろうとしていたことが大変印象に残っている。日本とフィリピンの子どもでは、動き方に違いもあったが、それぞれの動きを取り入れあいながらダンス活動を行い、動きのバリエーションを増やしてもいったように思う。メタバースを活用して1時間程度ダンスを行った後、オンライン会議システムを活用して、モニター越しにダンスを行い、コミュニケーションを行った。この際のダンスでは、メタバース上での学びが生かされ、ダイナミックな動きができていたように感じられた。何より、両国の子ども同士が積極的にコミュニケーションを取り時間が過ぎてもそれが

113

第2部 多文化共生・人権・教育への多様なアプローチ

図2 ARスポーツのゲームをモニターで観ている様子
出典：筆者作成

続き、この取り組みがなかなか終了できなかったことが印象的であった。

このようにメタバースで行うダンスは、プロテウス効果が活かされ、子どもの学びの可能性を広げると同時に、社会的包摂を促進することを示している。

(2) ARスポーツ「HADO」を活用した協働学習

ARスポーツ「HADO」は、エナジーボールやシールドを用いた対戦型スポーツである（図2）。プレイヤーが持っている的に「ボールを当てる／ボールを当てられない」ことを競い合うゲームで、高い技術は必要ない。また、ボールの速さやボールの大きさ、シールドの強さなどはプレイヤー個々人が変更することができるので、それぞれの能力に合わせて参加もすることが可能になっている。その為、身体的能力の違いを超えてすべての子どもが平等に参加できる環境を提供している。このゲームでは、3対3で2チームに分かれてゲームを行ったが、チーム内で戦術を発見していくことを心掛けるようにして、目標達成を目指す活動を実施した。その結果、運動能力に違いのある子どもたちがそれぞれの役割を果たしながら協働する姿が見られた。特に、普段は、ボールに当たるのが怖くてゲームに参加できない子どもが、汗をびっしょりかいてゲームに参加して、ゲーム後に、「運動が得意な子も苦手な子も一緒に楽しむことができるゲームだと思います」と発言していたことが印象に残っている。この活動は、異なる能力を持つ子どもが共に学び合い、協働する場を提供した社会的公正の理念に基づいた教育の実践例といえる。

❸仮想空間と現実空間をつなぐ教育の可能性

仮想空間を活用した教育は、これまでの実践を通して次のように社会的公正の理念を具現化してきたといえる。第一に、仮想空間は、身体的・心理的制約を超えてすべての子どもが平等に参加できる場を提供するということで

ある。第二に、仮想空間での成功体験が現実社会での行動力や自信に転移することが期待されるということである。第三に、異なる背景を持つ子どもが協働し、共通の課題に取り組むことで、多文化共生が実現する可能性があるということである。このような教育的効果は、学校だけでなく社会全体の公平性と多様性を推進する基盤となると考えられる。

そこで、仮想空間での学びを現実社会にどのように転移させるかは、重要な課題となってくる。また、これらの技術を教育現場に導入する際のコストや教員の研修に関する課題も重要である。

現在進行中の研究ではあるが、仮想空間と現実空間を統合するためのリアルアバター（実際の子どもの身体をキャプチャしてアバターにしたもの）を用いた新たな教育モデルの開発が予定されている。この取り組みは、仮想空間で得た学びを現実社会の行動に結びつける可能性を秘めており、多文化共生と社会的公正を実現する新たな道を切り開くと期待される。

仮想空間と現実空間をつなぐ教育は、社会的公正を実現するための革新的なアプローチである。XR 技術やメタバースを活用することで、身体的・心理的な制約を超えた平等な学びの場が提供され、子どもたちは自己実現に向けて学び合うことができる。これらの技術が教育現場に広く採用されることで、持続可能な社会の実現に向けた重要な一歩となるだろう。

考えてみよう！／調べてみよう！

- 仮想空間でのアバターの特性が子どもたちの学びに与える影響を最大化するには、どんなアバターが理想的だと思いますか？　ある学習場面を想定して具体的に考えてみましょう。
- メタバースでの学びを、現実社会での行動や協働にどう結びつけられると思いますか？　アイデアを出してみましょう。

参考図書

中央教育審議会（2021）「令和の日本型学校教育の構築を目指して──全ての子供たちの可能性を引き出す、個別最適な学びと、協働的な学びの実現（答申）」中央教育審議会

Yee, N. and Bailenson, J. (2007), The Proteus Effect: The Effect of Transformed Self-Representation on Behavior, *Human Communication Research* 33(3): 271-290.

● Column ●
AI 時代の語学教育

木村　守

　外国語教育といえば、小中学校の課程で学びはじめる英語を思い浮かべる方が多いかもしれませんが、大学に入学してから初めて学ぶ第二外国語も、外国語教育に含まれます。語学を専門に学ぶ専攻や分野を除けば、多くの大学では、教養科目の一つとして、第一外国語の英語に加え、第二外国語をカリキュラムに組み込んでいます。大学の1～2年生の間に、選択必修言語として、例えばドイツ語、フランス語、中国語、コリア語などを学ぶことが一般的です。これにより、学生交流や相互のコミュニケーションを深める機会を得たり、留学を目指す学生にとって新たな言語の習得と、その言語がもつ文化や社会生活について学ぶ貴重な機会となります。

　1980年代から世の中が急速に情報化されるなか、多文化共生や異文化理解への意識が高まるとともに、ICTツールの開発やAI技術の発展によって、自動翻訳機の性能も飛躍的に進歩してきました。現在の自動翻訳機は、ひと昔前のものとはまったく異なり、非常に正確になっています。また、これまで大学以外でも各種学校やカル

チャーセンター、テレビ、ラジオ、テキスト、雑誌などで学ぶことに加え、インターネットを活用した多様な情報発信コンテンツにより、時間や場所を問わず、どこでも語学を学ぶ機会が広がっています。

　このような状況になると、自動翻訳機やAIツールがあれば十分なのではないかという疑問が生まれるのも当然のことです。わざわざ学校で語学を学ぶ必要はあるのか、その意義が改めて問われる時代になっています。

　外国語を学ぶ目的の一つは、外国の人とコミュニケーションをとることですが、外国に行く予定がない人や、国内にいて外国語を使う機会があまりないと感じる人もいるかもしれません。しかし、近い将来、外国に行くことがあるかもしれませんし、現在では国内でも外国語を使う場面がたくさんあります。例えば、国内を旅行中の外国の人から道を聞かれたり、鉄道やバスの情報を伝えたりすることもあります。仕事においても、取引相手が外国の方であったり、外国の人を接客する機会も増えてきています。また、高校や大学には外国からの留学生が多く在籍し

Column

ており、小中学校でも外国にルーツを
もつ子どもが在籍していることがあり
ます。

　確かに、こうした場面では AI ツー
ルや自動翻訳機が便利です。道案内や
電車の乗り方を説明するだけであれ
ば、それらを使うのは有効な方法で
す。しかし、大学で留学生と友人にな
りコミュニケーションしようとすると
き、ずっと翻訳機を使って会話を続け
たいと思うでしょうか。また、仕事の
取引相手と重要な商談を行う際、自動
翻訳機だけで十分だと考えるでしょう
か。それで友情が深まったり、信頼関
係を築くことができるでしょうか。

　人は相手と深いつながりをもちたい
と考えたとき、相手の話す言葉を理解
し、自分でも話したいと思うものです。
最初は自動翻訳機を使っていたとして
も、次第に自分の考えや思いを自分の
言葉で伝えたいと感じるのではないで
しょうか。その段階に至ったとき、初
めて本格的に言葉を学びたいと思うよ
うになるのです。言葉と文化は密接な
関係にあり、表面的な言葉だけでは意

思を通じ合うことはできません。

　AI 時代において外国語教育を考え
る際、重要なポイントが 3 つあると考
えます。第一に、外国語＝英語と考え
ないことです。英語を共通言語の一つ
として位置づけるのはよいですが、英
語だけで十分だという考え方は、多文
化共生や異文化理解の観点からみて
偏った思考と受け取られることもあり
ます。第二に、AI 時代でも、言語を
学びたいという欲求に応える確かな教
育を保証することです。すべての学生
に履修を義務づける必要はないかもし
れませんが、カリキュラムとしての位
置づけをなくしてはいけません。第三
に、言語学習を単なる語学習得に留め
ず、その言語の背景にある文化や社会
生活についても正しく学べるカリキュ
ラムにすることです。

　AI ツールが進化したとしても、心
と心の壁を乗り越え、信頼関係を築く
ためには、人と人が直接言葉を交わし、
その背後にある文化や価値観を理解し
合うことが大切なのです。

第2部　多文化共生・人権・教育への多様なアプローチ

第15章　　自然と人間の共生社会

権　秀賢・崔　東壽

Keywords　　人間と自然の共生，持続可能な森林管理，環境教育

❶自然と人間の共生──概念と歴史的背景

　地球上の生き物はすべて、何らかの形で周りの生き物に影響を与えながら生きている。この相互作用は、生態系の中でのバランスを保つ重要な要素となっている。人類は地球上の生物総量のわずか0.01%程度を占めるに過ぎないが、人間の活動が地球の生態系や環境に与える影響は非常に大きく多岐にわたる。人間活動の影響の大きさを認識し、自然環境との調和を図るため、1980年代から「自然と人間との共生」というフレーズが使われはじめた。1991年に開催された「国際花と緑の博覧会」で基本理念として採用され、1994年に策定された「第一次環境基本計画」では長期的な目標として明確に位置づけられ、2007年に発表された「21世紀環境立国戦略」では社会的取り組みの一つとして定められた。この概念の重要性は国際的にも認められ、2008年に開催された北海道洞爺湖サミットでは「自然環境と人間の共存」がロゴのモチーフとして選ばれた。人間の活動が自然界にますます影響を与えるなかで、双方が共に繁栄するための持続可能な方法を見つけることが不可欠である。ここでは、自然科学の観点から、自然と人間の共生について多角的に論じる。

❷人間と自然の関わり

⑴生態系サービスの理解

　共生（symbiosis）は、異なる生物集が持続的な関係を形成し、生物同士が互いに影響を与え合いながら共に生きていく仕組みであり、自然界で広く見られる現象である。人間にとって「自然との共生」は、自然資源を利用しつつ、環境を損なうことなく持続可能に生きることを意味し、環境保全、資

第 15 章　自然と人間の共生社会

源管理、そして健康な生態系の維持が不可欠である。人間の生存と繁栄には、自然環境からもたらされる基本的な要素が必要であり、これらの要素はすべて私たちを取り巻く生態系から直接的・間接的に供給されている。特に、地球上の陸地面積の約 30% を占め、日本の国土面積の約 67% を占めている森林生態系は、多様な植物、動物、微生物の生息地として重要な役割を果たしている。これらの生物は複雑な相互作用を通じて、森林の構造と機能を維持している。

　人間は古くから森林生態系と密接な関わりをもってきている。森林は大気中の二酸化炭素を吸収し、酸素を放出することで、地球の気候調整に重要な役割を果たしている。また、森林は水源涵養機能をもち、降水を貯留し、徐々に河川に流出させることで、洪水や渇水を防ぐ役割も果たしている。さらに、木材や燃料、食料、薬用植物など、多様な資源を提供している。加えて、森林は文化的、精神的な価値をもち、多くの地域で信仰の対象となったり、芸術や文学の題材となっている。これらの自然からの恩恵は「生態系サービス」と呼ばれ、人間の生活と福祉に不可欠な基盤を提供している。Millennium Ecosystem Assessment（2005）によれば、「生態系サービス」は以下のように分類される。

　　・供給サービス：食料、水、木材などの直接的な資源の提供
　　・調整サービス：気候調節、大気浄化、火災緩和などの環境調整機能
　　・文化的サービス：レクリエーション、精神的充足、教育的価値の提供
　　・基盤サービス：栄養循環、土壌形成など、他のサービスを支える基本的機能

　しかし、産業革命以降、人間活動による森林への影響が急速に拡大し、世界中で森林減少や劣化が進行している。森林減少の主な原因は、農地への転換、過度な伐採、都市化などであり、これらの活動は短期的な経済的利益をもたらす一方で、長期的には生態系サービスの低下や生物多様性の損失といった深刻な問題を引き起こす。

⑵ 持続可能な森林管理
　森林生態系と人間社会の持続可能な共生は、現代社会における重要な課

第2部　多文化共生・人権・教育への多様なアプローチ

題である。この共生を実現するためには、森林の生態系機能を維持しつつ、人々の生活の質を向上させる必要がある。そのため、近年では「持続可能な森林管理」という概念が広く採用されている。この管理方法は、森林から供給される木材などの資源の確保と、気候調整や水源涵養などの生態系サービスの維持を両立させることを目指している。

　その具体的な取り組みの一つに、森林認証制度がある。これは、環境に配慮した方法で管理された森林から生産された木材や製品を認証し、消費者が環境負荷の少ない製品を選べるようにすることで、資源の過剰利用を防ぐことを目的としている。同時に、生産者側にも持続可能な森林管理へのインセンティブを提供し、環境保護と経済活動のバランスを促進している。

　さらに、伝統的な土地利用手法であるアグロフォレストリー（Agroforestry）も、持続可能な森林管理の一環として再評価されている。この方法では、樹木と農作物や家畜を同じ土地で育てることで、生物多様性を保ちながら農業の生産性を向上させることが可能である。アグロフォレストリーは、地域の生態系と経済の持続可能性を実現する手法として、世界各地で注目を集めている。

　また、すでに破壊された森林の回復と再生も重要な取り組みである。植林や自然再生プロジェクトによって、失われた生態系サービスを取り戻すことが目指されている。これらの活動には長期的な視野が必要であり、地域に適した樹種の選定や継続的な管理が不可欠である。こうした取り組みは、森林の持続可能性を高めるだけでなく、気候変動の緩和にも貢献している。

　都市部においても、緑地や都市林の創出を通じて自然との共生が図られている。都市の緑地は、気温調整や大気浄化、生物多様性の保全に寄与するだけでなく、住民に自然とのふれあいの機会を提供し、心身の健康にも良い影響を与えている。急速に進む都市化の中で、こうした取り組みは都市環境の質を向上させる重要な役割を果たしている。

　これらの多様な取り組みを効果的に推進するためには、地域住民の意識向上が不可欠であるため、環境教育や自然体験プログラムなどの身近な自然を知り、理解する活動を通して、森林の重要性や生物多様性の価値を次世代に伝え、若い世代の環境保護意識を高め、長期的な森林保全への参加が期待されている。

　以上のような多角的なアプローチは、相互に関連し合いながら、持続可能な森林生態系と人間社会の共生を促進している。このように、科学的知見を

120

第 15 章　自然と人間の共生社会

活かした管理手法や地域社会の協力、伝統的知識の活用、さらに国際的な連携を通じて、環境保全と経済発展の両立という現代社会の課題に新たな解決策が見出されつつある。これらの取り組みが相互に結びつくことで、人と自然が調和する持続可能な未来への道が着実に開かれている。

❸日本の文化と環境をつなぐ里山

　日本の里山は、人間と自然が長い歴史を通じて共生してきた独特の生態系である。里山は集落を中心に広がる二次林、農地、ため池、草地などが組み合わさった自然環境であり、人々の持続的な管理によって維持されてきた。里山の生態系と人間の共生は、人々が自然資源を賢く活用しながら、生態系のバランスを保ってきた結果として生まれたものである。里山の生態系の特徴は、適度な頻度と強度の撹乱が生物多様性を最大化するという中規模撹乱仮説（intermediate disturbance hypothesis）によって説明される。里山において 10 〜 30 年ごとの二次林の伐採と下草刈り、落ち葉の回収や草刈りなどの農林業を中心とした人々の活動は、中程度の撹乱を里山の生態系にもたらし、その結果として高い生物多様性を維持してきたと考えられる。

　また、里山における伝統的な資源利用は、生態系サービスを最適化する形で発展してきた。薪炭材や建築材、山菜やキノコなどの食料を提供する「供給サービス」、水源涵養や土壌を保全する「調整サービス」、美しい景観やレクリエーションの場を提供する「文化的サービス」、そして生物多様性を維持する「基盤サービス」などの里山の生態系サービスは地域住民に多様な恩恵をもたらしてきた。しかし、1960 年代の高度経済成長期を境に、エネルギー革命や農業の機械化が進むと、里山の利用は急速に減少した。薪炭材の需要が減り、燃料としての使用が減少したことで、森林の管理が不十分になり、放置される里山が増加した。さらに、近年の人口減少や高齢化により、地域社会での里山の手入れが困難になったことも問題視されている。これらの結果、里山は荒廃し、生物多様性の損失が進行しつつある状況である。

　こうした状況を受けて、近年では里山の価値が再び注目され、保全と持続的な活用に向けたさまざまな取り組みが全国各地で進められている。現代の里山管理では、科学的知見と伝統的知識の融合が重要であり、生態学的な調査に基づく適切な管理計画の策定や、最新技術を用いた空間的管理手法の導

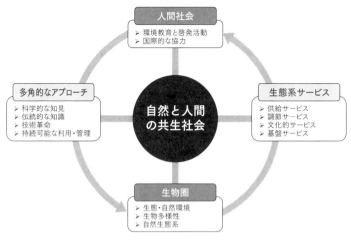

図1　自然共生社会の未来――持続可能な調和への道
出典：筆者作成

入などが進められている。同時に、地域固有の伝統的管理技術を科学的に解明し、現代に適応させる試みも行われている。

　里山は、日本の文化と環境をつなぐ重要な存在として、自然と人間の共生の象徴ともいえる。今後も、持続可能な形で里山を保全・活用することが、地域社会の発展と生態系のバランスを保つために不可欠である。地域住民、NPO、行政、企業が協力して里山の保全に取り組み、里山がもたらす自然の恵みを未来へと引き継ぐことで、自然と人が互いに利益をもたらし合う共生システムが確立されることが期待される。このような取り組みは、持続可能な開発目標（SDGs）の達成、カーボンニュートラルにも貢献し、特に生物多様性の保全と持続可能な利用を通じて、地域の持続可能性向上に寄与するだろう。

❹現代社会における自然との共生に向けた多角的アプローチ

　森林生態系と人間社会が持続的に共生していくためには、多角的なアプローチが不可欠である（図1）。アメリカの生態学者アルド・レオポルドが提唱した「土地倫理」は、人間と自然の関係を「支配－被支配」の二元論でとらえるのではなく、両者を生態学的に平等な関係とすることを目指してい

る。この倫理観は、人間を生態系の一部として位置づけ、生態系全体の健全性を尊重する視点の重要性を強調している。この理念に基づき、持続可能な森林管理の実現には、科学的知見に基づいた政策立案と実施、地域コミュニティの参加、伝統的な知識の活用などが重要である。さらに、国際的な協力体制の構築により、異なる地域間での知見の共有と技術の導入を進めることができる。具体的には、エコツーリズムの普及、グリーンインフラの整備、持続可能な森林産業を支える技術革新が、森林と人間社会の共生に貢献する可能性を秘めている。

　また、教育と啓発活動も重要な役割を担っている。特に環境教育や自然体験プログラムは、若い世代に自然の重要性や生物多様性の価値を伝え、長期的な保全意識の醸成に寄与する。これらの活動を通じて、次世代が環境保護への責任感を抱くことが期待される。森林生態系と人間社会の共生は、複雑で長期的な課題でありつつも、私たちの生存と福祉に不可欠である。科学的知見、伝統的知識、技術革新、そして人々の意識と行動の変革を通じて、持続可能な共生関係を築くことが求められている。それは、単に森林を保全するだけでなく、人間社会のあり方そのものを見直し、自然と調和した新たな文明の方向性を模索するプロセスでもある。

🔍 考えてみよう！／調べてみよう！

- 再生可能エネルギーやスマート農業といった現代技術が、環境と人間の共生にどのように貢献できるか、また、これらの技術が本当に持続可能な未来を保証できるかについて考えてみましょう。
- 人間が自然から得ているさまざまな恩恵（生態系サービス）を経済的な価値として評価することが妥当かどうか、そしてこの価値評価が環境保全にどのように貢献するか、あるいは妨げになる可能性があるかについて考えてみましょう。

📖 参考図書

環境省（2010）「里地里山保全活用行動計画――自然と共に生きる賑わいの里づくり」環境省
鷲谷いづみ・矢原徹一（2023）『保全生態学入門――遺伝子からランドスケープまで〔改訂版〕』文一総合出版
Connell, J. H. (1978), Diversity in Tropical Rain Forests and Coral Reefs: High Diversity of Trees and Corals is Maintained Only in a Nonequilibrium State, *Science* 199(4335): 1302-1310.

Part 3

第3部

日本の中の
多文化共生と人権

第3部　日本の中の多文化共生と人権

第1章　「不良な子孫」を産ませない
──優生思想と日本

井竿富雄

Keywords　　　　　　　　　優生保護法，不良な子孫，やまゆり園事件

❶津久井やまゆり園事件の衝撃

　2016年に、神奈川県で世界を震撼させた（これは大げさではなく、海外で
も報道された）できごとが起こった。「津久井やまゆり園事件」である。心身
に障害をもつ人々の生活する施設で働いていた職員が、突然施設で生活して
いた障害者を大量に殺害したのであった。事件の規模も大きかったが、衝撃
はその後も続いた。犯人が、自分が殺人を犯した動機を堂々と公表していた
からである。そこには、「障害者は不幸を作ることしかできない」と書かれ
ていた。さらに、「言葉を話せるかどうか」を基準として殺人の基準を決め
ていたこともわかった。犯人は、言葉を話せないものを「心失者」という
独自の言葉で呼び、「言葉が話せない者は心を持たない、だから人間ではな
いから殺してもよい」と勝手に判断していたのである。また、心身の障害を
もつものは安楽死させるべきだとも主張していた。この事件が明るみに出た
あと、日本社会でこの犯人に同調する意見がネットで出現したことも記憶す
べきことだった。犯人は刑事裁判の間もまったくその考えを変えることはな
かった。

　その後今度は、あまり表面に出なかった戦後日本の薄暗い歴史が明るみ
に出る事件があった。2018年、仙台地方裁判所に一つの訴訟が提起された。
優生保護法に伴う優生手術を強制的に受けさせられたことは、基本的人権の
侵害に当たる、という主張を掲げていた。ここに出てくる「優生保護法」と
は、1948年に制定され、1996年に廃止された法律である。この法律は、人
工妊娠中絶を合法化した法律でもある。それまでの日本では、妊娠中絶は
「堕胎罪」といって刑法で罪とされていた。これを改めて、いくつかの条件
に適合する場合は妊娠中絶を認めたのである（今も刑法に「堕胎罪」はある。
人工妊娠中絶が認められる条件以外の中絶に対するものである）。人工妊娠中絶

126

第1章　「不良な子孫」を産ませない

の可否はアメリカ合衆国ではいまだに法律や政治、さらには宗教も関わり大論争となっている。大統領選挙でも必ず議論になる。これが日本では第二次世界大戦後には合法化されていた。この法律の中にある一部条文と先の大量殺人事件に共通したもの、これが「優生思想」といわれるものである。

❷「優生保護法」の制定

　優生保護法には、前身となる法律があった。「国民優生法」である。「国民優生法」は第二次世界大戦期の1940年に制定されたものである。これは「悪質ナル遺伝性疾患ノ素質ヲ有スル者ノ増加ヲ防遏スルト共ニ健全ナル素質ヲ有スル者ノ増加ヲ図リ以テ国民素質ノ向上ヲ期スル」（法律第1条）ことを目的としていた。これにはナチ・ドイツという「お手本」があった。ナチ・ドイツは遺伝性疾患のある者などについて、国家が判断すればその人物について断種手術を強制的に行うことができる法律をつくっていた。ナチ・ドイツは、心身に障害のある者については、「働けるかどうか」を基準としてふるい分けをし、「働けない」と判断されたものは秘密裏に抹殺するという恐るべき政策を実行していた。もとにあるのは「遺伝」という医学上の発見を使い、「優秀な素質」をもつものを増やし、「悪質」なものは人工的に排除していこう、という考え方であった。この部分が、第二次世界大戦後に制定された「優生保護法」に入り込んだのであった。

　「優生保護法」の制定過程については、藤野豊の研究から多くを学んだ。法律制定で大きな力を発揮したのは、太田典礼、谷口弥三郎といった、医師出身の議員だった（所属党派はさまざまであった）。彼らは、放置すれば優秀な遺伝子をもつものの方が「逆淘汰」される、という危機感を抱き、人工妊娠中絶の合法化とともに「優生手術」の条項を法案に盛り込んだ。そして、法律の名前そのものも「優生保護法」となった。この法律の第1条は「この法律は、優生上の見地から不良な子孫の出生を防止するとともに、母性の生命健康を保護することを目的とする」と書いてあった。「不良な子孫」とは、遺伝的な疾患をもつ人、心身に先天的な障害のある人などが当てはまるのであった。優生保護法では、本人や配偶者、また彼らの四親等以内の血族に遺伝性の心身疾患や先天的な障害がある場合、さらにハンセン病にかかっていた場合などは、本人や配偶者の同意のもと中絶手術ができる（知的障害

127

第3部　日本の中の多文化共生と人権

がある場合などは同意不要）、とされた。後には、いろいろな事情から素行不良になった若者も対象にされることがあった。

　優生保護法制定に関与した議員の一人だった太田典礼は、1967年に刊行した著書で人類をAからCまでのランクに分け、Cランクの人間には生殖を許さないようにすべきだと書いた。その上で、「人間は人間としての価値がある限りにおいてのみ、尊重される意義があるのであり、自由も絶対無制限であってはならない。社会人であるからには、社会生活における自由の限界がある。社会を無視した個人の勝手な自由は許されない」と主張した。遺伝的に「不良な子孫」を残しそうな人間は「人間としての価値」そのものがない、ということである。太田はそのような人を「低格者」と呼び、「低格者でも子供が欲しいという気持は理解できるが、その子供がまた低格者になる可能性が多いとすれば、そして不良化したり、犯罪者になるおそれがあるのなら、むしろ、産まない方が、親にとっても、子にとっても幸福であり、かえって人権尊重になるわけである」と断言した。「低格者」という言い方は、やまゆり園事件の犯人が用いた「心失者」という表現に通ずる怖さを感ずる。太田はのちに、病気に悩む人々が「安楽死」することを合法化すべきだと主張するようにもなった（ただし本人は晩年病気に悩みつつも安楽死を選択することはなかったようである）。

　そして、優生保護法の規定は具体的に発動された。国家賠償請求をした人々が語った優生手術の体験の記憶は、国家権力がある人々を「不良な子孫」を生む存在とみなし、理由も説明せず場合によっては力ずくで病院へ連れていき不妊手術や堕胎手術を受けさせていたことが記されている（「本人の同意」という法律の規定は無視され、対象者をだましたり暴力的に拘束したりすることも許されていた）。同じような手術が福祉国家として著名なスウェーデンで非常に長期間実行されていたことが発覚し世界に衝撃を与えたのは1990年代のことであった。社会保障は「健全な国民」のために存在すべきであるという思想に基づき行われたのである。

❸優生思想はすぐそこに

　同じ1990年代に、国際的なリプロダクティヴ・ライツの考え方などが拡がり、日本でも優生保護法や、らい予防法（ハンセン病患者を強制的に隔離施

第1章　「不良な子孫」を産ませない

設に収容していた）などが、人権上問題があると批判されはじめた。1996年、優生保護法は「母体保護法」という法律になり、優生規定などが廃止された。補償措置の法制化は2024年になってからのことであった。

　優生思想は、案外簡単に人に芽生える。やまゆり園事件の犯人は、障害者を安楽死させよと主張したが、これは海外ではすでに現実化している、という指摘もある。著述家で、自身も障害のある子どもをもつ児玉真美は、欧米で「無益な治療」などの言葉のもとに、重度障害のある人への治療を医師がとりやめたり、進行したがんの患者に対して、医師がまるで治療法の一つのように「安楽死」（あるいは「尊厳死」と呼ぶ）を勧めたりする、という事例を記している。「どうせよくならないのだから死なせてもよい」という考え方が支配的になる、ということである。これも、突きつめれば「健康でない人」は社会的に必要性がない、という優生思想に基づいたものである。しかもこのような施策が、医療費削減や、臓器提供のために行われていることが指摘されている。妊娠中の人に行われる「出生前診断」も含めて、医療現場では常に優生思想との熾烈な葛藤が起こっているといえるのではないか。

🔍 考えてみよう！／調べてみよう！

- 優生思想を私たちはどこまで拒否できるでしょうか。
- 自身が「不良な子孫」を生む可能性がある者になった事態を想像してみましょう。

📚 参考図書・ウェブサイト

太田順一郎・中島直（2018）『相模原事件が私たちに問うもの』批評社
太田典礼（1967）『堕胎禁止と優生保護法』経営者科学協会
ギャラファー, ヒュー・G（2017）『ナチスドイツと障害者「安楽死」計画〔新装版〕』長瀬修訳、現代書館
国民優生法・御署名原本・昭和15年・法律第107号（https://www.digital.archives.go.jp/DAS/meta/listPhoto?LANG=default&BID=F0000000000000037670&ID=&TYPE=, 2024年10月30日最終閲覧）
児玉真美（2023）『安楽死が合法の国で起こっていること』ちくま新書
二文字理明・椎木章編（2000）『福祉国家の優生思想──スウェーデン発強制不妊手術報道』明石書店
藤野豊（2021）『戦後民主主義が生んだ優生思想──優生保護法の史的検証』六花出版

第3部　日本の中の多文化共生と人権

第2章　発達障害
──「ニューロダイバーシティ」という見方へ

井竿富雄

Keywords　　　　発達障害，生きづらさ，ニューロダイバーシティ

❶発達障害の存在

　「発達障害」。今では広く知られている言葉である。学校では、クラスに一名は発達障害をもつ生徒がいるものと認知されている。それほど特別なものとも感じられていない。大きな町の書店（筆者の住む町には大きな書店がない）に行けば、発達障害に悩んできた人の書いたエッセイやコミックエッセイ、医師による子どもへの対応ガイドのような本もある。日本では「発達障害者支援法」という法律もできていて、社会生活の中でこのような人たちには配慮も必要なものとして考えられている。実際に、発達障害に悩む人の書いたものなどを読むと、どこかで「他の人との違和感」や、よく使われる言葉として「生きづらさ」を覚えたというものがある。しかも、かつてこの言葉がそれほど知られていなかった時代には、その違和感や苦しさはほとんど周囲に理解してもらえなかった、という（今でも発達障害そのものを認めなかったり、その違和感を小さなものと考えようとしたりする人もある）ことが記されていることもある。

❷発達障害の定義

　ところで「発達障害」とはいったい、どんなものなのだろうか。
　先ほど名前を挙げた「発達障害者支援法」は、2004年に制定されている（その後、改正も行われている）。社会的な問題として対処していく法律的な根拠ができてから、ようやく20年ほど経過した、ということがわかる。この法律の第2条には、発達障害はこういうものである、と書かれている。

　この法律において「発達障害」とは、自閉症、アスペルガー症候群その

他の広汎性発達障害、学習障害、注意欠陥多動性障害その他これに類する脳機能の障害であってその症状が通常低年齢において発現するものとして政令で定めるものをいう。

「自閉症」や「アスペルガー症候群」「広汎性発達障害」「学習障害」「注意欠陥多動性障害」など、どこかで聞いた言葉がいくつかある。「自閉症」は発達障害とは独立した障害として扱われることも多いようである。これらの言葉で表現されるものは、具体的にどのような困難を引き起こすのか。この法律に書かれている中から、代表的なものを拾ってみることにしよう。

❸いろいろな発達障害

　発達障害などについての医学的な指針を与えてくれるものとして、医師や専門家がよく引用するのが『DSM-5-TR　精神疾患の分類と診断の手引』という本である（以下では略称で呼ぶ）。アメリカで出ている医師向けのものを翻訳した書籍である。医学の発展に伴い改訂版が出され、翻訳されている。この本がどのような判断基準を掲げているか、を用いて、発達障害の具体例をみてみることにしよう。

　法律で「アスペルガー症候群」というのは、今では「自閉スペクトラム症」（Autism Spectrum Disorder: ASD）といわれたりする。『DSM-5-TR』もこちらを用いている。この障害については、「相互の対人的−情緒的関係の欠落」「対人的相互反応で非言語的コミュニケーション行動を用いることの欠陥」「人間関係を発展させ、維持し、それを理解することの欠陥」がある、とされる。具体的な例として挙げられているのは「興味、情動、または感情を共有することの少なさ」「身振りの理解やその使用の欠陥。顔の表情や非言語的コミュニケーションの完全な欠如」「さまざまな社会的状況に合った行動に調整することの困難さ」「仲間に対する興味の欠如」などである。

　さらに ASD には、「行動、興味、または活動の限定された反復的な様式」が現れる、という。具体的な例として、例えば「同一性への固執、習慣への頑なこだわり、または言語的、非言語的な儀式的行動様式」や「感覚刺激に対する過敏さまたは鈍感さ、または環境の感覚的側面に対する並外れた興味」がある、と書いてある。これは自閉症にもある特性である。

第3部　日本の中の多文化共生と人権

　また、法律でいう「注意欠陥多動性障害」は、『DSM-5-TR』では「注意欠如多動症（Attention-Deficit/Hyperactivity Disorder）」と書かれている。略して「ADHD」と呼ばれる（ここでもこの略称で呼ぶ）。前述のASDと並んで発達障害では代表的なものとして考えられている。「不注意」で9項目、「多動－衝動性」で9項目が挙げられ、どちらもそのうちの「6つ（またはそれ以上）が少なくとも6ヵ月持続したことがあり、その程度は発達の水準に不相応で、社会的および学業的／職業的活動に直接、悪影響を及ぼすほど」であることが診断の決め手である、という。「不注意」の例としては「課題または遊びの活動中に、しばしば注意を持続することが困難である」「課題や活動を順序立てることがしばしば困難である」「精神的努力の持続を要する課題（例：学業や宿題。青年期後期や成人では報告書の作成。書類に漏れなく記入すること、長い文書を見直すこと）に従事することをしばしば避ける、嫌う、またはいやいや行う」ことが挙げられている。また「多動－衝動性」では「席についていることが求められる場面でしばしば席を離れる」「しばしばしゃべりすぎる」「しばしば質問が終わる前に出し抜いて答え始めてしまう」などが取り上げられている。

❹発達障害当事者の困りごと

　具体的な社会生活ではこれらの障害はどのように現れるのか。例えば、ASDは「人に対して無神経なことを言ったりしたりする人」として現れる。自分以外の人への心情的な理解ができないので、人が気にしていることなどをそのまま面と向かって言ってしまったりする。あるいは「場の空気がひどく読めない人」としても出現する。あるいは、「状況がどうであってもその日のルーティンをやらないと動けない人」としても出てくる。時間がなくて急ぐべきときに自分の決めた予定を変えない、というような人である。ADHDは「落ち着きのない子ども」として学校などで出てくる。授業中に席を立ったり、大声で隣の人に話しかけたりしてしまう。社会人だと、「多くの仕事を割り振られるとどこからやってよいかわからなくなり、途中で投げ出したりする人」や、「簡単な仕事でもケアレスミスが多くて、何度注意しても直せない人」として出てきてしまう。あるいは「整理整頓のできない人」、として現れてしまうこともある。最近は、発達障害であることに、成

人してから気づく人もある（この項目の筆者もその一人である）。

　これで見るとわかるように、ASDもADHDも、当事者になると日常生活の中では「困った人」になってしまうことが多い。「授業では静かに座っていること」や「仕事は一生懸命やる」という「普通のこと」ができない人、とみなされてしまうのである。発達障害では、知的障害を伴う場合と伴わない場合がある。児童の場合、知的障害を伴うと特別支援学校などへ行くことになる。ただ、知的障害を伴わない、とされて普通学級に行った場合、往々にしてクラスの中で同級生とトラブルが発生し、いじめの対象になったり、問題児として扱われたりすることがある。このような結果、発達障害の子どもは周囲の無理解や誤解などからつらい環境に置かれてしまうことがある。特に厳しいのは、近年指摘されるようになった「境界知能」と発達障害を併発している場合である。「境界知能」とは、大多数の平均値よりも知能程度が低いが、知的障害とみなすには至らない程度の知能にある人を指している（ネットジャーゴンで相手を侮蔑するときに用いたりされている。障害を表す言葉が差別的に利用されることは嘆かわしい）。このような状態の場合「能力があるのにやる気がない」子どもとみなされることが往々にしてあるらしい。これは、一生懸命にやっている本人からすれば相当の苦しみである。

　成人で発達障害があるとわかると、社会人として就労ができなくなってしまったりすることもある（配慮義務を嫌って企業が辞めさせてしまったりすることもある）。こうなってくると、具体的に「生きていくこと」そのものが厳しくなってしまう。漫画家、沖田×華氏は自身の発達障害を紹介するシリーズものの作品（2024年でシリーズは終結した）で、発達障害をごまかしながら仕事をしていたところ、精神的な危機が生じて自殺未遂を起こしたことを記している。社会の大多数が従う「普通」のルールに合わせていくことができない、ということによって生きにくくなるのである。

❺発達障害からニューロマイノリティへ

　近年は、「発達障害」と呼ばず、「発達特性」など、別の言葉で呼ぶこともある。その中の一つが「ニューロダイバーシティ（特性をもつ人を「ニューロマイノリティ」とする）」という言い方である。いろいろな特性をもっていることを「障害」としてとらえず、なんとか配慮しながら社会生活や学校生活

第3部　日本の中の多文化共生と人権

を送っていくことができるようにするものである。上記のような特性を有する人々と、特性を有さない人々とが共存していくのは今の段階ではそれなりに難しい点もある。それでも、生活速度がデジタル化で急速に上がっている現代、殺伐としたものになることのないようにしていくために、発達障害が「ニューロダイバーシティ」として認識され直していくことの重要性は強調しておきたい。

考えてみよう！／調べてみよう！

- 「発達障害」とされる人々はどのような人生を生きてきたのでしょうか。
- 「発達障害」と「定型発達」の人々とのよりよいつながり方を考えてみましょう。
- 「ニューロダイバーシティ」になると、どのように社会は変わるでしょうか。

参考図書

沖田×華（2018）『こんなに毎日やらかしてます。――トリプル発達障害漫画家がゆく』ぶんか社

信濃毎日新聞編集局（2024）『ルポ「ふつう」という檻――発達障害から見える日本の実像』岩波書店

横道誠・青山誠編（2024）『ニューロマイノリティ――発達障害の子どもたちを内側から理解する』北大路書房

American Psychiatric Association（2023）『DSM-5-TR　精神疾患の分類と診断の手引』髙橋三郎・大野裕監訳、医学書院

第**3**章　部落差別をなくすために
—— 部落差別解消推進法制定を受けて

森　実

Q Keywords　　　　　　　　　　　部落差別，攻撃的／無関心差別，人権モデル

---

❶現代における部落差別の表れ

　現在も部落差別はさまざまに発生している。

　一つは結婚差別である。各地で結婚差別の事例はくりかえし聞かれる。自分の娘や息子の結婚相手（恋人）などが部落出身だとわかって、交際や結婚に両親や親戚が反対するのだ。逃げ出せないように座敷牢のようなところに閉じ込められて、家族や親戚が入れ替わり立ち替わり結婚をやめるように言う。しかし最近では、当の娘や息子の友人たちが動いて差別に反対するという例が出てきている。また、親戚のなかに、結婚差別に反対する人たちが出てくるようになっている。それでも、破談になったり、養子に出されたうえで結婚という手続きをとったりする例がある。

　もう一つの部落差別は、インターネット上の差別である。インターネット上に各地の被差別部落の映像を流し、その地域の住所などを入れて被差別部落だとわかるように示す。あるいは、被差別部落出身者の名前をネット上にアップする。2010年頃からそのような例が次々と明るみになっていった。これに対して運動が組まれ、2016年には「部落差別の解消の推進に関する法律（部落差別解消推進法）」が制定されたが、それだけではネット上の差別にはほとんど影響がなかった。そのため2022年にはネット署名も行われるなど大きな声が上がる中で、YouTubeを運営するGoogle社は、差別につながる映像の削除を決定した。削除されたのはごく一部であり、多くの映像はネット上に残ったままである。

　そのほかにも、さまざまな差別がある。例えば、次のような例がある。

　　①部落出身とわかった段階で、不動産業者が家を貸さない。これは部落
　　　出身者に対する入居差別である。

135

第3部　日本の中の多文化共生と人権

②自分の買った土地が同和地区内にあることがわかって、不動産業者に苦情を述べたという例もある。「なぜ事前に言わなかったのか」というのである。すでに現在では、物件が同和地区内にあるかどうかについて、不動産業者には説明の義務がない。むしろ、説明してはいけないという制度になっている。

③同和対策事業について、「部落の人だけトクしている」と主張する。同和対策事業は、長年積み重なった同和地区居住者の不利益を補償するために行われた事業であるから、これは差別ではない。しかも、政府の同和対策事業は2002年をもって終了した。

④「部落差別など教えずにそっとしておけばなくなるのに、なぜわざわざ教えるのか」という「寝た子を起こすな」論もある。本人は「差別などない方がよい」と思って主張しているかもしれないが、上に見たような差別が繰り返し起こっているもとでは、「差別されても黙っていなさい」と言うに等しい。

❷部落差別とは何か？

部落差別とはどのようなものだろう。政府関係の文書では、部落差別についての定義は、次のようになっている。

> 部落差別（同和問題）は、日本社会の歴史的過程で形作られた身分差別により、日本国民の一部の人々が、長い間、経済的、社会的、文化的に低い状態に置かれることを強いられ、同和地区と呼ばれる地域の出身者であること等を理由に結婚を反対されたり、就職等の日常生活の上で差別を受けたりするなどしている、我が国固有の人権問題である。
>
> （法務省『令和5年版人権教育・啓発白書』53頁）

現在の中学校の教科書では、この部落差別についておおよそ次のように論じられている。

中世当たりからその後の部落差別につながる社会的身分が存在した。しかし、法制度的に確立するのは近世（江戸時代）になってからである。江戸時代の被差別部落はどちらかといえば経済的に豊かだった。

それが近代（明治時代）になると、1871年の「賤民制廃止令」と松方デフレをきっかけに一挙に貧しくなっていく。近世にはそれぞれの身分に応じて職業が保障されていたが、近代になってそのような仕組みはなくなった。資本主義社会になると労働市場に放り出されるのだが、今度は就職差別や結婚差別に直面するようになった。たんに差別意識があったというだけではなく、戸籍制度などにより、土地と家系で人を支配する社会制度がつくられていったからだ。

　そのため、被差別部落の人たちは、1922年に水平社を設立し、「水平社宣言」を発表して、自らあらゆる差別をなくすために取り組むことを誓った。第二次世界大戦が終わり、すべての人の平等を定めた日本国憲法がつくられたが、部落差別は存在し続けた。戸籍制度など、明治時代につくられた法律や制度は現在も生き続けている。1965年になると、「内閣同和対策審議会答申」が出され、これに基づいて1969年には「同和対策事業特別措置法」が制定されて、同和事業対象地域の環境改善などが進められた。

❸ 現代的差別の類型

　現代日本で部落差別に取り組むうえで、抜きにできないポイントを論じることにしたい。ひとつは現代的差別の類型である。

(1) 攻撃的差別とは？

　「攻撃的差別」はヘイトスピーチに象徴される。ヘイトスピーチとは、意図的に相手を追い込もうとして行う攻撃的差別言動である。実際、ネット上だけではなく、この20年ほどの間に攻撃的な落書きや発言が増えている。このような行為につながる意識をもつ人は、どれぐらいいるのだろうか。

　2019年に政府が部落差別実態調査を行った。そのなかで、部落差別の内容を知っているという人に対して「部落差別が不当な差別であるのを知っていますか」（問7）と尋ねている。回答によれば、不当な差別だと「知っている」は85.8%、「知らない」が10.8%、「部落差別は不当な差別ではない」が2.2%となっている。すなわち、多くの人たちが部落差別を「不当な差別」としている一方で、2.2%の人たちは「不当ではない」と言っていることになる。この2.2%に、不当かどうか「知らない」と答えた10.8%を加えた

13%程度の人たちは攻撃的差別に同調したり、発信したりしやすいとみることができる。

ヘイトスピーチを発信する人たちは、いわば確信犯であり、被害者を追い込むことを喜んでいる。何かのトラウマなどを抱えているかもしれず、その意味では教育の対象といえるが、まずはこのメッセージをやめさせる必要がある。

ナチスがドイツで勢力を広げていった際にも、当時の新しいメディアだったラジオや映画を活用した。現在でそれらに当たるのがインターネットである。包括的差別禁止法制定など、この領域への規制を具体化することが求められている。

(2) 無関心差別とは？

その一方で、「差別はしないが、特に関心はない」という人たちがいる。先の政府調査により、「部落差別に関心がある」（問4）と答えた比率は、21.3%にとどまっている。先の13%程度と、この21.3%がまったく重ならないと仮定し、両者を合わせると約34%程度となる。残りは約66%つまり3分の2となり、この人たちは「差別はいけないが、特に関心はない」層になる。他の諸項目の回答を勘案しても、過半数の人たちは「部落差別は不当」と考えつつも関心はもたないといえそうである。この人たちの意識を「無関心差別」と呼ぶ。

(3) 利害により攻撃的に

「無関心差別」の人たちは、差別しないだろうか。各地の差別事象を見ても、ふだんは「差別してはいけないが無関心」という人たちが、いったん利害関係が発生すると、容易に差別する側に引き寄せられる。

例えば、購入した土地が部落内の土地だったとあとからわかって、不動産屋へ「どうして事前に言わなかったのだ」などと抗議する。自分の買った家の校区に同和地区があるとわかって、「わかっていれば買わなかった」という。「身内」の婚約者が部落出身だとわかって、結婚に反対する。

人権教育においても、重要なターゲットとなるのがこの「無関心差別」の人たちだということになる。

第 3 章　部落差別をなくすために

❹特徴的な 3 つのメッセージ

　無関心差別の状態にある人たちを攻撃的差別へと引き寄せるメッセージには特徴がある。それは被差別部落の人たちに対して次の 3 つのようにとらえるメッセージである。

(1)「わるい」──被害者非難

　近年の差別言動をみるとき、その特徴の第一は、被害者を非難するという点にある。このメッセージは、「差別されるのはあなたたち自身に問題があるからだ」というのである。ひとことで言えば、差別される側が「悪い」ということだ。「悪い」の具体的内容は、個々の差別問題で異なる。部落差別では、「こわい」や「集団でやってくる」などが特徴的だ。

　「こわい」と「集団でやってくる」という 2 つの意識が向けられる象徴的な運動スタイルが、糾弾闘争であった。日本では、この糾弾によって企業や自治体の取り組みが前進してきた。わたしが参加した糾弾会では、差別発言をした当事者が、出身者の声を聞く中で誠実に対応し、翻身を遂げていた。自分の生いたちを語った高校生に対して、温かい言葉をかけてもらったことに、糾弾された当事者は感謝もしていた。

(2)「ずるい」──逆差別論

　第二のメッセージは、逆差別論である。ひとことで言えば、「ずるい」となる。かつてはもっぱら同和対策事業に向けられたものだったが、最近では、さまざまな差別問題に向けられる。女性専用車両や障害者に関わる合理的配慮など、さまざまな問題について特別措置が行われるようになったからだ。

　これは、平等や公正について、古い理解に止まっているために発生する問題だ。1964 年に人種差別撤廃条約が国連で採択された。そのなかに「必要に応じてとられる特別措置は、人種差別とみなさない」（第 1 条 4 項）という規定が入った。これ以後、不利を強いられてきた人たちに対して行われる必要な手厚い施策は不公正ではなくなった。

　日本では、1969 年に同和対策事業特別措置法が制定され、特別措置が位置づけられた。特別措置は、その後、アイヌ民族や障害者、女性などにも広がった。このような歴史についての認識がない場合、これらの施策を「ずる

139

い」と言う人が出てくる。

(3)「だまれ」——権利主張否定

　第3のメッセージは、権利主張を否定するということである。ひとこと
で言えば「だまれ」ということになる。「だまれ」というなかに分類される
言動には、さまざまなものが含まれる。例えば「寝た子を起こすな」論もこ
の一つである。「寝た子を起こすな」論が部落差別の被害者に向けられると
き、それは「被害に遭ってもだまっていた方がよいですよ」という意味にな
る。また、「差別などないのだから、あるかのように言うな」と主張するの
も、ここでいう「だまれ」の一つである。実際にある差別を否定する発想は、
すべからく、この「だまれ」へと結びつく。

❺差別に向き合う3つのモデル

　部落差別に向き合うには、さまざまなスタンスがある。以下に挙げる3
つは、国連の障害者権利委員会から生まれたものだが、部落差別をはじめ他
の差別問題を考えるときにも参考になる。

(1) 自己責任モデル

　「自己責任モデル」とは、差別されるのはその人たちに問題があるからだ
という考え方である。障害者権利条約に関わって、国連は「個人モデル」と
「社会モデル」という2つのモデルを打ち出した。「障害の個人モデル」と
は、「障害があるのは個人の側である。それにたいして「障害の社会モデル」
とは、「障害があるのは社会の側である。だから、その解決に取り組むのも
社会の側の責任だ」という考え方である。例えば、駅のホームに上がるため
に階段しかないとする。階段というのは、二足歩行する人向けの設備である。
ところが、車いすユーザーにはその配慮がないということになる。だから、
障害とは、社会の側がしかるべき施策を欠いているという問題なのだ。

(2) 人権モデル

　「人権モデル」とは、「差別がある原因は社会の側にある。その解決に取り
組むのも社会の側の責任だ。変革を進めるには、当事者の声が重要である。

保障すべき水準は国際人権条約などで定めている内容である」という考え方である。さきの階段の延長線上で考えれば、次のようになる。すべての人に移動権、つまり自由に移動する権利があるなら、すべての人にそれを保障する必要がある（同条約第20条など）。例えば車いすユーザーに対してエレベーターを設置する必要があるということだ。

(3) 慈善モデル

「慈善モデル」とは、「支援する側の都合で、かわいそうな人に何かしてあげる」という考え方である。「慈善モデル」に立つ人たちは、もしも支援している相手から「あなたは差別している」などと指摘されたら、腹を立てて離れていくだろう。「人権モデル」に立っている人なら、指摘されれば、自分の何処にどういう問題があったのだろうとふりかえる。同時に、自分の権利を訴える姿に共感するだろう。

以上のような枠組みを参考に、自分がどのような意識をもち、それがどのような位置にあることを湿しているか、振り返ってみてほしい。部落問題だけではなく、さまざまな人権課題をめぐって「共生とは何か」を考えることにもつながるはずだ。

🔍 考えてみよう！／調べてみよう！

- 「寝た子を起こすな」論はなぜ問題なのでしょう。
- 「攻撃的差別」や「無関心差別」には、それぞれどんな特徴がありますか。
- 部落差別と同様、明治時代になって厳しくなった差別には何があるでしょう。

📖 参考図書

奥田均編（2013）『知っていますか？ 部落問題一問一答〔第3版〕』解放出版社

上川多実（2024）『〈寝た子〉なんているの？――見えづらい部落差別と私の日常』里山社

神村早織・森実編（2019）『人権教育への招待――ダイバーシティの未来をひらく』解放出版社

● Column ●
ハンセン病と差別

大川正治

◎**ハンセン病は感染症**

ハンセン病は「らい菌」による感染症で発病は稀で日本で発病する人は今はほとんどなく、長くハンセン病療養所、病院で勤務していた人で感染した人もいない。感染すると手足等の抹消神経が麻痺し皮膚の感覚がなくなり治療が遅れると眉毛が落ちたり、指が曲がったりするなど手足が変形する後遺症が残ることがある。外観の特徴などから偏見の目で見られ差別された。ハンセン病に感染した人は家に住むことができなくなり「らい予防法」によりハンセン病療養所に「強制隔離」された。患者を見つけ出し「密告」「患者狩り」「無らい県」運動が各県で行われた。

群馬の草津には温泉から2キロ離れた林の中に「楽泉園」というハンセン病療養所がある。療養所には「納骨堂」「宗教施設」「火葬場」「監禁室」「郵便局」もある。以前はスーパーもあった。楽泉園には最も多いときは1300人が入所していたが今年の9月の入所者は31人、平均年齢は90歳。ほとんどの人が入所して60～70年になる。超高齢社会となっている。

◎**本名から園名に　病気が完治しても退院、退所できず**

入所すると本名を「園名」に変えられ、断種、堕胎が強要、強制労働、患者が患者の世話をした。「退院」の規定はなく、劣悪な環境、医療なき病院、貧困な生活のなか将来の希望を失い命を絶った人もいた。葬儀は園で行ったが遺族の参加は少なく参列しても遺骨を林に捨てていく遺族、帰りの列車の荷台に遺骨を置いていった遺族、遺骨を実家の墓に夜中にこっそりと納骨する遺族もいたと聞いている。「家に手紙もよこすな、電話もするな」と言われた入所者、「おやじ死んでくれ」と子どもから言われた入所者もいた。

楽泉園の納骨堂には亡くなった人の約6割。1200人の遺骨が安置されている。

◎**特別病室という「重監房」**

「楽泉園」には1938年に「重監房」がつくられ、全国から「療養所」に不満をもった人などが送られ収容された。標高1100メートル、冬は冷下10度。15度にもなり雪も2メートルを超えることもあった。監房は4畳半、床も

Column

壁も板張り、電灯の笠はあっても電球なし、明かり窓一つ、食事は2回、麦の握りめし一つに梅干し1粒、薄い味噌汁、診察室があったが診察の記録なし。549日収容された人、2度、3度収容された人もいた。全国の療養所では「草津送り」と恐れられていた。極寒、孤独、闇、飢えの「重監房」に収容された93人のうち23人が獄死した。

戦前はハンセン病患者は国の恥．穀つぶしと言われ「患者撲滅政策」が行われた。憲法違反の「らい予防法」は1998年まで廃止されなかった。

◎ハンセン病への「偏見・差別」は根深く残っている

入所者は「人間回復」のための闘い、運動を起こしたが闘いは孤立していた。「差別」は社会との連帯を妨げた。しかしハンセン病関係者の粘り強い運動は世論を動かし、司法界、医療関係者も立ち上がり「らい予防法違憲国家賠償請求」裁判で勝利したがハンセン病元患者、家族の多くの人はいまだに実名を名のれず偏見・差別をおそれて身を隠してひっそりと生活している人が多く、結婚しても夫（あるいは妻）にも身内にハンセン病患者がいたことを話せない人、履歴書には「うそ」を書いて20回以上も職場を変えた人、病歴を恐れて一般病院に行けず、療養所の病院に来る人もいる。「差別」への不安から心を開き自分のことを語る人

は少ないのが現実だ。

最近厚労省はハンセン病問題についての全国調査をした。その中でハンセン病の元患者の人と同じ地域に住むこと、同じ症場で働くことに抵抗感を感じる人が1割、手をつなぐことをためらう人が2割ほどいる結果が明らかになった。

ハンセン病に感染した人は普通の病気なのに医療から差別されただけでなく「国」から「差別」された。国はハンセン病について「無らい県運動」など偏見を助長し国民に「差別」意識の土壌をつくった。多くの国民はハンセン病に対して「差別」する側に立たされた。国民に真実を知らせず加害者に仕立てられた。国民も被害者である。

ハンセン病問題の差別はハンセン病入所者、元入所者、家族の問題だけではない。私たちの問題である。

◎憲法14条1項の法の下の平等

憲法14条1項にはすべて国民は法の下に平等であって人種、信条、性別、社会的身分又は門地により、政治的、経済的または社会的関係において、差別されないと明記されている。「差別」は心の問題だろうか。差別をなくすことはできないのだろうか。

「在日朝鮮人」差別の『ヘイト』問題、ロシアとウクライナの戦争、移民問題など人種、民族、宗教など世界は新たな課題に直面している。

図1　人権の碑
「人権の碑」は国の誤った隔離政策のもとでの差別の歴史、らい予防法や国賠訴訟を求める闘いなど入所者の人権を勝ち取った歴史が刻まれている。故郷の墓に入れなかった患者、生まれることを許されなかった胎児らの遺骨が納められている納骨堂からの「遺言」である。
出典：黒崎晴夫氏提供

「差別」の現実を知った人は「可哀そうだ」「大変ですね」などの声を聞くが同情するだけでよいのだろうか。「差別の問題」を個人の問題、個人責任、自己責任にしてしまう傾向も強まっている。

男女差別、経済的差別、人種差別、部落差別、障害者差別、アイヌ人差別、黒人差別など「差別」はさまざま存在する。その中に共通しているのは何だろうか。

◎**参考文献**

栗生楽泉園患者自治会編（1982）『風雪の紋——栗生楽泉園患者50年史』栗生楽泉園患者自治会

栗生楽泉園患者自治会編（n.d.）『栗生楽泉園ガイドブック』栗生楽泉園入所者自治会

谺雄二ほか編（2009）『栗生楽泉園入所者証言集』（上・中・下）栗生楽泉園入園者自治会

姜信子編（2014）『死ぬふりだけでやめとけや——谺雄二詩文集』みすず書房

宮阪道夫（2006）『ハンセン病 重監房の記録』集英社新書

第4章　在日韓国・朝鮮人のイメージ
──「境界人」のこれから

林　晟一

Q Keywords　　　　　　　　　　特別永住者，排外主義，パッシング

はじめに──戦後の「在日」

　本章では、多文化共生が真剣に模索されている日本で、在日韓国・朝鮮人（在日コリアン）はどのようにイメージされているか、そしてどのような社会的役割を担いうるかを検討する。

　「在日」とも略して称される在日韓国・朝鮮人とは、日本が朝鮮半島を植民地とした1910〜45年の時期、また朝鮮戦争（1950〜53年）前後に、半島から日本へ渡ってきて定着した人や、その人の子孫を指す。戦後、在日の数はだいたい50〜60万人台を推移した。

　戦前、朝鮮人は大日本帝国下で「日本人」として扱われた。戦後、日本に残った朝鮮人は一転して日本国籍を奪われ、朝鮮半島に成立した2つの国家に合わせ、韓国籍か「朝鮮」籍の外国人として国民から除かれた（日本は北朝鮮と国交を結ばなかったため、国籍に準ずる地理的呼称として「朝鮮」が用いられた）。生活保護以外の社会保障からもおおむね排除され、国家と社会からあけすけに差別された在日の戦後は、日本人以上に苦しいものであった。

　ただ、そうしたなかでも日本人のパートナーと愛を誓い、結婚する在日は多かった。パートナーに合わせて日本国籍を取得するケースも増えていった。日本で生活する以上、露骨な差別を避けるためにも、日本国籍取得は合理的だったといえるだろう。

　地方自治体や日本政府は、粘り強い社会運動などを受けてようやく重い腰をあげ、1970年代から在日の社会的権利を拡充するようになった。80年代後半に韓国が民主化し、冷戦が終わると、その流れはいっそう強くなった。

　21世紀に入るまでに、参政権の有無を除けば、在日は多くの面で日本人と変わらない社会的地位を確保するようになった。では、こうした足跡を残してきた在日は、今日の日本社会でどうイメージされているだろうか。

第3部　日本の中の多文化共生と人権

❶第1イメージ──「名誉日本人」あるいは「1級外国人」

　韓国籍か「朝鮮」籍をよりどころとしてきた在日は、冷戦が終わった1990年代以後、「特別永住」資格のもと暮らすようになった。一般の永住・定住資格と比べてみても、外国籍者としては格段に安定した生活を送ることが期待できる。

　日本政府のもと特別永住資格が設けられた背景には、かつて日本が朝鮮半島を植民地にしたことや、戦後日本に残った朝鮮人から日本国籍が一方的に奪われたことなど、日本、朝鮮半島、在日をめぐる苦い近現代史があったことはいうまでもない。

　ここで、一般の外国人たちが、特別永住者の在日を「名誉日本人」あるいは「1級外国人」とみなしてもふしぎではない。在日は日本人とはいえないものの、日本人同様に扱われているといったイメージである。

　2024年の出入国管理及び難民認定法（入管法）改定により、税や社会保険料の納付を故意に怠ったり、1年以下の拘禁刑にあたる罪を犯した永住者は、永住資格を取り消されうることとなった。ただし、特別永住者である在日はその対象ではない。

　ルールを破った永住者には、日本人と同等の延滞税や刑罰を課すだけでは不十分だ。国民と永住者とでは格がちがうのだから──。一般の永住・定住外国人は日本政府がそのように考えていると解釈し、げんなりするかもしれない。だとすれば、「2級外国人」のごとく遇される自分と比べて、在日の立場はすこぶる安定していると映るのではないか。

　もちろん、表1に明らかなとおり、とりわけ21世紀に入ってから、在日が悪質なヘイトスピーチやヘイトクライムの標的となってきた点を忘れてはならない。それでもなお、不安定な在留資格のもとで暮らす一般の外国人からすると、在日はうらやむべき対象であるだろう。

　そこで在日はどう反応するだろうか。「私とあなたとでは格がちがうのだ」と考え、進んで「名誉日本人」として振る舞うか。あるいは、外国人をめぐるさまざまな課題を受けとめ、自分にもできる支援のあり方を模索するのか。在日は、両極のあいだで生き方を定めることになるはずだ。

146

第4章　在日韓国・朝鮮人のイメージ

表1　在日差別に関わる主な出来事（2010年代〜）

年	出来事
2010	▽高校無償化法が施行されるが、朝鮮高校は除外される。
2011	▽フジテレビなどを標的とする嫌韓デモとともに、在日への差別的言動が見られる。
2012	▽東京・新大久保などでヘイトスピーチを伴うデモが発生（翌年には大阪・鶴橋などで発生）。
2014	▽浦和レッズのサポーターが「Japanese Only」と書かれた横断幕を掲げる。
2015	▽神奈川・川崎でヘイトスピーチを伴うデモが発生。
2016	▽ヘイトスピーチ解消法が成立。
2017	▽朝鮮学校への補助金交付を求める各地の弁護士会に、在日の弁護士を含む会員らの懲戒請求が約13万件届く。 ▽小池百合子都知事が、関東大震災の朝鮮人犠牲者追悼式典へ追悼文を送付せず（以後継続）。
2020	▽NIKEのウェブCMにチマチョゴリを着た女子生徒が登場し、日本のレイシズムが取り上げられたが、炎上する。 ▽大手化粧品会社DHCの吉田嘉明会長が、自社サイトに、会長名で、在日に関するヘイトスピーチを掲載（翌年にも継続）。 ▽「在日特権を許さない市民の会（在特会）」の会長を務めた桜井誠が、都知事選にて18万票近くを獲得。 ▽さいたま市が市内の幼稚園などにマスクを配布するさい、朝鮮学校幼稚園を除外。
2021	▽京都・ウトロ地区で、22歳男性が在日憎悪による放火事件を起こす。
2023	▽松野博一官房長官が、関東大震災（1923年）時の朝鮮人虐殺について、政府内に事実関係を把握できる記録が見当たらない旨答弁。 ▽タレントのアンミカが出演したどん兵衛のCMが炎上し、不買運動が呼びかけられる。
2024	▽群馬・高崎の県立公園にある朝鮮人労働者の追悼碑の撤去を、県が代執行。 ▽同窓生からX（旧ツイッター）で差別的投稿をくり返された在日韓国人3世が、損害賠償請求訴訟を東京地裁に起こす（「在日の金くん」訴訟）。

備考：役職や肩書きはそれぞれ当時のもの。ヘイトスピーチは年をまたいで継続的に発生。
出典：筆者作成

❷第2イメージ──「エセ日本人」あるいは「2級日本人」

とはいえ、特別永住者としての在日の数は年々減り、2023年末にはおよそ28万人となった。在日が日本国籍を取得しやすい条件が段階的に整えられたことなど、さまざまな事情が背景にある。決して手放しで賞賛できるプロセスではなかったにせよ、在日の社会的統合は確実に進んだのである。

その一方、人数が減りゆく在日は根強い差別の対象ともなっている。日本人と手を取りあって社会を築いてきた、戦後最初期の移民とも評される在日の現在地がここだとすれば、あまりに皮肉である。

排外主義者たちは、「エセ日本人」のイメージをもとに、在日差別を広げ

147

てきた。日本人と在日の社会的権利は、たしかに瓜ふたつとなった。すると、日本人ではないのに甘い恩恵にあずかっているとイメージされがちな在日は、差別の手近なターゲットとなりやすい。

21世紀に入ると、排外主義者たちは、在日の特別永住資格や通称名などを、しばしばデマをふくむ形で「在日特権」だと糾弾した。路上では、ヘイトスピーチをともなうデモが何度も行われてきた。ネット上では、罪を犯した者を根拠がないまま「在日認定」するという暴力が広がった。日本人のふりをして悪事に手を染める在日だと誤認されることは、単に名誉毀損につながるだけでなく、事件とまったく関係ない在日をも深く傷つけることになる。

さらに、排外主義者の差別の矛先は、在日のみならず、日本国籍を得たコリア系日本人にも向く。表1にあるとおり、2020年から翌年にかけ、大手化粧品会社の会長が在日を差別するヘイトスピーチを自社サイトに連ね、さまざまな業界がコリア系日本人に乗っ取られていると説いた。その根拠は乏しく、主張の型は世界的に根強いユダヤ人陰謀論とよく似ている。

このように、「エセ日本人」、あるいは日本人としての真正さに欠ける「2級日本人」のイメージが、在日やコリア系日本人を取りまくようになった。これは、純血の日本人こそが真正だという想像力に裏打ちされているといえるだろう。ただし、誰が純血で真正な日本人なのかをめぐるメンバーシップの規準は、いつだってあいまいで不透明である。

❸第3イメージ──「境界人」

上にみたとおり、在日は日本国籍を取るまいが取ろうが白い目で見られやすい、いささか辛い立場にある。ここで街角やネット上から目を転じ、令和の時代に製作された映像作品を見てみよう。ときに、画面の向こうでは、在日をモデルにした（と思われる）登場人物が、「境界人」として2つの社会の間で苦悩することがある。

個人のアイデンティティは、当事者の内面だけをもとに形成されるのではない。街角やネット上での言説のほか、社会の鏡ともいうべきフィクション作品から影響を受け、構築される面は小さくない。

『仮面ライダー BLACK SUN』（全10話、白石和彌監督、2022年）では、なんと怪人たちが人間と同じ権利を求めてデモを行う。一部の人間は怪人を

第4章　在日韓国・朝鮮人のイメージ

「クサい」と毛嫌いし、ヘイトスピーチやヘイトクライムを放つのである。

　怪人街には、ハングル文字の書かれた段ボールが積まれている。視聴者は、怪人＝在日という図式を思い浮かべやすい。物語の中心には、怪人と人間の要素をあわせ持ち、その分だけ悩みを深める少女（平澤宏々路）がいる。

　また、映画『ある男』（平野啓一郎原作、石川慶監督、2022年）では、ひとりの男性（窪田正孝）が出自を隠して生きる姿が追われる。とくに在日を主題とする作品ではないものの、コリア系日本人の弁護士として生きる城戸（妻夫木聡）の横顔には妙味がある。

　ルーツに後ろめたさを抱く城戸の前で、日本人の義父（モロ師岡）は、生活保護を受給する在日を口さがなく非難し、福祉愛国主義を隠さない。城戸のことを責めているのではないと付け加える義父のそばで、義母（池上季実子）は、在日だって「3代経ったら日本人よ」と、意図せずして小さな差別をくり出す。城戸はあきらめの微笑を浮かべ、ただやり過ごす。

　在日が日常の小さな差別のすべてに抵抗していたら、かえって生活の質が落ちるかもしれない。笑顔の仮面の下で歯を食いしばり、ヘイトスピーチや差別をやり過ごすことも多い。マイノリティによるパッシングという痛切な戦術を、誰もあざ笑うことはできないだろう。

おわりに──第4イメージを追いかける日常

　ここまでに浮かび上がったイメージを手がかりとしながら、最後に、第4のイメージを手探りしておこう。安定した特別永住資格のもと、複数のコミュニティや文化の境界にあることで否定的なイメージをもたれやすく、歯を食いしばってきた在日が、多文化共生社会で担うべき役割とは何だろうか。

　裁判官、三淵嘉子をモデルとする猪爪寅子（伊藤沙莉）の生涯を描いたNHKの連続テレビ小説『虎に翼』（吉田恵里香作、2024年）は、そうした役割を考える上でのヒントにあふれている。

　寅子の同窓生、崔香淑（ハ・ヨンス）は弁護士になろうと勉強に励むが、アジア・太平洋戦争に人生をほんろうされ、戦後はルーツを隠して生きようとした。その生き方をありのままに受け入れる寅子はじめ同窓生に、彼女はいま一度こころを開き、司法試験に再挑戦することを決めるのであった。

　寅子や香淑をはじめとする仲間は、ルーツ、性別、性的指向、立場などの

境界をちょっとずつまたいで、希望ある未来をみんなで創ろうとした。生きることの痛みを嚙みしめてきた在日もまた、めいっぱい横に手を広げて「つなぐ」人、あるいは希望ある未来を「共に創る」人になれるのではないか。

共生とは、誰かと食事し、けんかし、和解し、笑顔を交わし、涙を見せあい、同じ方向に明日を見つめることのくり返しである。その日常には派手さのかけらもないけれど、だからこそ持続可能なのである。

在日3世として日本の中学・高校で働く私のもとには、「エスニック相談」をしに来る生徒がいる。外国にルーツをもつ父が文化祭に来ると目立つし、恥ずかしい。先生、移民2世ってなんでこんなに生きづらいんですか──。

学校内の多文化共生ひとつとっても、在日の教員が果たす役割は小さくない。マイノリティの生徒がいれば、マイノリティの教員もいるのが自然だろう。教員の多様性（ダイバーシティ）が保証されていれば、生徒が誰かとつながり、未来を共創しようとするきっかけも増えてゆくはずだ。

「大人になったら、ぼくも『在日中国人になる』って本書きますからね！」

『在日韓国人になる』という本の著者に向かってそう宣言した生徒を前に、私はきっと何年もあとにこの瞬間を思い出すだろうなと感じた。学校でつながりを得た生徒と、未来をいっしょに創りはじめている気がした。

うれしいのに目元はうるんでいるのだから、人生とはふしぎなものである。

🔍 考えてみよう！／調べてみよう！

- あなたは、どのような面でマジョリティで、どのような面でマイノリティであると感じますか？
- あなたの近くには、どのようなマイノリティがいますか？
- あなたが住む地方自治体は、マイノリティについてどのような方針を示していますか？

📚 参考図書

石田光規（2022）『「人それぞれ」がさみしい ──「やさしく・冷たい」人間関係を考える』ちくまプリマー新書

金城一紀（2007）『GO』角川文庫

林晟一（2022）『在日韓国人になる──移民国家ニッポン練習記』CCC メディアハウス

林晟一（2024）「マルチエスニック・ジャパンの特別永住者」『世界』983: 134-137.

矢野利裕（2022）『学校するからだ』晶文社

第5章　ニューカマー1.5世の自叙伝から考える多文化共生社会の未来

范　文玲

Keywords
外国人，当事者，日本語

❶来日前夜の記憶

「明日の朝、いよいよ日本に行く。お母さんは美容室で髪をきれいにセットしてもらって、今夜はそのまま髪型がくずれないように寝るみたい。日本人はまばたきをするのかな？　もししないならどうしよう。私、まばたきせずにはいられない。」これは来日前夜の当時5歳3か月であった私の記憶である。2年先に渡日していた父のもとへようやく行ける喜び、母国である中国より発展しているらしい日本という場所への憧れと期待、そして幼いながらも異国へ行くことの意味、つまり自分とは異なる文化をもった人々がいる場所へ行くのだということを理解し、そこの文化に合わせなければならないという意識からくる不安の気持ちが入り混じっていた。

早朝に起こされ、眠い目を擦りながら外を見ると、まだ真っ暗だった。いよいよ日本へ出発だ。初めて飛行機に乗り、日本に到着した。1990年12月19日のことであった。父が成田空港まで迎えに来てくれ、初めて電車に乗った。「電車の揺れは不思議と眠くなるよ」という父の言葉通り、ガタンゴトンと揺られ、うとうとした。30年以上経ったいまでもその日のことはおぼろげに覚えている。

❷来日後の言語の問題

来日後は保育園の年長組に通った。初めは日本語がわからず、毎朝母と別れるときに大泣きした。3か月ほど経つと、日本語が聞いてわかるようになりはじめ、半年ほど経つ頃には話せるようになりはじめた。母が迎えに来ても、帰りたがらなくなった。そして1年後、小学校に入学する頃には日本語は不自由なく使えており、皆と同じスタートラインに立って授業を受ける

151

第3部　日本の中の多文化共生と人権

ことができたのである。

　こうして日本語は問題なくなった。しかしそれと引き換えに大きな問題が生じた。それは、母語の問題である。これから獲得して定着させていく段階であり、もし何もしなければ、獲得中断、そしてそれまでの獲得分もすぐに喪失してしまう。両親同士は、中国の方言である蘇州語で会話をしていたため、標準語は自然習得ではなく、学習によって獲得を継続する必要があった。そこで両親は親戚に中国の小学校で使用している国語の教科書を郵送してもらい、自宅で私に教えることにした。ほぼ毎日、勉強「させられていた」。放課後、友達に遊びに誘われても、断らなければならないことが多かった。学校の宿題に加え、中国語も勉強しなければならない。なぜ自分だけ……。母語の大切さを知り得なかった幼い私にとっては、苦痛でしかなかった。反抗しながら教わり、毎日がまるで戦争のようだった。

❸転校生との出会い

　そんななか、小学校5年生だったある日の朝、担任の先生に「范さんは中国語話せるの？」と聞かれた。「ちょっとなら」と答えると、「え、ちょっと？」と。内心、少し恥ずかしかった。そして、「できます」と答えることができない自分にショックを受けた。朝礼後、中国から来たばかりだという6年生の転校生と引き合わされ、転校生の担任の先生に「何か困ったことがあったら私に言ってください、と通訳してもらえる？」と頼まれた。緊張しながらたどたどしい中国語でどうにか通訳をした。

　この一件によって、中国人だから中国語ができるはずだと周囲からは思われていること、中国人として中国語ができないと恥ずかしいということを認識し、私の中国語学習に対する姿勢はある程度前向きになった。

❹キャリアについて考えたとき

　中高生になってからは学校が忙しく、中国語の勉強はやむを得ず頻度が下がった。それでも細々と両親のサポートを受けながら継続していた。高校3年生になって将来のキャリアを考えたとき、自分にできることは日本で中国語を教えて日中の架け橋になることだと考え、将来の目標が明確になった。

152

第 5 章　ニューカマー 1.5 世の自叙伝から考える多文化共生社会の未来

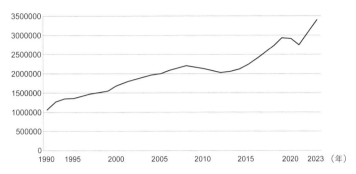

図 1　在留外国人数推移
出典：総務省統計データを基に筆者作成

しかしいまの中国語レベルでは足りないと思い、中国の大学への進学を決め、学部 4 年間、中国語のシャワーを浴びた。卒業後は日本に戻って大学院に進学し、現在、東京学芸大学で教鞭をとっている。

東京学芸大学では、中国語の授業だけでなく、多文化共生教育コースの教員として、外国人児童生徒に対する教育支援などに関する授業も担当しており、当事者としての経験が活かされ、目標としていた日中の架け橋となることができていると自負している。

❺在留外国人数の推移

近年の在留外国人数の推移（図 1）を見てみよう。筆者が来日した 1990 年当初はおよそ 100 万人であったのに対し、2023 年 12 月末現在はおよそ 340 万人、約 3.4 培の増加となっている。

いまや街の至る所で外国人を見かけるようになり、それが当たり前の光景となっている。学校でも外国人児童生徒が在籍していることは珍しくない。しかし筆者の来日当初の状況は違っていた。2 回の転校を経験し、武蔵野市・小金井市・府中市の小中学校に通ったが、外国人は全校でも筆者一人だけであった。小学校高学年になると、一人か二人国際結婚家庭の子どもがいたが、名前からはそのことはわからなかった。同じ境遇の人に会ったのは高校生になってからであり、クラスメイトに小学校 5 年生で来日した中国人の生徒が一人いた。また、高校生だったある日の帰り、新宿駅ホームで中国

153

語で会話をしている大人二人を見て、たいへん珍しいと感じたことを覚えている。一昔前までは、それくらい外国人は珍しかったのである。先述の3.4倍という数字は、想像以上に大きな変化を表す数字なのである。

❻外国人児童生徒の抱える問題

筆者は幼いころに来日し、運よく来日後の生活に適応することができた。対して、前述の転校生は日本の学校にうまく適応できず、中学校に進学して間もなく不登校となり、両親の判断で中国に帰国して祖父母と共に暮らすこととなった。筆者とその転校生の違いはどこにあったのだろうか。

まず、来日のタイミングである。筆者は保育園最後の1年間で生活言語を習得し、皆と同じスタートラインに立って小学校1年生になることができた。しかし6年生の彼は、高度な内容の教科学習をまったくわからない日本語で行わなければならないという大きな壁に直面した。次に、「人」に恵まれたかどうかである。筆者は保育園で仲良くしてくれる友人、気にかけてくれる先生、家族ぐるみの付き合いをしてくれる友人家族に恵まれ、そのおかげで日本語の習得も早く、日本の生活や文化にも適応できた。しかし彼は、一人でいることが多く、おそらく友人に恵まれなかったのだと思われる。

来日する外国人の子どもは、日本語、母語、異文化適応、アイデンティティなど、さまざまな問題に直面する。本人にとってその問題がどれくらい大きなものか、また、乗り越えられるかどうかは、来日時の年齢や家族構成、家庭での言語環境、保護者の教育方針、本人の気質や性格など、さまざまな要素が関係してくるが、それに加え、出会う人々という要素も非常に重要なものであり、ひいてはそれがすべてと言っても過言ではないと思う。30年前に比べ、外国人児童生徒に対する支援はずいぶん手厚くなった。「特別の教育課程」の制度化や「日本語教育推進法」の施行など、日本語教育に関するさまざまな施策が行われている。しかし昔も今も、外国人や外国人児童生徒にとって「出会う人々」が重要なのは、本質的には変わらないのである。

❼多文化共生社会としての日本の未来

NHK放送文化研究所が2020年3月に実施した「外国人との共生社会に

関する世論調査」によると、日本で働く外国人が増えることについて、「賛成」が70%、「反対」が24%であった。また、自分の住む地域に外国人が増えることについては、「賛成」が57%、「反対」が38%であった。さらに、外国人の子どもが日本語を学ぶ機会を増やすべきかどうかについては「そう思う」が79%、「そうは思わない」が16%であった。まだまだ外国人が手放しで歓迎されているとはいいがたい数字である。しかし当事者の立場としては、受け入れられて当たり前だとは思わない。未知なるものへの漠然とした恐怖は人間の本能だからだ。また、さまざまな支援を受けられることが当たり前だとも思わない。自国民でさえさまざまな問題を抱えていて苦しい状況だからだ。ただ、だからこそ、支援が受けられたり助けてもらえたりすると、本当にありがたく感じる。もしかすると子どもは、そのときにはそれほど感謝の念は抱かないかもしれない。しかし、そのような子どもが大人になったとき、日本社会に恩返しをしたいと思うことだろう。筆者がそうであるように。

　これから日本はますます外国人が増え、多文化共生社会となってゆく。こんにちの外国人に対するさまざまな支援や理解・受容・親交が、明るい未来をつくるのである。

🔍 考えてみよう！／調べてみよう！

- 母語とアイデンティティの関係について考えてみましょう。
- 外国人児童生徒に対する支援にはどのようなものがあるか、調べてみましょう。
- あなたの住む地域に外国人が増えることに賛成ですか、反対ですか？　それはなぜですか？

📖 参考図書・ウェブサイト

荒巻重人ほか編（2022）『外国人の子ども白書——権利・貧困・教育・文化・国籍と共生の視点から〔第2版〕』明石書店

松田陽子ほか編（2017）『多文化児童の未来をひらく——国内外の母語教育支援の現場から』学術研究出版

文部科学省HP「CLARINETへようこそ」（https://www.mext.go.jp/a_menu/shotou/clarinet/main7_a2.htm, 2025年2月3日最終閲覧）

● *Column* ●

MRSDH+ や In Between の尊重から始める多文化共生

陳　天璽

◎多文化共生ってなに？

　「多文化共生とは、異なる国籍や民族の人々が、互いの文化的なちがいを認め合い、対等な関係を築きながら、地域社会の一員として、ともに生きていくこと」と定義されています。これは 2006 年に総務省が発行した「多文化共生の推進に関する研究会報告書～地域における多文化共生の推進に向けて」でまとめられたものです。当時、日本において、外国人住民が増えていくなかで、多文化共生を推進していく必要性があると考えられました。

　素晴らしい取り組みであることに異論はありません。しかし、私の経験から、ここで定義されている多文化共生の視点に、いまひとつ物足りなさを感じます。なぜなら、「異なる国籍や民族の人々」といっているように、個々人を国籍や民族で「区別」できるという考えが根底にあるからです。

　しかし、実は、国籍も民族も、そして文化も、簡単に区別できない人々がいます。例えば、国際結婚の親から生まれた子、移民の子孫など、国籍、民族、文化でその人を分類することが難しく、なかには一人の人がいくつもの民族や文化を内包し、場合によっては国籍を複数もっている人もいます。

◎「ナニジン」ですか？

　私は、横浜中華街で生まれた華僑華人 2 世です。私は昔から、とても苦手な質問があります。それは、「ナニジンですか？」と聞かれることです。どのように答えればよいのか、とても悩みます。

　「ナニジンですか？」と聞かれたときに、相手は、国籍を基準にした答えを求めているのか？　もしくは、民族を基準としているのか？　はたまた、文化を基準にしているのか、頭のなかで自問自答してから、答えを絞り出します。

　例えば、いまこの文章を読んでいるあなたは、「ナニジン？」と言ったときに、何を基準に相手が答えることを期待していますか？　無意識に発している何気ない一言ですが、実はそこには、私たちが乗り越えるべき、重要なヒントが隠れています。

　私の両親は中国大陸で生まれました。1922 年、中国の黒龍江省・牡丹江に生まれた父は日本に来て 70 年以上に

Column

なります。父は生後、満州国時代を経験し、第二次世界大戦後、中国国内での戦乱をくぐり抜け、台湾に渡り、母と出会い、1950年代に来日しました。1960年代、父は横浜中華街の華僑団体で働くことになったので、母や姉兄も台湾から日本に移住しました。私は日本で生まれ育ちました。私にとって横浜中華街が故郷です。

私は、そんな親や家族のもとに生まれ、中華街で育ち横浜中華学院に通いました。高校大学は日本の国公立で学びました。なので、こうして日本語で読み書きするのが、いまでは一番楽です。中華文化も身に着けていますが、生まれてから一番長く暮らしているのは日本なので、日本の社会慣習や価値観にも馴染んでいます。

両親から生まれているので民族的には中華系ですが、文化的には、子どものころから日本や中華、欧米などさまざまな文化に影響を受けてきました。私は日本人と結婚したので息子は民族的にハーフ（ミックス）です。日本の華僑華人は、中国語と日本語を混ぜた「チャンポン語」をよく話します。私や家族たちもそれが一番気楽に話せる言葉です。

さらに、「ナニジン？」という問いが国籍を基準としているのであれば、私は生まれた翌年から30年ほど「無国籍」として生きてきたので、どう答えるべきか、とても悩みます。

◎国や民族を単位に物事をみる癖から卒業しませんか？

「日本人だからおとなしい」「スペイン人は情熱的だ」「ドイツ人なので緻密だ」などのような表現をよく耳にします。現代人は、国や民族を単位に物事を見る癖があります。ニュースしかり、オリンピックしかり、戦争もそうです。

しかし、国際結婚した親のもとに生まれ国や民族のはざまにいる人、もしくは、移住後、新しい文化を身に着け、複数の文化を基盤に暮らしている人が、私たちの周りにたくさんいます。つまり、その人のなかに、複数の国籍や民族、文化が混在していて、一つだけに帰属できない「In Between」な人たちです。こうした人たちこそ、多文化共生の先駆者であり、彼らの経験をしっかり認識することが大事です。

◎ MRSDH+ って知ってますか？

MRSDHとは、移民（Migrant）、難民（Refugee）、無国籍者（Stateless People）、重国籍／複数国籍（Dual/Multiple Citizenship）、ハーフ／ダブル／ミックス（Half/Double/Mix）それぞれの頭文字の総称です。

LGBTQ+ が男性か女性かの区別が容易でないのと同じように、MRSDH+ は一つの国の枠組みにすっぽりとあてはまらないといった特徴をもっています。国民国家は、国籍や民族で「国民

図1　日本に暮らすMRSDH+の家族
出典：筆者提供

／よそ者（Us/Others）」を線引きしようとします。でも、実態はそう簡単ではありません。

　日本は「海で囲まれた島国、単一民族である」といった幻想を抱いています。しかし、実はすでに多様化しており、MRSDH+も多く暮らしています。日本生まれのMRSDH+、日本語しかできないMRSDH+、なかには日本国籍のMRSDH+もいます。しかし日本社会はMRSDH+を日本の一員ではなく「よそ者」とみなし、社会に受け入れることが上手くできていないことが多々あります。しかし、MRSDH+やIn Betweenこそが、多文化共生の先駆者であることを認め、彼らを尊重し、活躍の場を与えることでこそ、日本社会の多文化共生は、真の意味で浸透すると思います。

◎参考文献

陳天璽（2022）『無国籍と複数国籍――あなたは「ナニジン」ですか？』光文社新書

陳天璽（2024）「MRSDH+を知ろう」『アステイオン』100: 237-242.

第6章　日本における外国人児童生徒

原　瑞穂

🔍 Keywords
外国人児童生徒，日本語教育，言説

❶外国につながる文化的言語的に多様な子どもたちの日本在住の背景

　日本の公立学校に在籍する外国籍の児童生徒が増加し、外国につながる文化的言語的に多様な子どもの日本語教育の要請が高まり出したのは、1980年代からである。

　当時の定住促進センターの近隣の学校に中国帰国者やインドシナ難民の子どもたちが在籍するようになり、学校や教員が対応に追われていた。1990年には出入国管理及び難民認定法（入管法）の改定法施行により、かつて日本からの移住先であったブラジルやペルーなどから日系人が単純労働に従事できるようになった。多くの日系人が来日し、大規模な工場などを有する地域の学校に子どもたちが在籍するようになった。特定の地域に集中しており、集住地域といわれる。

　家父長制が残る地域などでは、行政主導で家継ぎの男性とアジア諸国の女性との国際見合い結婚が進められた。その後、民間の仲介業者へと移行し、現在では SNS など媒体も多様になっている。再婚の女性の場合は、子を伴うことも多く、子どもたちは男性が居を構える地域の学校に在籍するようになった。在籍人数は1名、2名というように少数であり、散在地域といわれる。なお、結婚移住については、女性の離婚や再婚に対する眼差しが厳しい社会や貧困などの母子の生きづらさからの退避という側面も備えている。

　現在はこれらに加え、外国籍者の就労可能な単純労働の職種の拡大、専門的知識を有する留学生の日本企業への就職の推奨、高齢者福祉を担う介護福祉士や看護師の確保など、さまざまな形で日本の社会・経済を支えるための施策が取られている。いずれも日本で就労する限りは在留期間に制限がなく、家族の帯同が可能であることから、子どもの数も増加している。

　どのような経緯があるにせよ、移住する側にも受け入れる側にも双方に相

第3部　日本の中の多文化共生と人権

当の理由があり、自身や家族のより良い未来を描いて来日し生活の基盤を築いている。子どもの文化間の移動は、このような社会的な潮流の中で生じている。

❷日本の公立学校における教育保障のための制度

　文部科学省によれば、日本の公立学校に在籍する外国籍の児童生徒は、2023（令和5）年度現在、約13万人であり、増加の一途を辿っている。日本における外国人児童生徒に対する教育機会を保障する手立てとして、日本語教育が行われている。日本語指導が必要な外国籍の児童生徒は約5万8000人であり、約半数を占める。日本語指導が必要な日本国籍の児童生徒は約11万人である。学校教育において、日本語指導は長らく正規課程での実施は認められていなかったが、初等・中等学校では2014（平成26）年度、高等学校では2023（令和5）年度より、特別の教育課程の編成実施により、日本語指導が可能となった。また、2019年には「日本語教育の推進に関する法律」が成立した。第12条では、外国人等（「日本語に通じない外国人及び日本の国籍を有する者」）である、幼児、児童、生徒等に対する生活に必要な日本語及び教科の指導等の充実、その他の日本語教育の充実、教員の配置に係わる制度の整備、教員等の養成及び研修の充実、就学支援、その他の必要な施策を講ずること、保護者に対しても子が生活に必要な日本語習得の重要性への理解や啓発を行うことなどが明文化された。第3条には「日本語教育の推進は、我が国に居住する幼児期及び学齢期にある外国人等の家庭における教育等において使用される言語の重要性に配慮して行われなければならない」とされている。法整備により、それまでの体制を見直し改善を図った自治体もある（宇津木・原2021，原・宇津木2023など）。また、教員養成系の大学などにおいても教員養成課程に位置づけたり、地域間格差のないオンラインでの教員研修を提供したりするなど、使命感をもって取り組んでいる。多くの課題を抱えながらも、徐々に制度が整備されてきている。

❸子どもが身を置く教育の場のリアル

　教育の場、学習の場に目を転じてみると、実践的な課題は山積している。

子どもは、自らの意思によるものではなく、保護者の再婚や仕事、教育方針など、保護者の都合によって連れて来られている。したがって、日本語学習にも日本の学校生活にも十分な動機づけはなく、意欲的になれないことは珍しくない。言葉も習慣も価値観もわからない土地での新生活は、挫折や不全感を抱く経験の連続であることは想像に難くない。

　学校教員は、保護者と共に子どもたちを支えるキーパーソンとなるが、子どもの日本語教育を学び、指導支援に必要な知識や術を得るための養成や研修の機会は乏しく、特に散在地域では、前例も体制も脆弱ななかで、学級担任や日本語指導担当として対応を迫られる。教育委員会や管理職もクラスメートも然りである。どのような学校・教員、学級・クラスメートに出会うかによって、その後の子どもの日本生活も学校生活も大きく左右される。

　このような現状があるにもかかわらず、保護者を含め、学校や地域で受け入れに関わる大人による楽観的な見立てと言説が流布し、適切な対応が取られないことは珍しくない。枚挙に暇がないが、以下に2つの例を紹介する。

　「外国人児童生徒」に対する日本語教育といえば、外国から来てまったく日本語がわからない外国人児童生徒に対して、転入初期に日本語での挨拶や五十音表で文字を教えるといったイメージを抱く方は少なくないのではないだろうか。「子どもだからすぐに友達ができて、一緒に遊んでいるうちに日本語ができるようになる」、したがって「日本語指導等の特別な対応不要」と判断されることもある。しかし、言語能力には、生活言語能力と弁別的言語能力と学習言語能力の三側面の特徴があり、生活言語能力は2年程度、学習言語能力は5年以上を要する（カミンズ・中島2021）。「日本語ができるようになる」というのは、日常の生活場面にかかわるやりとりのことを指すことが多い。授業に参加できない場合は、日本語の力という視点ではなく、学力や意欲・態度と原因があるとされることは珍しくない。日本語指導支援において、学習言語能力を育むために長期的に取り組むことは想定されていない。転入初期に日本語での挨拶、学校の道具や持ち物などの名前、ひらがなを教えるだけで、学校で自分の思いを詳細に伝えられる日本語の力を習得し、授業内容を理解して教科の学習に取り組めるようになるわけではない。良好な友人関係を築けるわけでもない。子どもが培ってきた母語についても同様である。「母語だから忘れない」「母語は日本語習得を妨げる」「家庭でも日本語を使う方が良い」という言説もある。しかし、日本語の習得に伴い母語

の力が低下することはすでに指摘されており、教育的な関わりが必要である。

次に、「外国人児童生徒」の「外国人」に着目してほしい。「外国人」とは何を指しているだろうか。日本以外の国籍をもつ人々だろうか。あなたが外国人あるいは〇〇人、日本人という語を使う時、他者のことを「何人？」と聞きたくなるとき、「日本人は、〜」と言いたくなるときは、いつどのようなときであろうか。〇〇には、特定の国や地域、民族名を想定してほしい。

「日本人」の条件として、日本で生活する多くの人々に一般的な容姿、日本語の運用力や考え方、振る舞いなどがあろう。一般的という条件の内容も範囲も明文化されずとも、多くの人々に共有されているものがある。対極的に、「外国人」が「日本人」と対比的な文脈で用いられるとき、「日本人」の条件から外れる人として、異質性が際立つ。自らに異質性を感じている人には、その場や集団に身を置くことは居心地が悪く、子どもが成長過程において他者との同質性や共通性を希求する時期にあっては、自己の存在の危機にさらされ、辛い思いをしている。「私たち」とは違う「あなた」という超えられない境界を引かれたかのような感覚を抱くのである。無論、どの文化においても多数派と少数派が「私たち」と「あなた」という優劣関係を想起させる区分けは何らかの形で生起している。少数派は幾度となく「同質な私たちとは異質なあなた」としての「自分」を突きつけられるが、多数派は一般的な条件を満たし、「同質な私たち」の中の一人として安住しており、普段は意識することはない。「何人？」「〇〇人は、」という悪意のない発言が子どもを追い詰めることにも無自覚である。

おわりに

子どもの日本語教育では、成長過程にある子どもの現在と未来をつなげるライフコースの視座から、学業、周囲との関係構築、母語保持伸長などを念頭において、短期的中長期的に必要な対応がある。保護者の理解や教育参加も不可欠である。周囲との関係構築では、一般的な日本的文化を纏った多数派の子どもたちや大人の無自覚の壁を超えるための仕掛けも必要である。「子どもだから大丈夫」という言説は、あまりにも楽観的である。現在は、文化的言語的に多様な子どもたちとの共生に向けて、教育保障の実質化に向けて、多数派が関心をもち、知る段階である。近い将来、多数派と少数

派という区分によって優劣関係を描くことに違和感を覚える社会を迎えられることを願っている。

🔍 考えてみよう！／調べてみよう！

- 言語は何のためにあるのか考えてみましょう。
- 子どもたちの生活において、言語的文化的差異によって生じる摩擦や葛藤にはどのようなものがあると思いますか。多数派と少数派のそれぞれの立場について考えてください。
- 子どもたちの生活において、同質性と異質性に囚われない関係性を築くための具体的なアクションプランを考案してください。

📚 参考図書・ウェブサイト

宇津木奈美子・原瑞穂（2021）「CLD 児散在地域における教育保障に向けた学校教育への挑戦のプロセス——教育委員会・国際交流協会・大学の担当者のふり返りから」『母語・継承語・バイリンガル教育（MHB）研究』17: 25-51.

カミンズ，ジム・中島和子（2021）『言語マイノリティを支える教育〔新装版〕』明石書店

原瑞穂・宇津木奈美子(2023)「ある CLD 児散在地域の公立学校における教育保障の改革と実践」『母語・継承語・バイリンガル教育（MHB）研究』20 周年記念特別号：58-59.

文部科学省（2024）「令和 5 年度 日本語指導が必要な児童生徒の受入状況等に関する調査結果について」（令和 6 年 8 月）（https://www.mext.go.jp/content/20240808-mxt_kyokoku-000037366_4.pdf，2024 年 11 月 30 日最終閲覧）

● Column ●
多言語環境で育つ在日中国朝鮮族の子どもたち

蔡　光華

日本に居住する在日中国朝鮮族の子どもたちは、どのように複数の言語を学び使いこなしているのか。彼らは学校では日本語を使用し、家庭では親と中国語やコリア語（韓国朝鮮語、以下コリア語）を話し、さらに将来を見据えて英語を学ぶ環境に置かれている。この多言語学習の背景には、親たちの意識や複雑な文化的要素が影響している。

本コラムでは、筆者が長年在日朝鮮族の子どもたちの週末教室で参与観察した経験と、2023 年 12 月から 2024年 2 月にかけて 20 名の在日中国朝鮮族の親たちへのインタビューから得た知見を簡潔にまとめる。

◎朝鮮族の歴史と文化的背景

朝鮮族とは、19 世紀以降に朝鮮半島から中国へ移住した朝鮮人とその子孫である。彼らは中国国内において自民族の言語であるコリア語と中国語の両言語を使用しながら、独自の文化を継承してきた。1990 年代以降、中国の「改革開放」政策により朝鮮族が日本へ移住しはじめ、現在では約 8～10万人が日本に暮らしていると推定され

ている。在日中国朝鮮族に関する先行研究によると、日本に移住した朝鮮族の多くは高学歴であり、子どもの言語教育に対する関心も高い。この特徴は筆者の観察からも日々実感するものである。

◎多言語学習の環境

在日中国朝鮮族の子どもたちは、日本語、中国語、コリア語、英語の複数言語を学ぶ環境にある。保育園から日本語を自然に習得し、学校生活でも日本語が中心となっている。一方、家庭内では親がコリア語や中国語を積極的に使用し、母語継承語教育に努めている。ある家庭では「コリア語の童謡を歌って教え、中国語の絵本を一緒に読んでいる」と親が語っていた。しかし、学年が上がるにつれて日本語の比率が増え、母語継承語の使用が減少することに課題を感じる家庭も多い。

◎親たちの言語教育への意識

親たちは「言語は資本であり、将来を切り開くための重要なツールである」と考えている。親の第一言語であるコリア語は、家庭内での日常会話を

通じて維持すべきものであり、特別な費用をかけて学ぶものではないという考えが多い。一方、中国語は将来に役立つとされ、オンライン授業や中国語教室を利用して学ばせている家庭もある。特に将来中国の大学を視野に入れている親は、中国語の継続学習に熱心である。また、英語は「当然学ぶべき言語」と位置づけられ、積極的に学習の機会を設けている。それは、中国国内の大都市における英語教育の影響もあると考えられる。

◎言語学習の課題

母語継承語の維持は容易ではない。特に、子どもたちが学校に通うようになると日本語が優勢になり、家庭内でも日本語が使用される割合が増えることが多い。幼少期には親の言語を理解しても話すことが難しく、言語使用が次第に日本語に偏っていく傾向がある。中学・高校進学時には受験勉強が優先され、母語継承語学習が後回しにされることが多く、親たちはその難しさに直面している。筆者の調査によると、多くの親が「コリア語は会話ができれば十分」「中国語は将来の資本として重要」と語り、家庭内での言語教育にさまざまな工夫を凝らしている。

図1　筆者が週末学校でボランティアをしていた時、学生から届いた多言語で記されたハガキ
出典：筆者撮影

◎日本社会における多文化共生

言語は子どもの自己肯定感やアイデンティティの形成に深く関わる重要な要素である。親たちは「子どもが世界のどこでも生き抜ける多言語話者に育てたい」と願っている。彼らの努力は、日本社会に適応しつつも、自らの文化とアイデンティティを守ることを目的としている。在日中国朝鮮族の子どもたちが抱える課題は、他の多文化の子どもたちとも共通している。

また、言語教育は単にコミュニケーションの手段にとどまらず、文化理解や相互尊重の基盤を築く役割も果たしている。多様な背景をもつ子どもたちが日本社会で自信をもって成長できるよう、母語継承と日本語教育の両立を支援する取り組みが必要である。

第3部　日本の中の多文化共生と人権

第 7 章　外国人医療の現場から見えてくる日本社会の課題

沢田貴志

🔍 Keywords　　　　　　　　　　　　外国人医療，多文化共生，SDGs

❶ 人は病気になる

　私たち人間は機械ではない。必ず病気になる。社会はそのことに備えておかなければならない。

　私は、1986 年に医師となってからこれまで 39 年の間にさまざまな国から日本にやってきた多数の外国人の診療に関わってきた。特に 1991 年に後に外国人診療で知られるようになる港町診療所に移ってからはアジア、アフリカ、南米など世界各地から日本にやってきた外国人を日常的に診療するようになり、これまで医師として関わってきた外国生まれの患者さんの数は数万人になるだろう。ここでは、外国生まれの住民への医療の現場から見えてくる問題とその背景にある外国人政策について私なりの視点で記載をしたい。

　大学を卒業したばかりの頃、経済危機で貧困と医療崩壊の中で多くの人が命を落としているフィリピンでの医療活動に参加をしようと考え現地に飛び込んだことがあった。現地で多くの社会活動家や学生が私にはとてもまねのできないような決断力と高い能力で問題解決にあたっている様子に圧倒された。そんな私に追い打ちをかけたのは年下の NGO 活動家の言葉だった。「私たちの国のことは私たちに任せて、あなたにはあなたの国の課題に取り組んでほしいわ。なぜならあなたたちのような豊かな国の格差やひずみが私たちの国の問題の根源にあるのだから。」私の人生を変えたひと言である。

❷ 1990 年代外国人医療の混乱期

　当時の日本には経済的に困窮する家族を救うために開発途上国から多くの出稼ぎ労働者が働きに来ていた。多くの中小企業がこうした外国人の労働力を必要とし雇用していたのが現実であった。しかし、単純労働者の就労は認

166

めないという国の建前の下、在留資格も健康保険も与えられず、病気の時に医療費を払えず重症化したり死亡する事件が急増していた。そんななかで横浜にある港町診療所がこうした外国人労働者の診療を積極的に始めると聞き私も参加をすることになった。結核や虫垂炎などの治るはずの病気で受診がひどく遅れて生命の危険にさらされるような人が多数受診してきた。貧しさのために命を落としてしまう開発途上国のような状況が豊かな日本で起きている現実に接し、ここが自分が取り組むべき場所なのだと覚悟を決めた。

　医療を受けることは誰にも等しく得られるべき権利であるはずなのに、在留資格がないという立場のために深刻化してしまう病人の多さを目の当たりにして診療所やNPOの仲間とともに外国人のコミュニティに出かけることにした。教会に行けば、フィリピン人やブラジル人、韓国人など多数の外国人が集まっていた。そこで病院に行くことが難しく困っているのは在留資格がない人だけではなかった。多くの人が医師とのコミュニケーションが難しいために病院になかなか足を向けない現実があった。そしてこうした外国人のコミュニティには高い日本語力をもち困っている人を支えたいという人たちが多数いた。私たちはこうした人たちと一緒に健康相談会を行い、病気の人を早く見つけて医療機関につなげる活動も開始した。

❸多文化共生政策の開始

　こうした外国人の窮状に対して神奈川県ではさまざまな取り組みがされるようになった。健康保険のない外国人が重症化する原因の一つに、医療機関側が未払いを恐れて診療に消極的になることがあった。そこで1993年に外国人急病人未払い医療費補填事業が開始され、医療機関側が急病人の診療で未払いを被った際に本人の支払い能力を超えるような深刻な状況を証明すれば一定の補填が受けられる制度がつくられた。1995年には、自治体が実施する外国人結核検診と私たちの健康相談会が連携し県内の外国人コミュニティを日曜日に巡回し検診・健康相談を行う活動が始められた。ここに県内の社会福祉法人の医療機関の協会からソーシャルワーカーの派遣も始まった。さらに2002年に開始されたのが、県がNPOに委託した医療通訳派遣制度である。この制度では研修と試験を通じて技能が担保された通訳者を派遣することができるため医療機関の評価も高く、やがて70以上の病院に対し

第3部　日本の中の多文化共生と人権

て年間 7000 件以上の通訳を派遣する制度に成長することとなった。当時は、日系人に就労可能なビザを提供し大きな工場の労働者として招聘する政策が進んでおり、これにより外国人労働者の多くが日系人や日本人と結婚した外国人など安定した在留資格をもつ人々で占められるようになっていた。そうした中で総務省が多文化共生政策を打ち出し、自治体が多言語の職員を雇用することも増えていた。政策の追い風もあり、やがて京都市、愛知県などの自治体へ徐々に広がり始めた。

❹目に見えて改善した外国人の医療

　日本では国籍の違いによる差異が見られる健康上の統計は限られている。その一つに結核の統計がある。外国出身の結核患者数は、外国人労働者の多くが在留資格が得られなかった 1990 年代に急増し人口 10 万人当たり 30 人（1993 年）から 44 人（2000 年）とわずか 7 年で 5 割増しとなっていた。しかし、多文化共生政策がとられた 2000 年代には大きく好転し、2008 年には 41 人と統計的な有意差はないものの減少傾向になっていた。このころになると、私たちの診療現場でも外国人の受診者の医療アクセスの改善を肌感覚で感じられるようになっていた。

　改善効果は医療費の面からも見ることができる。2002 年頃までは外国人の急病人の受診の遅れが深刻であり、年間 2000 万円ほどを神奈川県は医療機関の損失の補填に充てざるを得なかった。しかし、2002 年を境にこの必要額が減少に転じており、2010 年代後半では平均 20 万円ほどに激減している。この間に在留資格のない外国人の人口が 1 ／ 3 ほどに減少しているがそれだけではこの急激な減少を説明できない。通訳がいることで早期の受診が促されたことや、治療の方針が理解できるようになり効果的な治療が継続されるようになったこと、ソーシャルワーカーが通訳とともに面談し計画的な支払いが可能になったことなどが関係していると思われる。医療通訳の多くは日本語を獲得した外国籍住民であり、県内の自治体や公的機関での相談員を兼務する場合も少なくない。こうした相談員から医療に関する情報が外国人コミュニティに流れるようになった効果も大きかっただろう。外国生まれの住民が医療や福祉の分野に参画するようになったことが効果を高めたと筆者は考えている。これこそが多文化共生政策の強みではないだろうか。

第7章　外国人医療の現場から見えてくる日本社会の課題

❺逆行しはじめた2010年代

　以上のように順調に改善しているかのように見えた外国人の医療であるが2010年代になってある異変に気づくこととなる。2000年代に減少し10万人当たり41人となっていた結核新規発生数が、2018年には56人と再び急増したのである。衝撃を受けて調べてみるとこれまで結核患者がそれほど多くなかった4つの国の出身者で著しい増加が見られていた、いずれも技能実習生や日本語学校生の割合が多い国々であった。

　技能実習生や日本語学校生は病気をした際の保護が不十分である。日本語学校生の多くは入国時に借金があり、アルバイトを休むことが難しく受診が遅れがちである。技能実習生は労働諸法規が適応され本来は回復可能な病気で解雇はされないはずである。しかし、技能実習生が病気や妊娠を理由に解雇されるような実態が放置されている。結核は早期に治療をすれば他人にうつすことなく治る病気であるが、技能実習生では結核を理由とした解雇が横行する実態があるため受診をためらい重症化してしまうことになりがちである。こうした医療を受けにくい環境が感染の広がりを進めてしまっていることが懸念される。

❻私たちはどこへ向かっているのか

　2008年にいわゆるリーマンショックによる経済の停滞が起きたあと、日本の外国人労働政策は明確な議論を経ないままに大きく転換されていた。日系人などを受け入れて安定した在留資格で働く人を増やし定住を支援する多文化共生政策がいつのまにか後退し、3〜5年程度の就労しかできず家族の帯同もできない労働者である技能実習生や日本語学校生で労働力不足を補う政策に代わってしまっていたのである。こうした人々は自治体の定住支援の対象にもされにくく、短期間しか日本に滞在しないため支援のコミュニティの形成も困難だった。そうしたなかで2000年代に自治体で進められた医療通訳制度構築の取り組みも、2010年以降停滞してしまった。厚生労働省によって医療通訳の利用を促進する事業が進められたが、これは観光客や医療ツーリズムの顧客への対応を促進することが重視された制度設計であり高額の患者負担が前提で住民には使いにくい。欧米では患者の負担なく医療機関

が医療通訳を提供する施策が進んでいる。その背景には労働力として移民を受け入れるならば生活を支援する枠組みを整えることが社会責務だという発想がある。近年、アジア太平洋地域の経済発展は目覚ましく台湾や韓国でも人手不足で多くの外国人労働力を必要としている。外国人労働者の定住を支援せず使い捨てにするような政策ではもはや外国生まれの人材を確保することはできないだろう。

SDGs は各国政府に格差や差別のない社会をつくることを求めている。平等で公正な社会こそが人々の社会への参加を促進し効率的で豊かな社会をつくり経済も発展するためである。日本は 2008 年に外国人労働者を切り捨てることで経済を維持する政策を選択してしまった。あの時日系人に帰国を迫るのではなく日本語教育の機会をつくり職業訓練を行い他の産業への就業を促すことで課題を解決するもう一つの方法があったはずである。社会の中の少数者を支えずに切り捨て、人手不足のときに機械のパーツのように新しい労働者を短期契約で利用する。そのようなことを繰り返していては多様な社会の構成員の活躍を支援することができる活力のある社会をつくることはできない。感染症の拡大や社会の不安定化といった新たな課題を生み持続可能な社会から遠ざかることになるだろう。多様性を尊重した共生社会を築けるかどうかに今後の日本社会の命運が握られているのではないか。

🔍 考えてみよう！／調べてみよう！

- 外国人の健康にはどのようなことが影響を及ぼしてきたでしょうか。
- 日本で働きたい外国人を増やすためにはどのような施策が必要ですか。
- 持続可能な社会をつくるために今の日本に必要なことは何でしょうか。

📚 **参考図書**

沢田貴志（2019）「在留外国人を地域で診る」『医学界新聞』3314: 3.
沢田貴志（2019）「在日外国人の感染症対策の課題と医療アクセス支援の取組み」『モダンメディア』65(11): 227-232.
沢田貴志ほか（2020）「日本における HIV 陽性外国人の受療を阻害する要因に関する研究」『日本エイズ学会誌』22(3): 172-181.

第**8**章　人間として人間の世話をすること

色平哲郎

Keywords　100年の時空，「死ぬ準備」，「やりたいようにやっていい」

❶「狂騒の20年代」

　2024年2月12日、長野県上田市の音楽ホールで「かてぃん」こと角野隼斗さんが演奏する「ラプソディ・イン・ブルー」を生演奏で聴いた。101年前の1924年2月12日に、作曲者ジョージ・ガーシュウィンがニューヨークで初演している。ラプソディ（狂騒曲）には即興性の高い奔放なイメージがあるが、角野さんは、合衆国の「ローリング・トゥウェンティーズ」の熱狂を、現代的な感性で鮮やかによみがえらせてくれた。「狂騒の1920年代（The Roaring Twenties）」は、ジャズ・エイジ（The Jazz Age）とも呼ばれる。フランス語圏では「レザネフォル（Les Annés folles）」と呼ぶ、特異な時代であった。

　ふだん私は、JA長野厚生連（長野県厚生農業協同組合連合会）の佐久総合病院で胃カメラなどの診療を担当している。私が暮らす信州で、後輩の若き天才ピアニストのすばらしい演奏を聴くことができて、胸が熱くなった。音楽には幼いころから親しんできたが、24年2月12日は忘れられない日になった。

❷「昭和100年」の今年2025年

　最近、百年単位での感慨が続いている。お正月には、懇意にしている高齢の女性Cさんと久しぶりに会った。Cさんはお正月と誕生日が重なっていて、お正月で104歳になった。いまから30年ほど前、私が南佐久郡南相木村の診療所長をしていたころから、Cさんにはたいへんお世話になってきた。そのころ私は、毎年、医学生や看護学生を地域医療実習に受け入れ、村人たちに引き合わせていた。Cさんは、受け皿になってくれた方のおひとりで、機

第3部　日本の中の多文化共生と人権

織りやブルーベリー栽培を学生たちに紹介しながら、ご自身の戦争体験についても語ってくれた。そんな貴重な村の「語り部」の一人だ。

　私は村の診療所長を12年間務め、約2000人の医学生・看護学生を受け入れた。なぜ、医学生たちを迎え入れたのかというと「ヒトの心と生活」について知ってほしかったからだ。医学生は、ヒトとヒトの関係性や、さまざまな対応から成り立っている「医療」実践について、「医学」という入口から入り、物事をどんどん捨象して覚えこむ。医学の莫大な知識を頭につめこむには、そうしなくては間に合わないからだ。極論すれば、医学生は、ヒトはタンパク質の塊だ、という側面から知識の体系をとりこむ。しかし、医学教育において、本質的でない、と切り捨てたところに実は大切なものがある。人の心や、人々の暮らし向きというものは、その最たるもので、情報ではなく、体感しなくては伝わらないのだ。

　医学知識でアタマがコンクリートづめになっている医学生に、いかに自身が物事を知らないか、いかに自身が世間を知らないか、そこを伝えねばならなかった。そのために、村人たちの力を借りた。例えば、90歳になった高齢の男性が「そろそろ死ぬ準備をしなくてはいけない」などと言うと、医学生の顔つきが変わった。村には都会とは違う死生観が根づいている。このことを、いまだに姥捨て山にでも行くのか、と思ったら大間違いだ。死ぬ準備というのは、愛着のあるわが家で人生をまっとうしたい、という願いの間接的表現だ。たとえがんのステージが進んでいても、痛みをとって、苦しませず、臨終のときまで世話をしてほしいと男性は願っている。では、実際に住み慣れた家で看取れるのかとなると、家族のサポートだけでなく、往診する医師、訪問看護師、訪問介護に通うヘルパーなどのマンパワーが必須なのだが、はたして現状の体制で大丈夫なのだろうか、という議論になる。在宅で看取った経験のない大学医学部の先生方には、この現場感覚は伝えられないことだろう。

　看護学生に、かつて無医村だった村に来て半世紀活躍しているベテランの女性保健師さんに会ってもらった。保健師さんは「村でよくわからないことがあっても、村人から学ぶ気もちがあれば、みんなが助けてくれる」と若いころの失敗談や、苦労話を語ってくれた。すると、看護科の学生たちは、日ごろ、キャンパスで講義を受けている先生たちとのまなざしのちがいに驚く。学校の先生は「指導しなくてはならない」と言うが、保健師さんは「村人に

聴け」と言う。学生たちは混乱し、ショックを受けた。学生たちには、村での ショックは大切にしてほしいと伝えてきた。その方が、病院に勤務しても、あるいはクリニックで働いていても、得だからだ。じつは、都市で暮らす高齢者のなかにも、ムラ的な心象風景は息づいていて、そこを大切にすれば、患者さんのニーズがつかみとれる。医療とは、人々の健康へのニーズに応えることだ、という「原点」にたどり着ける。だから、このような「ぶつかりの体験」を大切にしてほしいと述べた。

　こうした村での活動は、私自身の医師としての基盤にもなっている。20年ほど前に初めて母校の高校に招かれ、講演をしたときも、ムラ医者の日常をお話しした。10年ほど前、二度目の講演を行った際も、医療は国民の健康ニーズに応えることと強調した。山村にさまざまなゲストをお迎えしていたころ、著名な出版社から私に「交友録」を書かないかというお誘いがあった。しかし、作家ではない、医師の私には荷が重く、実現しなかった。この原稿も脂汗を流しながら書いている。

❸人間として人間の世話をすること

　日の目をみなかった交遊録の代わりに、私の医療観の礎となった出来事を以下、記してみたい。私が京都大学医学部を卒業し尊敬する先輩が働く佐久病院に入ったのは 1990 年のことだった。日本中がバブル経済に狂奔していた当時、佐久病院の最寄り駅の JR 小海線臼田駅に、顔つきこそ日本人そっくりだが、ポルトガル語やスペイン語で話している一団がいた。何気なく声をかけてみると、日本語が少し不自由で、生活面とりわけ保健衛生面で不自由していた。臼田にある由緒ある教会の牧師さんにお願いし、スペイン語に堪能なボランティアを招き、日本語教室を立ち上げた。すぐに効果が現れた。

　ボリビア人女性がくも膜下出血で佐久病院に救急搬送された際、日本語教室に通っていた日系人青年が親切にも駆けつけて、ICU（集中治療室）で医療通訳をしてくれた。それを機に 1992 年、佐久病院に「外国人医療相談室」ができた。しかし、間もなく、なかなかカバーしきれていない外国人たちのグループがいることに気づいた。東南アジアから来たホステスや高速道路・新幹線の建設現場で働く男性労働者たちだ。小海線の北の終着駅、小諸を中心とした東信地方に彼らは集まっていた。飲食業で働くタイ人女性たち

は、給料も支払われず、売春を強制され、ヤクザ者から暴力をふるわれていた。さらにはギャンブルでの借金、交通事故、傷害事件、そして HIV（ヒト免疫不全ウイルス）感染のリスク……さまざまな困難に直面していたのだ。

　HIV 感染者のなかに結核にかかり、エイズ（後天性免疫不全症候）を発症している方がいた。その女性は、鼻血が止まらず、枯れ枝のように痩せ細り、激しく咳き込んでいた。当時のことではあったが、たとえ HIV 感染は治せなくても、肺結核の治療はできる。少しでも苦しみを和らげられればと、病院に連れて行った。HIV は、性行為、血液製剤などを介した輸血、母子感染の 3 パターンでしかうつらない。だが、身体接触や空気が感染媒体になるといった偏見、感染者への差別がはびこっていた。病院では、まず病棟がパニックに陥った。周囲からは「研修医の分際で、医療保険にも入っていない患者をひっぱりこみ、多大な迷惑をかけている」と批判された。

　自分一人では何もできなかった。東京の外国人支援団体からタイ人女性ケースワーカーに来信してもらい、タイ人ホステスたちの生活実態を母国語で電話で聴き取り、支援につなげた。あるタイ人女性は、すでに、手の施しようがなかった。「何か、私にできることはありませんか」と尋ねると、彼女は「タイのお坊さまにお目にかかれなかったことが残念です」といって息をひき取った。最期に口にしたのが仏への帰依であった。「心のケアの大切さ」を思い知らされた。

　その後、小諸市民会館にタイの劇団を呼んで公演を開いた。日本で暮らすタイ人たちに母国語での娯楽を楽しんでほしかったのと、地元の日本人にもタイの民族文化を伝えたかったからだ。そうこうしていると、タイ国政府から私たちは表彰されてしまった。その後、バンコクに招かれて、ナイジェリアやジャマイカの医師と一緒に顕彰を受けるようなこともあった。まったく予想もしていなかったが、タイ王国とのつながりが深まり、1996 年初夏にはタイの黄衣の僧侶らを日本に迎えることができた。お坊さん方にタイ人が集まって暮らす地域を巡りながら、佐久から長野市の善光寺まで歩いて旅をする「頭陀修行」に取り組んでいただいた。道中、祖国からきた僧侶と対面したタイ人たちが心の底から安堵したような表情を浮かべていた。その姿がとても印象的だった。

第8章 人間として人間の世話をすること

❹フィリピンでの出会いと学び

　もう一つ、私にとって大切なご縁は、フィリピン国立大学医学部レイテ分校（SHS）との連携だ。医学生時代に東南アジアを放浪していて、40年ほど前、SHSに行き着いた。SHSでは、フィリピン全土から集まった学生が、実際にレイテやサマールの地域社会に入って保健活動に携わりながら医療者としての階段を上がっていく。約2年勉強して、まず助産婦資格を取る。さらにキャリアを高めたい人は、地域の住民たちの推薦・承認を受け、看護師養成コースに進む。その後、正看護師、医師へと階段を上がるのだが、いずれも地域住民多数からの推薦が欠かせない。

　SHSでは入学から医師国家試験に合格するまで、約10年かかる。この行程を経て医師になったスマナ・バルア氏（元WHOハンセン病対策プログラム・グローバルディレクター）と肝胆相照らす仲となり、日本から若い医師や看護師、医学生、看護学生たちを百数十人、SHSに送り込んだ。図らずも、こちらの活動も2013年、在東京フィリピン大使館から表彰していただいた。

　ある女性医師の卵は、フィリピンの実地研修でハンセン病の回復者にどう言葉をかけてよいかわからず、気ばかり遣っているうちに、泣きそうになった。が、逆に、回復者からハーモニカの自作の曲を披露され、こう言われたという。「やりたいようにやっていいんだよ」。異質なものと出会い、「ぶつかりの体験」を経て、ほんとうの自在さにたどり着けるのかもしれない。

　「昭和100年」の今年2025年、100年の時空を超えて、アメリカ合衆国は再度、新大統領のもと、「ローリング・トゥウェンティーズ」の熱狂に包まれつつある様相だ。前回、100年前は1929年の世界大恐慌で暗転した。今回は一体どういう帰結になることだろうか。

🔍 考えてみよう！／調べてみよう！

- 100年の時空を超え、歴史を遡って、当時を生きた人々の人生を考えてみましょう。
- 現代日本に暮らす「無国籍の人々」や「難民の人々」の生活や気持ちを考えてみましょう。
- もしも日本が戦争に巻き込まれたら、あなたはどう行動しますか？

第 3 部　日本の中の多文化共生と人権

第 9 章　映画『カムイのうた』とアイヌ文化の伝承
——北海道東川町の取り組み

高石大地

🔍 Keywords　　アイヌ文化の伝承，「写真の町」，多文化共生社会，

はじめに

　2023 年に完成した映画『カムイのうた』は、北海道の先住民族であるアイヌの文化を未来へとつなぎ、国内外の多くの方々に北海道の自然と文化を知っていただくきっかけとなる試みとして、多くの方々のご協力のもと、北海道の中央部に位置する東川町を中心に製作された作品である。題材は、知里幸恵さんが遺した『アイヌ神謡集』に基づき、アイヌ文化の精神や歴史、そして当時の社会背景を描きながら、差別のない多文化共生社会の実現を目指している。

　知里幸恵さん（1903～1922 年）は、アイヌ語の神謡を文字化し『アイヌ神謡集』を編纂した人物である。彼女はわずか 19 歳で生涯を閉じたが、その功績はアイヌ文化を後世に残す重要な役割を果たし、多くの人々に影響を与えてきた。この映画は、彼女の遺志を受け継ぎ、神謡を映像化することで、新たな形で文化資源を発信する試みとなっている。

　東川町では、この映画を通じて関係機関との連携により、多言語対応の翻訳や教育コンテンツの開発を進め、アイヌ文化の保存と普及に努めている。本章では、映画製作を通じた文化保存、多文化共生、地域振興の意義を紹介し、北海道のアイヌ文化と自然の魅力を再認識するきっかけとしたい。

❶アイヌ文化と北海道の風景の映像化

　映画『カムイのうた』は、アイヌ文化の精神と北海道の壮大な自然を繊細に描いた作品である。北海道の風景が、映画全体の背景として登場し、自然と共生するアイヌの人々の暮らしを象徴的に表現している。雪原や川辺のシーンを通じて、自然への感謝と尊敬を込めたアイヌ文化の精神が視覚的に

伝えられている（図1）。

映画は単に美しい自然と文化を描くだけではなく、当時のアイヌ社会が直面していた偏見や困難にも焦点を当て、主人公や若者たちの葛藤を通じて、共生社会の必要性や文化的多様性の価値を問いかけている点が特徴的だ。また、知里幸恵さんの遺した神謡を映像化

図1　ムックリ（アイヌ民族の口琴楽器）
出典：©シネボイス

することで、アイヌの世界観を現代に再生し、次世代への文化継承への貢献も目的としている。

東川町では、この映画を通じて地域の自然と文化を国内外に広める取り組みを進めている。映画製作には地元住民やアイヌ関係団体などに協力いただき、10か国語以上の翻訳を通じて、より多くの人々にその魅力を届ける努力を続けている。この映画は、アイヌ文化と北海道の風景を融合させた映像表現を通じて、多文化共生の可能性を広げるとともに、地域の誇りを国内外に発信する重要な役割を担っている。

❷多くの協力を得て実現した映画製作

映画『カムイのうた』は、多くの団体や個人の協力を得て実現したプロジェクトである。北海道アイヌ協会やアイヌ民族文化財団、北海道観光振興機構、北海道新聞社などの多くの団体のアイヌ文化の普及や地域振興に向けた専門的な助言や広報活動を通じた製作過程での後押しは、映画の完成において欠かせない要素であった。

また、地域社会や企業の協力もこの映画製作の成功に大きく寄与している。企業版ふるさと納税や個人版ふるさと納税を活用し、製作資金が確保されたことで、地域社会全体が一体となった取り組みが可能になった。文化事業を超えた、地域活性化の象徴的なプロジェクトであり、多文化共生のモデルケースとなっており、改めて関係各位に深く感謝申し上げる。

第3部　日本の中の多文化共生と人権

図2　チセ（アイヌ民族の伝統的な住居建築）
出典：©シネボイス

　映画は2024年11月にハリウッド映画祭で上映され、国際的な評価を得た。上映に合わせて開催された先住民族とのトークイベントでは、アイヌ文化と他の先住民族文化との共通点や違いについて議論が行われ、文化の相互理解が深まった。この取り組みは、アイヌ文化を世界に発信し、文化的多様性の価値を共有する貴重な機会となった（図2）。
　さらに、映画製作の過程では多言語対応の取り組みが進められた。東川町の国際交流員を中心に10か国語以上の翻訳が行われ、映画の普及活動が国際的な規模で展開されている。また、映画を基にした学習コンテンツも開発されており、若い世代に向けた文化教育の推進にもつながっている。
　この映画製作は、アイヌ文化の保存と普及を目指すと同時に、地域社会と世界をつなぐ架け橋として機能している。その成果は、次世代への文化継承や地域の魅力を国内外に発信する重要な役割を果たしている。

❸大雪山旭岳とヌプリコロカムイノミ

(1) 大雪山旭岳
　東川町に位置する大雪山連峰・旭岳は、北海道最高峰であり、標高2291メートルを誇る山である。この山は、日本最大級の国立公園である大雪山国立公園の一部として、その壮大な自然環境が広く知られている。アイヌの

人々にとって、旭岳を含む大雪山は「カムイミンタラ」（神々が遊ぶ庭）と呼ばれ、自然の神聖さと共生の精神を象徴する存在として深く敬われてきた。

この地域では、四季折々の美しい風景が広がり、観光客や登山者にとっても魅力的なスポットとなっている。大雪山は、単なる観光資源としてだけでなく、アイヌ文化における精神的な支柱としても重要な意味をもっている。その存在は、自然と人間が共存する生き方を示すものであり、東川町としても「大切」に守り育てている。

(2) ヌプリコロカムイノミと日本遺産

「ヌプリコロカムイノミ」（山の神に祈る、山の祭り）は、アイヌの人々が大雪山に対して捧げる祈りの儀式であり、地域と大雪山とアイヌ文化をつなぐ重要な意味をもつ。1959年より長い間、山の神への感謝と豊穣を祈る場として、アイヌの方々と地域住民により大雪山の山開きのイベントとともに実施されてきた。伝統的な歌や踊りが披露され、自然への畏敬と感謝の念が共有される。

また、「ヌプリコロカムイノミ」と「大雪山～カムイミンタラ～」は、2018年に「カムイと共に生きる上川アイヌ」として日本遺産に指定された。その構成要素の一つとして評価されたこれらの文化的要素は、地域の歴史や文化を継承し、次世代に伝えるための重要な役割を担っている。

この指定は、アイヌ文化の重要性を再認識する契機となり、地域社会にとっての誇りともなっている。祭りを通じて、アイヌの伝統や自然との共生の精神が未来に継承されるだけでなく、地域全体が一丸となって文化を守り広める意識が高まっている。

❹写真文化首都「写真の町」北海道東川町

(1) 自然と文化

東川町は北海道のほぼ中央に位置し、雄大な大雪山を背に、豊かな自然環境と文化的背景をもつ町である。大雪山旭岳を中心に広がる四季折々の風景は、観光地としてだけでなく、町の住民にとっても誇りであり、生活の一部となっている。この町では、上水道をもたず、大雪山旭岳の伏流水を日常の水源として利用している。この天然水の利用は、自然と共に生きる生活スタ

イルを象徴するものであり、東川町ならではの特長である。

(2) 世界に開かれたまちづくり

1985 年に「写真の町」宣言を行った東川町は、国内外の写真家たちと交流し、地域文化を広く発信する基盤を築いた。この宣言は、地域振興と国際交流の架け橋となり、写真展やイベントを通じて、町の自然や風景、住民の生活をテーマに国内外へ情報を発信してきた。

また、2015 年に設立された東川町立東川日本語学校は、国内初の公立日本語学校として注目されている。この学校は、世界各地から 350 人以上の留学生を受け入れており、多文化共生の実践の場となっている。留学生たちは、地域行事や文化活動に積極的に参加し、町の住民と深い関係を築いている。これにより、東川町は地域と世界をつなぐ文化的な拠点として、さらなる発展を遂げている。

(3) 文化的取り組みと人口動向

東川町の人口は約 8600 人であり、全国的な人口減少社会の中にあって、過去 30 年にわたり増加傾向を維持している稀有な地域でもある。豊かな自然環境と調和した町づくりに加え、「写真の町」としての特色を活かした文化的な取り組みや、全国初の公立日本語学校を中心とした多文化共生の活動が、町の魅力を高める要因となっている。

多文化共生の取り組みは、国内外からの移住者が地域に溶け込みやすい環境づくりにも寄与していると考えられる。これらの活動を通じて、移住者や新しい世代を受け入れる体制が整備される要因と考えられ、東川町では引き続き、地域の自然や文化を大切にしながら、持続可能な町づくりを進めていきたい。

おわりに

映画『カムイのうた』は、アイヌ文化の保存と発展、そして多文化共生社会の実現を目指す取り組みの象徴的なプロジェクトである。この映画は、アイヌ文化が次世代に継承されるためのきっかけをつくると同時に、地域振興や国際交流の新たな可能性を広げている。

第 9 章　映画『カムイのうた』とアイヌ文化の伝承

　さらに、映画製作を通じて地域および関係者が一丸となり、国内外の観客に北海道の魅力を伝えることができたことは、東川町にとって大きな成果である。映画『カムイのうた』は、アイヌ文化を深く学び、多文化共生社会の意義を考えるための貴重な資源であり、これからの文化普及活動の中心的な存在であり続けるために、今後も、映画を基にした活動が継続し、アイヌ文化の保存と普及、そして地域、北海道の魅力のさらなる発信が進展していくことを期待したい。

🔍 考えてみよう！／調べてみよう！

- アイヌ文化には自然との深い結びつきがあります。アイヌの人々はどのように自然と共生していたのでしょうか？　また、彼らの生活様式や信仰は、現代社会にどのような影響を与えているのでしょうか。調べてみましょう。
- 北海道の自然、大雪山などの山々は、アイヌ文化にとって重要な意味をもちます。大雪山がアイヌにとってどのような場所で、どのように神聖視されてきたのか、また、自然環境がどのように彼らの生活に影響を与えてきたのかを調べ、理解を深めましょう。
- 映画『カムイのうた』を通じて得た知識や視点をもとに、アイヌ文化や多文化共生、差別のない社会を実現するためには何が必要かについて考え、自分の考えを整理してみましょう。
- 東川町は「写真の町」として、文化振興活動が地域振興にどう貢献しているかを調べてみましょう。

📚 参考図書・ウェブサイト

映画「カムイのうた」公式サイト（https://kamuinouta.jp/，2025 年 2 月 18 日最終閲覧）

公益財団法人アイヌ民族文化財団（2022）『アイヌ民族──歴史と文化』（https://www.ff-ainu.or.jp/web/learn/culture/，2025 年 2 月 18 日最終閲覧）

公益社団法人北海道観光機構（2023）『アイヌ文化・ガイド教本』（https://visit-hokkaido.jp/ainu-guide/，2025 年 2 月 18 日最終閲覧）

知里幸恵（2023）『知里幸恵　アイヌ神謡集』中川裕補訂、岩波文庫

『水の文化』編集部（2021）「北の大地の小さな町で『未来への開拓』進む」『水の文化』67（https://www.mizu.gr.jp/kikanshi/no67/13.html，2025 年 2 月 18 日最終閲覧）

181

● Column ●
若者が地方を変える「地域おこし協力隊」という選択肢

古高桜京

現代の日本全体が抱える課題として人口減少問題があります。特に日本や韓国は世界的にみてもその最先端を走っていて、2050年には日本の人口は1億人よりも少なくなるといわれています。人口が減少すればそれに伴い、年金や労働力不足、経済市場の縮小、医療や福祉などさまざまな問題にも影響してきます。特に人口の「東京一極集中」によって、若者の多くが首都圏に集中することで、地方では人口流出による働き手不足、産業や交通インフラの衰退、中心市街地の空洞化、商店街のシャッター通り化、空き家問題などが都市部で感じているよりも深刻な状態となっています。地方に住んでいたことのある方は実感することも多いのではないでしょうか。なかでも若い女性の東京への流入が多いとされており、地方では若い女性にとって魅力的な雇用を創出できるよう、真剣に考えていかなければならない段階にきていると言えます。また、不足する働き手を外国人労働者で補おうとする風潮がありますが、そこには言語やコミュニケーション、多文化理解や、制度などさまざまな課題があり、容易に解決で

きる問題ではないことは想像に難くないと思います。何より、外国人労働者を増やせたとしても、「東京一極集中」の問題が解決されるわけではありません。また、防災の観点においても人への被害や交通渋滞、首都中枢機能のマヒなどが考えられ、日本全体にとってのリスクも最大化している状況であるともいえます。

地方から都市に若者が集まる背景には、就職や進学の選択肢の少なさ、公共交通機関や買い物が不便などの問題があります。しかし、視点を変えれば、地方には都市では得られないさまざまな魅力があり、豊かな自然や伝統文化、地域のさまざまなコミュニティ、満員電車に煩わされることのない通勤・通学やライフスタイルの選択など、地方だからこそできる経験もたくさん存在します。これらの魅力を再発見し、若者の雇用を生み出し、若者が自分の生き方を見つけられる場として、地方を選択する人が増えれば、東京一極集中の解決に近づけるかもしれません。

そこで注目されているのが「地域おこし協力隊」(以下、協力隊)という制度です。「東京一極集中」の解決

Column

策の一環として、2009年に国によっ
て創設されました。この制度は主に都
市部に住んでいる人材を地方に派遣
し、地域の活性化や支援に携わるなか
で、最終的にその地域へ定住してもら
うことを目的としています。協力隊は
自分で応募した地域に住民票を移し、
地元の産業振興や観光資源の活用、地
域コミュニティの支援や活性化、情報
発信、教育支援などさまざまな活動を
行います。これはただの「移住」では
なく、国や自治体からの支援を受けな
がら、地域との関わりを通じて地域の
「まちづくり」に貢献できることが魅
力となっています。

　総務省の2023（令和5）年度の調査
によると、隊員数は全国で7200人に
のぼり、隊員の約7割が20〜30代の
若者世代で、男女比率は6：4で構成
されています。協力隊の活動は、都市
部で働いているだけでは得られないよ
うな、地域特有の課題や住民との直接
的な関わりを通じて、コミュニケー
ション能力や問題解決能力、企画力が
鍛えられます。また外部から来た人材
ならではの視点というのも重要で、そ
れによって今まで見つけられなかった
地域資源や地域の魅力の再発見が行わ
れることもあります。新しい視点は、
地域の方にとっても良い刺激となり、
さらなる発見や動きにもつながってい
くことにもなります。若者にとっても、

新しい挑戦やキャリア形成の機会とな
り、将来にわたって役立つ自分のスキ
ルや、価値観を広げる良い経験となる
でしょう。

　あるいは都市部で一度就業経験を積
んでから、地元に戻りたい、地方に移
住してみたいといった時にも協力隊は
選択肢の一つにもなりえます。例えば
マーケティングや営業職の経験がある
人は、地域の特産品や観光地をどう発
信すればより多くの人に魅力が伝わる
のかを考える上で、実践的な視点で有
利に働くでしょう。また、ITスキル
やデザインの経験をもつ人であれば、
地域の情報発信ツールを改善し、SNS
やWebサイトの運営、チラシ作成な
どを通じて地域の魅力を効果的に発信
するサポートができるでしょう。こう
した職務経験があることで地域の「ま
ちづくり」にさまざまな形で貢献する
ことができるのです。

　日本の未来を考えたときに、地域の
力を引き出し、東京一極集中を緩和す
ることはとても重要です。そのための
国や自治体による施策も重要ですが、
若者たち自らが地域の未来を考え、地
域に変化を生み出すことで、若者に
とって魅力的なまちを実現することが
可能になります。地域で自身の持って
いる知識やスキルを活かしたいと思っ
た時、「地域おこし協力隊」はその選
択肢の一つとなりうるでしょう。

第3部　日本の中の多文化共生と人権

第10章　マグロの豊漁をもたらした異国の神
——青森県大間の媽祖信仰

藤井健志

🔍 Keywords　　　　　　　　　　　民俗宗教，ナショナリズム，媽祖

はじめに

　2023年10月にパレスチナのガザ地域においてイスラエル軍とハマスの戦闘が始まり、1年たった現在でも継続している。この戦闘はナショナリズム（国家・民族の一体性、独立性を強調する近代思想）に深く関係しており、宗教的な対立に基づくものではない。

　宗教がナショナリズムと同じく、排他的で非寛容になりうる面をもつことは事実だが、一方ではナショナリズムと対立して、国や民族を越えて人々を結びつける場合もある。しかも仏教やキリスト教、イスラームといった大宗教だけでなく、限られた地域の中で、その土地の人々を主な担い手として信仰されてきた民俗宗教にさえ、そうした例はある。

　本章では、一つの民俗的な信仰対象であった神が、時にナショナリズムに抑圧されながら、国や民族の境を越えて拡がり、異なる国の人々を結びつけた事例を取り上げ、その具体的な展開過程をみてみたい。そしてそこから、宗教とナショナリズムとの関係を考えようと思う。取り上げるのは青森県大間で祀られている媽祖という神である。

❶媽祖の信仰

　媽祖という中国南部に生まれたとされる女神について知っている日本人は少ないだろう。しかしこの女神は、北米やオーストラリアを含む太平洋沿岸諸国の各地で祀られている。日本においても媽祖はさまざまな所で祀られていたが、マグロで有名な青森県大間の稲荷神社もその一つである。1996年以降、ここでは神社の祭礼に合わせて、天妃様（媽祖）行列が行われている。媽祖の神像を輿に乗せ、町内を回るのである。そこには日本人も台湾人も参

184

第 10 章　マグロの豊漁をもたらした異国の神

加しており、媽祖を中心にして異なる背景をもつ人々が結びついている。

　媽祖は、大間では天妃様と呼ばれているが、他に天后、天上聖母といった名もある。時代により、場所によって名前は変わるが、これらは基本的には同じ神である。伝承によれば、媽祖は中国の宋の時代に福建省に生まれた実在の女性で、生前から海を行く船をさまざまな危難から救うという奇跡を見せたという。やがて彼女は生きながら昇天したが、現在でも多くの人々を救済し続けていると考えられている。その実在は必ずしも確認されていないが、その伝承と信仰は福建省を中心にして中国沿海部に拡がり、主に航海安全の神として信仰されてきた。かつての中国人は媽祖の神像を携えて渡海することが多く、それが結果として民俗宗教的神であった媽祖の他国への拡がりをもたらした。特に台湾では媽祖廟（宮）が全島に拡がっており、さまざまな救済をもたらす神として人気がある。

　16〜17世紀には日本にも中国人たちが媽祖の神像をもってやってきており、その神像は沖縄や九州の各地に残っている。神戸や横浜の中華街にも媽祖は祀られており、東関東では千葉県北東部から茨城県にかけて、媽祖を祀っていた寺院や神社がいくつかあった。媽祖は近世日本の一部の地域において盛んに信仰されていたが、その北端が大間である。

❷大間と媽祖信仰

　青森県大間町は下北半島の突端にある。下北半島北辺は近世には海産物や木材などの移出が盛んで、日本海を通る西回り航路と、太平洋側の東回り航路が交差する地であった。そのため各地の商人が往来しており、大間にも何軒かの大きな廻船問屋があったという。したがって近世の大間を「僻地」と考えることはできない。

　『大間町史』などによれば、船主をしていた大間の海商である伊藤五左衛門が、1696年（元禄9年）に海難救助の神として媽祖を祀りはじめたという。五左衛門がどこから媽祖信仰を導入したのかは確定されていないが、那珂湊（現・茨城県）からという説がある。那珂湊は近世には天妃神社があり、媽祖信仰が盛んな地であった。また大間の海商は東回り航路では那珂湊で水揚げをすることが多く、そこの商人たちとのつながりをもっていた。こうした事情を考えると、那珂湊説をとるべきかもしれない。

185

大間稲荷神社で拝見した資料によると、天妃神大権現祠が 1726 年に建てられており、1793 年に大間に来た著名な旅行家の菅江真澄も「天妃のかんやしろ」を訪れたと書いている。大間の天妃は「天妃大権現」などの名前で有名だったようだ。大間稲荷神社に保存されている「天妃神社録」（1876 年）には、真澄が書いたとされる「天妃縁記」とともに、「天妃大神社」は伊藤家の氏神であったが、同時に船魂守護神として祀られていたという記述がある。大間で海に関わる仕事をしていた人々の信仰を集めていたと思われる。

媽祖（天妃）という本来は中国の民俗宗教的な神を、近世の日本人が信仰対象としたのはなぜだろうか。一つには神仏習合を本質とする「権現」という信仰対象が、近世には広く存在しており、さまざまな背景をもつ権現を信仰することに当時の日本人は問題を感じなかったこと、また日本には古来より船に神や霊を祀り込めて船の守護を願う船玉（船魂、船霊）信仰があるが、媽祖がこの船玉と重ね合わされて理解されていたことなどが考えられる。中国生まれの媽祖は、日本的に変容して日本の民俗宗教に溶け込んでいたのである。

しかし同時に、「板子一枚下は地獄」と言われるように、常に死の危険に直面している漁師や船乗りにとって、神の出自よりも、自分たちを守ってくれる神の霊験こそが重要であり、媽祖の伝承がそれに応えるものだったと考えられる。この視点からみると、民俗宗教は異文化の地で変容しつつも、その機能は保存されていたといえるかもしれない。そして近世日本は異文化の民俗宗教を許容する柔軟で寛容な時代であったといえるだろう。

その状況が変わるのは、幕末から明治初期にかけてである。この時期に形成された近代日本のナショナリズムは、神道のみが日本の伝統宗教であるという理念を創造した。ナショナリズムは、自国の文化の純粋性を強調する特質があり、伝統を再編しようとする力学をもっている。古代から続く神仏習合こそが日本の宗教伝統なのだが、新しく創造された伝統に基づいて、神道と他の宗教とは峻別され、神仏習合に基づく権現などの神格は否定された。那珂湊では維新に先立って「異朝の神」である天妃は没収され、天妃神社は弟橘姫神社に改変された。近代には非寛容で排他的な考え方が主流になるのである。

大間で天妃大権現が廃止されたのは 1873（明治 6）年で、そこの媽祖像は稲荷神社に合祀するように命じられた。媽祖像が没収されずに神社に合祀さ

第 10 章　マグロの豊漁をもたらした異国の神

れたのは、神道の神像に似ていると思われたためだろう。神道を重視するナショナリズムによってなされた改変は、大間においては神社に媽祖が祀られるという結果をもたらしたのである。

❸天妃様行列が実現するまで

　明治初期から 1945 年の終戦までの媽祖の扱いはよくわからないが、「神社は国の宗祀（国の根本的な祭祀を行う場)」とされた時代なので、あまり公にはされなかっただろう。戦後はそうしたナショナリズムの制約はなくなるが、媽祖については氏子総代などの神社の役員しか知らないという時代が長く続いたという。そのため 1970 年代前半までは、大間の天妃に言及した文献はほとんどなく、大間の人々も媽祖についてはよく知らないという状況が続いた。

　戦後、大間の媽祖をテーマにして書かれた最初の文献は、鳴海健太郎「航海守護の信仰」（『郷土史うとう』84、1978 年）だと思われるが、このことは 1976 年に大間町で文化財保護条例が制定され、文化財審議委員会が発足したことと無関係ではないだろう。このころ大間町の文化財審議委員が、媽祖の調査を行っている。1970 年代後半は、地域史が重視されるようになった時代である。こうした状況の中で媽祖信仰の歴史は、大間という一つの地域の歴史を構成する重要な要素として注目されるようになったのだといえる。

　しかし大間と台湾との関係はこれだけでは生じなかっただろう。実は 1970 年代に医師不足に悩む大間では、台湾から一人の医師を招聘していた。1973 〜 81 年の間、町立大間病院で医療に従事したその台湾人医師は、台湾中南部の雲林県虎尾鎮出身だったが、そのことが縁で 1979 年に大間町と虎尾鎮は姉妹関係を結ぶことになる。その結果、両者の相互訪問が行われるようになり、大間町の主だった人たちが台湾を訪れる機会が生まれたのである。

　この虎尾鎮に近い同じ雲林県の北港鎮に、媽祖信仰が盛んな台湾においても、特別に有名な朝天宮という媽祖廟がある。そこは祭礼の時には多くの信者と観光客が集まる一大観光地でもある。当時の記録が残っていないので推測するしかないが、虎尾鎮に行った大間町の人々は、近くの観光地である朝天宮に参詣に行ったのではなかろうか。町で媽祖の調査をしていたので、彼らは媽祖についての一定の知識と関心をもっていたはずである。朝天宮側も

187

図1　天妃様行列を先導する台湾の神的存在
出典：2024年7月15日大間にて筆者撮影

彼らの参拝を喜んだであろう。その後、朝天宮から稲荷神社に新しい媽祖像や、祭具が寄贈されているからである。この一連の出来事を除外して天妃様行列を考えることはできない。

やや後の1996年の海の日に、従来からの大漁祈願祭とともに、「天妃神遷座300年祭」として、初めて天妃様行列が行われた。この時には120人の台湾人も参加したという。さらに翌年には大間稲荷神社と朝天宮が姉妹宮となり、稲荷神社には天妃神拝殿が建てられた。このようにして天妃様行列は始まり、現在でも続けられている。その行列は台湾的な色彩をもっていて興味深いものとなっている（図1）。

重要なのは、天妃様行列を始めた年を境に、それまで不漁だったマグロが豊漁に転じたと言われていることである（島康子「媽祖を通じた、大間と台湾の交流の記録」『交流』999、2024年）。このことを軽視してはならないと思う。民俗宗教の神々は、その土地の人々を守り、豊かな恵みをもたらすという霊験を示すから祀られるのだということを示しているからである。

以上のように天妃様行列が実現するまでの過程には、当時の社会状況に基づく一般的要因と、偶然に左右される固有の要因とが絡み合っていて、簡単には整理できない。しかし一つ言えることは、ナショナリズムの制約がなく

第 10 章　マグロの豊漁をもたらした異国の神

なったからこそ、その実現が可能になったということである。

むすび

　媽祖信仰は、ユダヤ教やイスラームという世界的な宗教に比べるとささや
かな民俗宗教である。しかしその歴史からは、宗教とナショナリズムの相剋
が読み取れる。ナショナリズムはさまざまな面をもつ思想だが、大間では民
俗宗教を抑圧する役割を果たしていた。現代世界のさまざまな争いを考える
時には、宗教がナショナリズムを越えて人々を結びつける働きをしうる点に
注目してもよいのではなかろうか。

🔍 考えてみよう！／調べてみよう！

- 宗教とナショナリズムが一体化する例と、宗教とナショナリズムが対立する
  例とを、調べてみましょう。
- 私たちの考え方が、日本のナショナリズムの影響をどのように受けているか
  を考えてみましょう。
- 宗教がどのような活動をすれば、社会にプラスとなるのかを考えてみましょう。

📚 参考図書

赤司英一郎ほか編（2008）『多言語・多文化社会へのまなざし──新しい共生への視点と教育』
　　白帝社
大間町史編纂委員会編（1997）『大間町史』大間町
鈴木啓之・児玉恵美編（2024）『パレスチナ／イスラエルの〈いま〉を知るための 24 章』明
　　石書店
藤田明良（2021）「東アジアの媽祖信仰と日本の船玉神信仰」『国立歴史民俗博物館研究報告』
　　223: 97-147 頁
ホブズボーム, E. J.（2001）『ナショナリズムの歴史と現在』浜林正夫ほか訳、大月書店

● **Column** ●
海を渡ったハワイの魚名
――日本と海外をつなぐ魚の名称にみる多文化と共生

橋村　修

　高知ではカジキの料理のことを「ないらげ」と呼んでいます。これと似ている「ナイラギ」という名称がハワイの魚名一覧に出てきます。どうしてこんなことが起きるのでしょうか。ここでは魚と人との関わりにみる多文化と共生について考えます。図1のHawaii market nameには、アク（カツオ）、アヒ（マグロ）、マヒマヒ（シイラ）、オパ（アカマンボウ）、ハプ、オパカパカ、ウクなどのようにハワイ語が多く見られますが、トンボ（Tombo）、シュウトウメ（Shutome）、ナイラギ（Nairagi）、オナガ（Onaga）などの日本語のような名称もあるのです。

　表1をみると、Hawaii market nameのシュウトメはメカジキを、ナイラギはマカジキを指し、共にハワイ語ではA'uです。ハワイ語の魚名がマーケッ

図1　Hawaii seafood councilが出しているシーフード普及パンフレット（2006年）

表1　ハワイの日本語的なシーフード名とハワイ語魚名

和 名	Hawaii market name	Hawaiian name	Scientific Name	common name
クロカジキ Kurokajki	Kajiki	A'u	*Makaira nigricans*	Blue Marlin
メカジキ mekajiki	Shutome (Makajiki)	A'u	*Xiphias gladius*	Broadbill.swordfish
フウライカジキ Fuuraikajiki	Hebi	A'u	*Tetrapturus anguistirostris*	Shortbill.spearfish
マカジキ makajiki	Nairagi	A'u	*Tetrapturus audux*	Striped marlin
ハマダイ Hamadai	Onaga	'Ula'ula koa'e	*Etelis coruscans*	Long-tail red sanapper
ビンチョウマグロ	Tombo	Ahipalaha; tombo ahi	*Thunnus alalunga*	Alabacore Tuna

出典：Hawaii seafood council 作成のパンフレットとホームページ（http://www.hawaii-seafood.org/. 2014 年 3 月 1 日閲覧）を参考にして筆者作成

ト名と別にあるのです。A'u と別に日本語があるのはなぜでしょうか。ハワイ語ではカジキ系統を指す語が A'u しかないため、日本語の細かい区分を利用して分類したのかもしれません。これらの日本語的なシーフード名はどのような意味をもつのでしょうか。**表 2** は、澁澤敬三の『日本魚名集覧』（1943 年）にみるメカジキ、マカジキ、ハマダイ、ビンチョウマグロの日本各地の地方名をまとめたものです。メカジキを「シュウトメ」、「シウトメ」と呼んでいる地域は、伊勢浜島、紀州、紀州各地、熊野浦です。マカジキを「ナイラギ」と呼ぶ地域もあります。「ナイラギ」は紀州各地や土佐、「ナイラゲ」は高知と土佐柏島、「ナイランボウ」は房州（千葉）、「ナエラギ」は紀州和深、辰ヶ浜、「ナエランボウ」は千葉県、「ノウラギ」は紀州各地と三重県で見られます。三重県志摩市阿児町志

島に残るカツオ漁の江戸時代末期の1851（嘉永 4）年の史料には、4 月 10 日初漁で 4 月中 5 日間で鰹 349、ノーラギ 1 とあり、当地の「まかじき」の方名である「ノーラギ」が出てきます（上村 1971: 47）。ナイラギは、千葉県から高知県にいたる太平洋側の広い範囲でマカジキの呼称だったのです。

ナイラギ、シュウトメ、トンボ、オナガの名称は日本語の魚名の地方名と一致し、太平洋側の和歌山県と高知県、三重県を中心にした範囲に集中しています。このことがどのような意味をもつのでしょうか。ハワイへの日系移民といえば、山口県や広島県などの人々がイメージされます。これらの地域の人々は農業移民が多く、就業期間が終わった段階で、農業から漁業や魚屋に転業する人々が出てきて、ホノルルで競りをやる魚市場を経営する大谷商会やハワイ島ヒロのスイサンなどは山口

表2　ハワイのシーフード名（Hawaii market name）と日本語魚の地方名との関係

和　名	地方名
メカジキ	メカ（関東）、ギンザス（富山県）　アンダアチ（沖縄）イザス（富山県氷見・新湊・四方）オキザアラ、オホウヲ、カジキトホシ（高知　土佐清水）ギンザス（魚津）クダマキ（高知）ゴト（鹿児島）シウトメ（伊勢浜島　紀州）シュウトメ（紀州各地　熊野浦）ダクダ（千葉県）ツン（土佐清水）テツボウ（安芸）ハイオ（壱岐）メサラ（相州
マカジキ	マカジキ（三崎）アキノイヨ（奄美）アチヌイユ（沖縄）アメナシ（対馬天草）オカジキ（甲府）カジキ（東京）サシ・サス（石川県富山県）シウトメ（紀州）ナイラギ（紀州各地土佐）ナイラゲ（高知　土佐柏島）ナイランボオ（房州）ナエラギ（紀州和深　辰ヶ濱）ナエランボオ（千葉県）ノウラギ（紀州各地三重県）バイ（五島）ハイハゲ（宮城県）ハイウノウヲ（出雲）ハイヲ（天草対馬）マザシ（富山）マザラ（相州）
ハマダイ	オナガ（関東　伊豆諸島）アカマチ（沖縄）アカチビキ、ヒダイ、ヘイジ、ヘエジ
ビンチョウマグロ	アバコ（日系ハワイ）トンボ・トンボシビ（関西　高知）　ビナガ（宮城）　カンタロウ・カンタ（三重）

出典：澁澤（1943）より筆者作成。下線は筆者による。

県の出身者により経営されています。ではなぜ和歌山や高知の地方名がハワイで使われているのでしょうか。それは、漁業を目的としたハワイ移民の草分け的存在が和歌山の人たちであったことと関係しているのかもしれません。和歌山の出身者は、聞き取りによるとハワイで漁業を展開した後、アメリカ大陸へとさらに進んだこともあり、定住者は山口や広島の人々と比較しても少ないそうです。さらに、カジキやハマダイ、ビンチョウマグロは太平洋に多く生息するため、内海の瀬戸内海に面する山口県や広島県の沿岸にあまり回遊しないので、それらの魚をこの地域出身の人々が多く捕獲していなかった可能性もあります。ハワイの日系人社会のなかで漁業や魚屋の担い手であった山口の方言を、シーフード名称として使わなかった理由もみえてくるかもしれません。ハワイのマカジキのシーフードネームである「ナイラギ」などが、日本人移民の故郷の地方名であり、その地方名が移民の手によって海を渡ってハワイへもたらされたのです。

◎参考文献

上村角兵衛（1971）『鰹船』志摩郷土会

澁澤敬三（1943）『日本魚名集覧　第三部　魚名に関する若干の考察』日本常民文化研究所

橋村修（2008）「ハワイの魚食文化の展開と日系漁業関係者の動き」『立命館言語文化研究』20(1): 201 -214.

第11章　詩でつなぐ日韓と世界

佐川亜紀

Keywords

女性文学，亡命，環境危機

①韓国女性作家・詩人の活躍

　2024年のノーベル文学賞は、53歳の韓国女性作家、ハン・ガン（韓江）が受賞した。韓国の文学者の受賞は初めて、しかもアジア女性として最初で、年齢的にも若く、世界中に驚きが駆け巡った。すでに国際的な賞をいくつも授与され、次々に注目すべき力作を発表しているから受賞は当然ではあるが、新鮮な風が吹いたと感じた。

　韓国女性文学の発展はめざましく、特に、小説『82年生まれ、キム・ジヨン』が日本においてもベストセラーになり、幅広い読者層を生み出した。私も『韓国文学を旅する60章』に女性詩人・文貞姫について「第48章　文貞姫は江南のからだを書く——フェミニズム詩人が表す光と影」を執筆した。江南は、韓国ドラマにも登場する最先端のIT企業ビルなどが立ち並ぶ富裕層の街であるが、一方、ビルのトイレで女性が刺殺され、一挙に#MeToo運動が広がった場所でもある。1947年生まれの文貞姫は、フェミニズム運動が韓国で活発になる前から、女性の率直な思い、生きづらさ、身体について鮮やかに表現してきた。

　ハン・ガンの授賞理由には、「韓国の歴史的トラウマを美しく力強い詩的な表現で描いたこと」が挙げられている。歴史的トラウマの一つは1980年5月に起こった民主化運動を軍部が弾圧し、多数の無辜の市民の死傷者が出た「光州事件」で、それを描いたのが小説『少年が来る』だ。光州事件は、事件当時に戒厳令がしかれていて、韓国国内でも情報が伝わらないほどであり、まず、追悼詩が光州の新聞に載ることによって海外に伝わった。それら詩人たちの追悼詩や抵抗詩を集めた『日韓対訳　韓国・光州事件の抵抗詩』が日韓で同時刊行され、いま一度、韓国の民主化実現につながった運動とむごい弾圧についての関心を呼び覚まそうとしている。

第3部　日本の中の多文化共生と人権

　ハン・ガンの小説『別れを告げない』は、1948年に韓国・済州島で起こった4・3民衆虐殺事件を掘り起こし、斬新な手法で作品化したものである。4・3事件は、韓国で長い間、隠されてきた。在日朝鮮人作家・金石範が長編小説『火山島』、在日朝鮮人詩人・金時鐘が長編詩「新潟」で書き続けたこともこの機会にかえりみたい。在日朝鮮人作家たちは日本の植民地支配により、政治・経済の難民になって、渡日した。

❷民主化運動への弾圧

　現在、世界では、民主化、多文化共生への弾圧が強まっている。パレスチナでは、イスラエルの入植とガザ攻撃により、パレスチナ詩人が殺され、亡命を余儀なくされた詩人も多い。

　『現代詩手帖』2024年5月号「〔特集〕パレスチナ詩アンソロジー　抵抗の声を聴く」は詩の雑誌としては、異例の増刷となったそうだ。ガザでミサイルにより2023年12月6日に殺された詩人、リフアト・アルアライール（1979年生まれ、詩人・作家・活動家）が、書き残した詩「わたしが死ななければならないのなら」は、NHKでも特集され、日本および世界各地で朗読会が開催されている。パレスチナ問題は、最近勃発したことではなく、シオニズム運動により1948年にイスラエル国が建設されてから、入植とアラブ人への抑圧が続いてきたのである。パレスチナ詩人は、幼いころから他国に亡命せざるを得なかった。フランスに在住するパレスチナ女性亡命詩人・オリヴィア・エリアスからメールをもらい、川崎康介訳で同人誌に掲載したことがある。

　女性への抑圧も強まっている。アフガニスタンでは現在、女性の教育や就職、芸術活動も弾圧され、歌うことすら禁じられている。ソマイア・ラミシュは、1986年アフガニスタンのヘラートに生まれ、元ヘラート州議員、詩人・文学者で、アメリカが撤退し、カブールがタリバンに陥落した直後に、国外へ脱出し、現在は、オランダのアムステルダムに難民として在住している。2023年1月15日にタリバン政権は「詩作禁止令」を発し、ソマイアは世界の詩人に向かって「詩作禁止令」に抗議の声をあげるように呼びかけた。「ウエッブ・アフガン」の野口壽一、金子明が日本に伝え、北海道詩人協会の事務局長・柴田望の尽力で、日本の詩人36人、世界の詩人20人の詩を

集め、2023年8月15日に『詩の檻はない──アフガニスタンにおける検閲と芸術の弾圧に対する詩的抗議』を発行した。同年12月15日には、若い詩人が集うKOTOBA Slam Japanの招待でソマイアが来日し、KOTOBA Slam全国大会で詩の朗読と発言を行った。また、「横浜市ことぶき協働スペース」でソマイアを囲むシンポジウムが歌人・大田美和、文芸評論家・岡和田晃、詩人・佐川亜紀、高細玄一の協力で開催された。フランス語版も出版され、2024年1月21日にはフランスのペンクラブが呼びかけた世界的な「ポエトリーナイト」が各国の詩人たちをつないで実現した。オランダ語版も刊行され、邦訳『ソマイア・ラミシュ詩集　私の血管を貫きめぐる、地政学という狂気』も11月3日に刊行された。

　ミャンマーでは、アウンサンスーチー率いる民主的な政府を2021年2月に軍がクーデターを起こして潰した。ネット上には怒りと哀しみ、異議申し立てを訴える多様な文学作品が溢れかえった。凶暴化する軍にたいする不屈の詩が四元康祐編訳によって『ミャンマー証言詩集　いくら新芽を摘んでも春は止まらない』として刊行された。終わりの見えない暴力や迫害、流血、そして罪もない人々の数え切れぬ死にもかかわらず、詩は、そして書くという行為全般は、ミャンマーの市民的不服従運動（Civil Disobedience Movement: CDM）において重要な役割を担い続けている。解説を南田みどりが書いている。南田は、2021年3月22日に『ビルマ文学の風景──軍事政権下をゆく』を出版した、ビルマ・ミャンマー文学の先達である。

　チベットの女性詩人にとって、現代詩の創作がフェミニズムの始まりであった。『チベット女性詩集──現代チベットを代表する7人・27選』は、現代チベットを代表する女性詩人たち7名による27篇の詩をチベット語から翻訳した、本邦初の日本語訳詩選集だ。訳者・海老原志穂が2009年にインドの亡命チベット人たちが暮らす拠点ダラムサラで、詩人ゾンシュクキとその夫に出会い、彼女の詩「やむことのない流れ」に心打たれたことから交流が始まった。女性としてだけではなく、文化や言語においても自立性を獲得し、保持することがたいへんな状況である。そのなかでも、詩人ホワモは詩の創作を通してフェミニズム運動を開始し、文学作品出版によりチベットの女性の地位が向上し、女性の身体を直接的に救う運動にまで発展した。

第3部　日本の中の多文化共生と人権

❸環境危機と詩

　さらに、環境問題や IT 技術の発展を詩で考える取り組みも始まった。チェコセンター東京は、ガチャポン機能をもつロボット詩人をつくり、問題提起をしている。廃材でできたロボット・ヘレンカは、チェコの若い詩人の詩とチェコの国樹・菩提樹の種とシールが入ったガチャポンを内蔵し、百円玉を入れてレバーを回すと手に入れることができるというユニークな企画である。チェコの一世紀前の劇作家カレル・チャペックは不朽の名作戯曲『ロボット　RUR』を創作し、色褪せない想像力が受け継がれている。

　難民は、政治的な理由だけではなく、地球規模の異常気象により生活と生存を脅かされる危機からも発生している。太平洋の島々は、今世紀に水没する危険さえある。

　韓国では、環境問題に関わる詩を「生態詩」として表現し、東洋思想の流れで考える動きが 2000 年代から顕著になった。2007 年に韓国詩人協会の当時の会長・呉世栄は、生態詩祝典で「生態詩宣言文」を発表し、会員によるアンソロジー『地球は美しい』を出版した。韓国の生態詩選集から抜粋し、日本の詩も集めた『日韓環境詩選集　地球は美しい』を権宅明・佐川亜紀共編訳で、2010 年 11 月に発行し、韓国側 114 人、日本側は谷川俊太郎、新川和江を含め 256 人が参加した。日本でも、1991 年に、日本現代詩人会と日本詩人クラブが共同で〈「地球環境を守ろう」声明とお願い〉をマスコミ諸機関に発表し、詩選集冊子を作成したことがある。

　2022 年 12 月には韓国作家会議・日本語文学会主催、徐載坤、金応教の呼びかけによって「第 7 回　日韓詩人交流会　気候危機に対して詩人は何をすべきか。」がオンラインで開かれ、後に冊子も作成された。日本からは、杉本真維子、渡辺めぐみ、佐川亜紀が参加した。

　杉本真維子は、随想として「気候変動と詩──川崎洋の詩に導かれて」を寄稿し、気候変動の問題は、「自分が何かをした─原因に関与している、ということを理屈ではわかっても実感することは容易ではないと考えます。そのような難しさへのアクセスも含めて、詩の力とは理屈や感情を超越して物事の本質のようなものを心に届けることだ、と私は信じています」と述べた。渡辺めぐみは詩「植樹祭」などを発表した。韓国から参加したファン・ギュグァンは詩「人間の道」を読み、「クジラの道と／ゴカイの道と／タヌ

196

第11章　詩でつなぐ日韓と世界

キの道と／カブトムシの道と／スミレの道と／アベマキの道と／シベリアセンニュウの道があり／／ついに人間の道ができた／そして人間の道の横に／血まみれになった猫が捨てられている／／シベリアセンニュウの道と／アベマキの道と／スミレの道と／カブトムシの道と／タヌキの道と／ゴカイの道と／クジラの道が消え／／ついに人間の道だけが残った／そして人間の道の横に／道に迷った人間が捨てられている」（「／」は改行、「／／」は一行空き）と深い洞察を示した。キム・ヘジャは、徹夜でゴミの山をかき分けながら、「宝物」を拾って暮らすインドネシアの少女を描いた。ムン・ドンマンは詩「水田を思いながら」で、水田を「命の遺跡」と捉えている。

　2024年3月10日には、韓国の高炯烈が主宰し、中国・インドネシア・日本・韓国・台湾・ベトナムの計36人の詩人が集まった詩誌『詩評』が韓国で発行された。特徴的なのは、福島原子力発電所の汚染水の海洋放出をどう考えるかという質問が各詩人に出されたことだ。日本から、青木由弥子、伊藤芳博、柴田望、半田信和、佐川亜紀が参加し、翻訳の労を権宅明が執った。

　世界は苦難のさなかにあるが、詩を信じる人々が世界にいることに励まされる。

🔍 考えてみよう！／調べてみよう！

- 韓国の小説や詩を読んでみましょう。
- 民主化運動や女性の運動と詩について考えてみましょう。
- 環境危機を考えた詩を読んでみましょう。

📖 参考図書

海老原志穂編訳（2023）『チベット女性詩集——現代チベットを代表する7人・27選』段々社
コウコウテツほか（2024）『ミャンマー証言詩集　いくら新芽を摘んでも春は止まらない』四元康祐編訳、港の人
波田野節子ほか編（2020）『韓国文学を旅する60章』明石書店
文炳蘭・李榮鎮編（2024）『日韓対訳　韓国・光州事件の抵抗詩』金正勲・佐川亜紀訳、彩流社
ラミシュ，ソマイア（2023）『NO JAIL CAN CONFINE YOUR POEM　詩の檻はない——アフガニスタンにおける検閲と芸術の弾圧に対する詩的抗議』デザインエッグ

197

第3部　日本の中の多文化共生と人権

第12章　「共存共生する力」を考える

梅山佐和

Keywords　ソーシャルワーク，共存共生する力，交互作用

　──Aさんは、中学1年生（13歳）である。5月頃から遅刻や欠席が増え始め、夏休み明けには学校に来なくなってしまった──

　あなたは、学校に来なくなったAさんをどう理解するだろうか。

❶ソーシャルワークにおける問題理解

　ソーシャルワークでは、困難な状況や症状を個人の問題とするのではなく、システムの中で理解し、システムに変化を起こすことでその問題の解決緩和を図ろうとする。このとき、家庭（施設を含む生活拠点）や学校、習い事・塾等の地域における居場所も含めて、生活のひろがりのなかで問題をとらえる。また、現在のみに着目するのではなく、過去から現在、そして未来への生活の連なりのなかで問題を理解する。なお、問題を解決緩和する主体は、支援者ではなく子ども本人である。これらの考えは「システム理論」や「ライフモデル」に基づいている。さらに、ソーシャルワークでは、その個人や環境の強さ・能力に着目し、それらを引き出し支援する。これは、「ストレングスモデル」に基づいている。

　そして問題は偏った情報に基づくと正確に理解することができないため、健康状態や能力等の生理的・身体的機能状態、気持ちやストレス、意欲などの精神的・心理的状態、家族や友人との関係や利用可能な社会資源などの社会環境的状態を包括的に情報収集し、それらの関連から分析する。これは、「バイオ・サイコ・ソーシャルモデル」に基づいている。これらの理解に基づきソーシャルワーカーは、本人が問題解決に取り組めるよう、個人に働きかけるとともに、環境を調整し、共に歩むことができるチームを形成する。ソーシャルワーカーは、人々をエンパワメントする専門職ともいわれている。

　不登校について、「登校したい」と思いながら何らかの事情で登校するこ

とが難しい場合もあれば、「登校したくない」と思い登校していない場合も
ある。さらに、それぞれの原因として、学校において教師や友人と葛藤があ
る場合もあれば、学習に意欲をもてない状況にある場合もある。また、家庭
において心配事があり、学校に登校することができない場合などもある。こ
のように個人と環境との交互作用のなかで何らかのエラーが生じ、その結果
として不登校という現象に至っていると理解することができる。このとき不
登校を改善すべき問題としてとらえるのではなく、その背景にある困難等や
登校しないことによって生じる課題に着目する。

　不登校という現象が共通していたとしても、一人ひとりはまったく異なり、
「何がそうさせているのか」「何を保障する必要があるか」を明らかにし必要
な支援を展開するために、個人と環境およびその交互作用について深く理解
することが求められる。

　ソーシャルワーカーは、人々の生活に関わるさまざまな現場で働いている
が、その一つとして教育現場があり、学校などでスクールソーシャルワー
カー（SSW）として、その子どもの最善の利益の確保を目的に、個人と環境
が共存共生する力を高められるよう支援を展開している。

　本章では、SSW の視点から A さんの事例を検討することを通して、「共
存共生する力」について考える。

❷生活の連なりから問題を理解する

　A さんについての情報を教師とともに収集したところ、以下の内容が明ら
かになった。

- ・性別および性自認は男性
- ・疾患や障がいの診断はない
- ・担任との関係は良好である
- ・担任が 5 月に面談した際には、「勉強したくない」と言っていた
- ・学力については定着しておらず、テストでは名前のみ書く科目もある
- ・野球部に入っており、その他のスポーツも得意である。仲の良い友人
  が野球部に 1 人いる
- ・父母は本人が 4 歳の頃に離婚（母親は外国籍で、離婚後すぐに A さんを

連れて母国へ帰国）

・母親と妹とともに小学 4 年生 2 学期（9 歳）に日本に戻り生活することになった
・小学 4 年生の妹をとても可愛がっている
・本人と母親は母語で会話をしている。母親は仕事が忙しい様子である

　ここからさらに必要な情報を収集する。例えば、A さんは現状や進路についてどんな想いや考えをもっているか、家族関係における本人の役割や家族間のコミュニケーションパターンはどのような状況か、学校における友人関係や教師との関係性はどのような状態か、地域で他の居場所があるのかなどについて、チームで情報を収集・分析する。

　ややもすれば、「学力が定着していない」「勉強したくない」という点にのみ着目し、それこそが学校に来ない理由であると理解されてしまうことがあるが、それでは十分な支援を展開することはできない。「なぜ学力が定着していないのか」「なぜ勉強したくないのか」を含め、システムの中でとらえ問題を理解する必要がある。

　A さんについて、生活の連なりからとらえると、4 歳の時に父母が離婚してから、9 歳までの 5 年間を母親の母国において、その文化の中で家族や学校、地域の人と母語でコミュニケーションをとり生活をしていた。その後、9 歳から日本での生活が始まり、言葉がわからないなかで 4 年生の授業を受け、他児と関わりをもつ状況にいたことになる。10 歳の壁といわれるように、9 〜 10 歳は学習や仲間関係の質的変化を迎える時期であり、通常でも葛藤が生じやすい時期であるが、A さんはさらに困難な状況にあったことが推察される。

　A さんと母親が母語で会話していることから、母親が日本語を活用できないことが考えられ、その場合、学校や地域、社会資源とつながることや日本の教育制度を理解することに難しさが生じている可能性がある。さらに、生活のために働き続けなければならず余裕がない場合、母親が A さんの困りを理解し、その解決のために社会資源を活用することも難しい。社会資源の活用には生活状況や経済状況も大きく影響する。さらには、在留資格によって受けられるサービスに制限などがあり、その点にも留意する必要がある。サービスを使わないことを個人の問題とするのではなく、「なぜ使わない選

択をせざるを得ないのか」を理解する必要がある。

　Aさんは13歳であり、青年期前期を迎え、「私は何者か」という問いに向き合う。アイデンティティの確立においては、これまでの生活の連なりが土台となる。

　本人の日本語による言語コミュニケーションの力は高まっているが、積み上げによって成り立つ学習に躓いている可能性や、これまでの失敗体験の積み重ねから自己効力感や自己肯定感が低下している可能性が考えられる。わかってもらえない経験を繰り返すことによって、無力感が生じ、気持ちやSOSを発信できない状態に至る場合もある。過去から現在の生活の連なりから、今を理解することが求められる。また、本人の日常において日本語によるコミュニケーションが中心となるなかで、親とのコミュニケーションに壁が生じる場合がある。加えて、親と地域をつなぐための仲介者の役割を担い続けることを期待される場合がある。これらの点についても、システムのなかで本人の状況をとらえ支援する必要がある。

　また、離婚による父親との離別や、母国で生活していた頃の家族や学校、地域との離別など、喪失体験を重ねていること、そのことを本人がどう理解しケアがなされていたのかも着目する必要がある。

　他方で、Aさんには多くの強みがある。スポーツが得意であることや、野球部という居場所があること、仲の良い友人がいること、妹をとても可愛がっていることなど、関係を構築することや居場所をもつことができているのは、本人が力を発揮しながら、高く応答する環境があるからである。現在、本人がもっている力自体が強みであると同時に、それらを育むことができた環境にも強みがあると理解することができる。

❸共存共生する力を高めるための支援を展開する

　Aさんに対して、どのような支援が必要であろうか。

　まずAさんの現状や将来についての思いや希望を聴くことが求められる。子どもの思いを聴くときに、スクールカウンセラーやSSWを思い浮かべる人も多いかもしれないが、すでに本人との関係を構築している担任や部活動の顧問が効果的な場合がある。「専門職だから適任」という理解ではなく、その子どもにとって誰が担うことが最善かを検討する必要がある。長く思

いを閉じ込めていた場合、自らの気持ちを感じ取り、表出すること自体に難しさが生じる。SSW は、その難しさを共有しながら、伴走できる体制を調整する。担任や部活顧問などとのつながりが強まるよう支援することにより、A さんの居場所を学校に確保することができる。学校という場を活用しながら、A さんの内的資源（関係性や自己効力感、自己肯定感等）の成長発達が促進されるように働きかけていく。

　また、本人の環境として重要な家族について、母親の思いや状態を把握するとともに、日本の教育制度などについて共通理解を図ることが必要となる。このとき、丁寧に母親の思いを聴き取り、必要事項について正確な理解を図るために母語支援が欠かせない。面談は、母親と学校が A さんを中心としたチームになるための貴重な機会であるため相互理解が可能となる環境づくりが求められる。

　学校や地域の環境についても、本人との間で質の良い交互作用が生じるようにアプローチをする。この時にイメージするのは、A さんに対して高い応答性を発揮できるよう環境を調整することである。例えば、学校の中で誰が中心になって A さんと信頼関係（愛着関係）を形成し居場所を確保できるか、活躍できやりがいを感じられる場面をどう確保するか、本人が理解できるよう学習をどう支援するかなどである。支援を展開する際には、本人の思いや希望を確認しながら、強みを中心に据える。個人が内的資源を発揮しながら、それに高く応答する環境があって初めて人は十分に成長発達することができる。

　担任が A さんに丁寧に話を聴いたところ、「学校に行きたいと思っているが、勉強がわからないなか教室にいることが辛い。妹の世話をするのも大変である。お母さんは学校に行かなくてもよいと言っている。最近、妹も学校を休むようになってきた。どうしてよいかわからない。高校には行きたい」と話した。泣く様子も見られた。そこで担任が本人と相談し、まずは週に 2 日間放課後に短時間学習支援を行うことになった。管理職とも相談した上で、SSW は地域のボランティアを活用できるよう調整し、学校と地域で A さんの学習を支援する体制を整えた。加えて、管理職と担任が母親と面談する機会をもった。教育委員会から派遣された通訳も同席した。それにより母親は、A さんの辛い気持ちや高校に行きたいという希望、中学 3 年生の段階で高校受験があるという教育制度について理解することができた様子であった。ま

た、地域で活用できる子ども食堂などの居場所について紹介を行った。面談では、家庭と学校が一緒にＡさんを支えていくことが確認された。SSWは教師とともに校内ケース会議を定期的に開催し、見立てと手立ての確認をした。さらに、妹についても支援が必要であることが明らかになったため、管理職が中心となり、小中連携ケース会議を開催し、現状の理解と支援計画の共有を行った。その後、Ａさんは少しずつ登校できるようになり、担任や養護教諭に自らの状況や気持ちを話せるようになってきた。休み時間には、仲の良い友人と楽しそうに過ごす姿も見られるようになった。野球部の練習にも励み、秋にあった体育祭では活躍することができた。

　本章では、Ａさんの事例を通して、ソーシャルワークの理論に基づき問題を理解する視点や生活環境において共存共生する力を高めるために必要な支援について考えた。

　共存共生する力とは、生活の連なりのなかで、自らを理解し成長発達する力、他者を理解し応答性を発揮する力であると考えられる。私たちは、個人であり、他者にとっての環境である。共生をめぐって、私たちには自他を理解し交互作用する力が求められている。

🔍 考えてみよう！／調べてみよう！

- あなたの「生活のひろがり」（生活の場）と各場面を構成するメンバーや関係性などについて考えてみましょう！
- あなたの「生活の連なり」（過去－現在に至るまでの、あなたと環境の交互作用）について考えてみましょう！
- あなたが他者の環境として応答性を発揮している具体的な場面をふりかえってみましょう！

📖 参考図書

髙良麻子・佐々木千里編（2022）『複合化・多様化した課題に対応するジェネラリスト・ソーシャルワークを実践するために――スクールソーシャルワーカーの事例から』かもがわ出版
鈴木庸裕ほか（2018）『子どもの貧困に向きあえる学校づくり――地域のなかのスクールソーシャルワーク』かもがわ出版
デュボワ，ブレンダ／カーラ・Ｋ・マイリー（2017）『ソーシャルワーク――人々をエンパワメントする専門職』北島英治・上田洋介訳、明石書店

第13章　環境的不公正とそのとらえ方

永橋爲介

Keywords　　環境的不公正，空間的排除，コミュニティ・デザイン

はじめに——一対の絵から考える環境的不公正

　ここに一対の絵がある（図1）。描いたのはアメリカ合衆国のコミュニティ・デザイナー、カリフォルニア大学バークレー校環境デザイン学部名誉教授のランドルフ・T・ヘスター（以下、ランディ）だ。ランディがこの絵を描いたのは1980年。右側の絵の右下に1980とあり1980年の状況を描いたものだ。では左側の1968の絵は何を示しているのか。"Whites only"という文字、足を組み帽子をかぶった紳士たち。1968年は黒人公民権運動のリーダー、キング牧師が暗殺された年。つまり左側の絵は、黒人排除の空間を描いたものだ。ランディは、コミュニティ・デザインとはこうした環境的不公正の是正に力を尽くす社会運動だと提起する。実際、ハイウェイ建設を大義名分とした黒人居住区のクリアランスに抗し、地域内に住み込んでハイウェイの迂回ならびに居住環境の改善を成し遂げた。

　では1980年の絵は何を描いたものなのか。コミュニティ・デザイン運動

図1　ランディ・ヘスターによる2対の絵
出典：ヘスター・土肥（1997:10）より転載

により環境的不公正が是正された状況を描いたものなのか。道路の真ん中に並木が広がる。差別や排除のための空間が是正され、自然環境や多文化共生を成し遂げた状況を表しているのか。しかし1980年のアメリカ合衆国において黒人差別が是正されたとは到底いえない（Black Lives Matter! は2020年！）。絵をよく眺めてみると人が誰もいない。さらに並木道は途中から始まっている。もしくは途中で途切れている。これは後からこの並木道が部分的に設置されたということではないのか。誰によって何のために。

実は並木道の右側は黒人居住区、そして左側は白人居住区となっている。並木道は2つの居住区を視覚的に隔てるもの、つまり「白人居住区から黒人居住区を隔てる目隠し」の役目を果たしている。1968年はあからさまな差別や排除が空間操作として実体化されていた。黒人公民権運動と並走したコミュニティ・デザイン運動によりあからさまな環境的不公正はなくなったようにみえる。しかし、この目隠し並木のように、一見、それとはわからない洗練された形で環境的不公正は延命していることをこの絵は警告している。その剔抉と是正こそが、これからのコミュニティ・デザインの使命であるとランディは主張する。

❶現代の日本における環境的不公正

現代におけるあからさまな差別や排除の空間の象徴として、「排除ベンチ」が挙げられる 2004年に建築学の観点から五十嵐太郎がその著書『過防備都市』で問題視、批判して以降、2024年現在においても依然として存在している。しかしこの「排除ベンチ」を歓迎する向きもあることをドキュメンタリー映画監督の早川由美子氏がX（旧ツイッター）で紹介している。早川が撮影した「ホームレス排除ベンチ」の数々をある大学の教員が「アンチ・ユニバーサル」の事例として授業で紹介したところ、学生たちからは「ホームレスは怖いから、いなくなってくれると、多くの人が安心して利用できる」「多くの人が公平に利用できるよう、短時間利用を促すデザインにするのは、なかなか工夫されていて良い」など教員の意図に反する意見が「多数」寄せられという。

筆者も毎年の授業で、同じような意見に出くわす。授業では「写真はどういう状況を表していると思いますか？」と投げかける（図2）。柵で囲まれ

図2　工事完了したものの柵をしたままで使用することができない公園
出典：筆者撮影

ているのでこれから開園される予定の工事中の公園なのか。否、工事はすでに完成している。これはホームレスの人々による小屋掛けを恐れて柵を撤去できず供用を開始できない都市公園である。すなわち「老朽化した公園設備のリニューアル」を大義名分に掲げ、公園内のテントや小屋掛けを一掃して改修工事を行った都市公園の姿だ。

　リニューアルを大義名分としてホームレスの人々を排除し、時間とお金と労力をかけて公園改修を行ったものの、ホームレスの人々が戻ってくることを恐れてフェンスを外せず、結局誰も使えない公園になっている。このことをどう考えるか。公園は誰もが自由に使える場所ではなかったのか。ランディであれば、この問題にどう対処するか。1994年、この問題を来日中のランディに相談したところ唯一の示唆を受けた。「その唯一の示唆とは何か？」という問いかけへの学生たちの回答群が表1だ。

❷環境的不公正に対する学生の反応と変化

　寄せられた回答は、例年、大きく3つに分類される（表1）。ランディの環境的不公正の話を紹介した後でもAの回答群、つまり「特定の人を排除しようとすると他の人も排除してしまうのであれば、いかに特定の人だけ、つまりホームレスの人々だけを排除するか？」と考える学生は毎年一定数出てくる。最初はその誤った考え（ランディの指摘する環境的不公正そのもの！）を正すべくいろいろと説明を試みた。しかし説明すればするほど「伝わっていない」という焦りを感じる。

　ここ数年は、それらの意見を批判したり正したりすることは一切やめた。そうではなく、この一覧表を示し「この表を眺めて、さらにどのようなことを感じたり考えたりしましたか？」と問いかけ、自分の考えをさらにコメントペーパーに表現してもらうことにした。するとA群の回答者たちのほと

第13章 環境的不公正とそのとらえ方

表1 「誰かを排除しようとするとすべてを排除することになる？　どうしたらよいか？　ランディが示した唯一の示唆は？」に対する学生たちの回答一覧

A. いかに特定の人を排除するか？	B. いかに共存するか？	C. 公園以前の問題！　仕事や家の確保や社会保障の充実を！
• 交番の設置、警備、見回り、禁止掲示の強化と罰則化 • 子どもの遊び場や人々が集まる姿勢をつくり、野宿者を寄せ付けないようにする • 地面にデコボコ（足裏健康法）をつけて小屋掛禁止 • 排除アートの設置 • 夜は鍵をかけ、その前に出ていってもらうよう指導監督 • 夜通し明るく照らし続ける	• 少し差別的かもしれないが、公園内 or 外に野宿者の場所をそれ以外を分ける（しかし見えるように→社会保障へ） • 時間でシェア or 広くして共存 • 野宿者用に公園内に居場所を確保し公園の管理や警備、清掃をしてもらい対価を払う（柵の管理や警備員を雇う年間2億円の有効利用を！） • イベント、炊き出し、こども食堂を NPO やボランティア団体と野宿者が共同で実施し、お互いに顔見知りになる	• 野宿をしなくても済むような社会施策や社会保障の充実を！ • 野宿脱却ための就労支援、生活保護適用を！　状態を分類して対応！

出典：筆者作成

んどは、B群やC群の回答に理解や共感を書いてきた。逆にB群やC群の回答者たちは、「そもそもホームレスの人たちが、なぜそうした状況に陥ってしまうのか、自分は本当に理解しているのか？」「野宿者たちが本当に求めていることは何か？」、さらに「どうして我々は野宿者を『怖い』と思ってしまうのだろうか？　どうしてすぐに排除したいと思ってしまうのか？　彼らのことを何も知らないのに」といった内省的なコメントが書き出されてくる。学生たちの中に、いろいろな疑問が湧き上がったところでランディが筆者に投げかけた唯一の示唆、"Don't do anything before you finish listening to everybody!（すべての人に傾聴するまで何もするな！）"を紹介する。

　では「すべての人」とは誰か。学生たちに問いかけると「ホームレスの人々」「ホームレスの人々を嫌がる周辺住民」「住民たちからの苦情を受けてホームレスの人々の排除に動く行政関係者や事業者」、そして「ホームレスの人々を支援する人々」と返ってくる。中には「この問題を知らない人たち。もしくは自分とは関係ないと思っている人たち」と書いてくる学生もいる。理由を尋ねると「利害関係者だけでなく、もっと広い視野や新しい考え方が出てくるかもしれない。他の人々がその考えに触れることで新たな気づきが生まれるかもしれない。Aの回答をした自分がBやCの考えに触れることで新たな発想を得られたように」と教えてくれた。

207

第3部　日本の中の多文化共生と人権

おわりに

　実際の授業では、このあと 90 分授業 3 回分を使い、ホームレスの人々への
インタビュー調査結果やホームレスの人々を排除しようとした周辺住民へ
のインタビュー調査結果を経て初めてわかったこと、そしてその結果をホー
ムレス支援の人々と周辺住民の人々との間で共有しあいワークショップを
行ったところ、ある対立関係にあった両者が地域に対するある共通感覚に到
達したことなどを紹介するのだがその内容は永橋（2008）を確認してほしい。
　自分の考えを表現すること、そして自分とは異なる他の人の意見を聞くこ
と、そして聞くだけでなく、自分の意見も含めて他のさまざまな意見を眺め
ること。これらのやりとりは空間操作による差別や排除を乗り越えるための
十分条件にはならないが必要条件にはなる。特に「眺める」という行為は
字のごとく問題解決の兆（きざし）を目で見えるようにしてくれる。一緒に
「眺め」、そして互いの意見を聞き合う行為は、人をして自らを振り返らせ、
その考えを深めたり、広げたりして変化することを促す。

🔍 **考えてみよう！／調べてみよう！**

- 実際に排除ベンチや環境不公正と感じるものに出会ったことはありますか？
- 排除ベンチや環境的不公正、誰がどのような意図で設定したものなのでしょ
うか？
- 誰かを排除することなく、もっとたくさんの人が居心地の良さを享受できる
ような形のあり方、空間のあり方としてどのような可能性があるでしょうか？

📚 **参考図書**

五十嵐太郎（2004）『過防備都市』中公新書ラクレ

五十嵐太郎（2022）『誰のための排除アート？――不寛容と自己責任論』岩波ブックレット

永橋爲介（2008）「『対話の力』が『場所の力』を呼び覚ます――『場所の力』を引き出すデザ
　　インはいかにして可能か？」こたね制作委員会『こころのたねとして――記憶と社会をつ
　　なぐアートプロジェクト』ココルーム文庫、206-230 頁

永橋爲介・土肥真人（1996）「大阪市天王寺公園の管理の変遷と有料化が野宿者に与えた影響
　　に関する研究」『ランドスケープ研究』59(5): 213-216.

ヘスター，ランドルフ・T／土肥真人（1997）『まちづくりの方法と技術――コミュニティー・
　　デザイン・プライマー』現代企画室

Column

● Column ●
差別や排外的な気持ちを人が手放す瞬間

永橋爲介

　ある大きめの公園（以下、A公園）にホームレス状態の人々が複数、小屋掛をしていました。地域住民からの苦情を受けた行政は、何回か小屋掛の撤去を試みましたが埒があきません。ホームレス支援の運動団体は行政や地域との話し合いを求めましたが拒否されていました。そのようななか、「公園をみんなで考える会」という公開学習会が地域自治会と行政によって開催されたのです。下手をすると「野宿者がいると安心して使えない！」という地域住民の声が全面に押し出され行政による小屋掛け一掃の大義名分となりかねません。

　ひょんなことから学習会の講師を私の大学院の恩師が務めることになりました。当時、博士後期課程にいた私は、学習会参加者同士で「公園について思っていること」を存分に語り合ってもらうワークショップの開催を恩師に提案し、実現するに至ります。

　学習会には40人ほどが参加。地域住民は顔見知り同士で座り、あるテーブルには野宿者支援団体のメンバー4、5人が座っていました（学習会が「公開」であるがゆえにここぞとばか

りに参加。うち一人は当該公園に実際に小屋掛け生活するBさんです。私は、学習会が始まる前から大きな声でおしゃべりをしている女性会役員メンバー5人が座っているテーブルに入りました。他の院生や4回生とは前日、進行役と参加者役に分かれたロールプレイを行い「どのような意見が出ようともすべて模造紙に大きく書き出す！」ことをファシリテーターとして徹底するよう確認してあります。その際、良くも悪くも一番賑やかそうなグループに私が入ることを決めていたのです。

　用意したのは模造紙と太めの水性マーカーのみ。「A公園について、普段、思っていることを順番にお話しください。私はそれを模造紙に大きく記録します」と伝えると、ある方が「う〜ん、やっぱり野宿者かなぁ」と言われ、隣の方が「ほんまそうや。野宿者、なんとかせなあかん」と発言。そのまま模造紙に書き出しながら「『なんとかせなあかん』とはどういうことでしょうか？」と尋ねると、「あの人ら、気味悪いし、夏だと臭うし、早くいなくなって欲しい」と言われるのでそのま

ま模造紙に書き出します。「ほんま早く追い出さなあかんな」と2、3人が一斉に話すのでそのまま記録。その後、同じような発言が繰り返されるので「気味悪い」「臭い」「いなくなって欲しい」「追い出さなあかん」という箇所に赤く波線を引いたり星マークをつけたりします。少し静かになった頃を見計らい「ではみなさんの意見を確認してみましょう」と模造紙を参加者に眺めてもらい声を出して読み上げていきました。

読み上げ終えると、みなさん黙り込まれます。すると「でもなぁ、あの人ら追い出してもまた戻ってきはるしなぁ」「そやなぁ」という会話が始まりました。さらに「他に行く場所ないんやろか？」「そもそもあの人ら、なんで野宿するようになったん？」「なんでやろな？」「わたしらあの人らのこと、何も知らんなぁ」「もう少しあの人らの事情とか知らなあかんちゃう？」などの会話が続きます。

そこに副会長の男性Cさんが遅れて参加してきました。模造紙を見せ「どう思われますか？」と尋ねると、「ほんまそうや。ここに書いてあるとおりや。あいつらいろんな手立てを使ってでも追い出さなあかん！」と発言されました。すると女性役員たちは口々に「そんなこと言うけど、あの人ら、なんで野宿するになったのか知っ

てはんの？」「あの人ら追い出してもまた戻ってくるやんか。どんな事情があるんか知ってんの？」「追い出すだけで解決するんか？」とCさんに詰め寄ったのです。さっきまで「野宿者追い出さなあかん！」と言っていた当人たちが真逆のことを言い出している！

その後、グループごとの報告では小屋掛け生活をしているBさんが「九州の炭鉱が閉山して大阪にやってきて大阪万博、関西空港の建設現場で働きました。今は建設仕事ができなくなったので公園に住まわせてもらい自分の力で稼ごうと空き缶を拾っています。この夏休み、少年たちに花火を打ち込まれたり石を投げ込まれたりしました。公園で生活しているのは悪いかもしれんけどわしらも人間です。人間として認めて欲しい」と発言されました。発言後、ひときわ大きな拍手していたのが女性会役員たちです。帰り際「きょうは良かったわぁ」「いままで一番ためになる学習会やった」と声をかけ合っておられました。

人は自らの力で自らを変えることができるということを学んだ奇跡のような体験でした。この経験があるから今も環境的不公正の是正への意志と活動を細々ながらも継続できているのだと思います。

|||||||||||||||||||||||||||||||||||||||||||||||||||||||||||||||||||||||||||||||||||||||||||||||||||||||||||||||||

第**14**章　森崎和江『からゆきさん』を読む

石井正己

🔍 Keywords　　　　　　　　　　　　　　　出稼ぎ，植民地支配，公娼制
||||||||||||||||||||||||||||||||||||||||||||||||||||||||||||||||||||||||||||||||||||||||||||||||||||||||||||||||||

❶「からゆきさん」という言葉の意味の変化

　森崎和江（1927 ～ 2022）は、植民地朝鮮の大邱で生まれ、福岡県立女子専門学校（現・福岡女子大学）在学中に敗戦を迎える。朝鮮と日本の間で宙づりになった彼女が身を寄せて聞いたのは、文字をもたない女性たちの話だった。著書の出発点となった『まっくら』（理論社、1961 年）は、福岡県筑豊の炭坑で働いた元女性坑夫からの聞き書きをまとめる。「女もまた、よい仕事をせよ」と言われて育った彼女は、「女も男と同じごと仕事しよったですばい」という声を聞いて共感した。こうした発見によって、森崎はフェミニズムの先駆者のようにいわれる。

　その後、森崎は『からゆきさん』（朝日新聞社、1976 年）をまとめる。気難しい友人の綾さんから、「母は、からゆきだったのよ。売られた女よ」（森崎 2016: 7）と聞かされた。おキミは養母で、天草の牛深に生まれ、李慶春の養女になって朝鮮へ行き、からゆきになった。おキミは口入れ屋から売られたが、棄てられたのだと考え、「口べらしは親孝行だ」（同：16）という世間の倫理が心を支えたという。実は、綾さんの実母もからゆきで、海の向こうで死んだ。綾さんが「あたし、いんばいの子だ」（同：5）と言って中絶しようとしたのは、そういう因果に基づく。「いんばい」とは婬売の意味である。

　この「からゆき」という言葉は、九州の西部・北部で使われ、海の向こうの国々に出稼ぎに行くことを意味した。しかし、第二次世界大戦後、「からゆきさん」は出稼ぎに行く者の意味ではなく、海の向こうへ売られて娼楼に奉仕する女性を意味するようになった。天草で会った老女は南洋に働きに行っていたが、「働きにいったちゅうても、おなごのしごとたい」（同：19）と言った。だが、世上では、海外への出稼ぎは「移民」と呼び、そうした女性たちは「醜業婦」と呼んで区別したことも事実だった。

第3部　日本の中の多文化共生と人権

　明治時代の『福岡日日新聞』や『門司新報』を見ると、からゆきさんは「密航婦」と呼ばれていた。森崎は被害者だと考えていたので、これは意外だった。さらに新聞を調べて、「それは売り買いする者の罪ではなく、女があさましく金を得ようとしたための自業自得なのであった。だから海のむこうへゆけばいい金もうけがあるとさそわれ、欲にくらんで船の中にひそんだ女を、『密航婦』と呼ぶのにふしぎはないのだった」（同：22-23）と理解するようになる。それなのに、村の人々は「からゆきさん」と温かく呼んだ。こうした記述から、「からゆきさん」という言葉がもつ社会的背景が明らかにされる。

❷出稼ぎの伝統とそれを悪用した公娼制

　森崎はかつての女郎屋街を訪ねた。そこはかつておキミさんと綾さんが住んだ場所でもあった。老女からかつての様子を聞き、海の向こうの娼街を想像しようとした。女郎屋街の一区画には天草出身者ばかりの女郎屋通りもあった。明治の新聞を見ると、からゆきさんの出身地には偏りがあって、長崎県では長崎市と島原半島に多く、熊本県ではほとんどが天草、福岡県では福岡市や三池郡（今の大牟田市とみやま市の一部）が目立った。森崎は少女たちの出身地が筑豊の炭坑夫の出身地と重なることを発見し、「これらの地方には出稼ぎの伝統があった」（同：43）とみる。

　そこで、森崎は若者たちの性意識を調べる。民俗学者の柳田國男（1875〜1962）も関わった雑誌『民族』の報告も引く。「からゆきさんが続出するようになった村で、村びとがその奉公先を知りつつ少女らを送りだしたり、また、おなごのしごとを切りあげて帰った人びとを嫁に迎えたりしていた」（同：53）のである。からゆきさんは差別されることなく、村の婚姻習俗の中に組み込まれていた。それをふまえて、森崎は「わたしはこの村びとの伝統を悪用したものにいきどおりを感じている」（同：57）と述べた。

　そして、おろしや女郎衆と梅毒検査、ウラジオストックの日本人女郎屋、遊女が産んだ長崎の混血児に及ぶ。さらに視野を広げ、横浜や神戸からハワイやオーストラリアに出た日本娘を遠望する。「移民保護法」もできたが、それには抜け道があって、公娼制が朝鮮と清国では適用され、台湾ではあからさまに認められた。日露戦争後は誘拐密航が始まり、からゆきさんは占領地へなだれ込んだ。先の李慶春は、軍隊を運ぶための朝鮮鉄道の敷設に伴っ

212

第 14 章　森崎和江『からゆきさん』を読む

て山中に置かれた娼楼に、工夫相手のからゆきさんを斡旋する人物で、その中におキミがいた。満州経営が始まると、大連には魔窟が次々と創設された。森崎は、「からゆきさんはこのようにして国の公娼制にすっぽりとつつみこまれていった」（同：157）とみる。

❸国家に奉公する誇りと口べらしの現実

　話は、もう一人のからゆきさん、島木ヨシに移る。ヨシも天草の牛深の生まれで、上海で5年の娼妓奉公をして、シンガポールに密航した。まず爪みがき店で働いて小銭を蓄え、マッサージ店を始め、さらにゴム園を買った。ヨシは雇った日本人女性に、「あんたどま、ひとりひとり生きた日の丸ばい」（同：181）と言った。帰国して結婚するがうまくゆかず、次はインドへ行ってジャパニーズ・マッサージを始めて成功し、王様に呼ばれ、ガンジーを尊敬した。やはり雇った日本人女性に、「いつでも日の丸ば胸に収めて、民間外交ば堂々とやりなさい」（同：191）と言っている。

　ヨシはイギリス系船会社の事務長の日本人と再婚して帰国するが、長崎で夫が急死し、天草へ引き揚げる。日本がアメリカと開戦すると、「わしらがどげえ民間外交はしたっちゃ、国がそればよごしてしまうなら、わしらの仕事は国に殺されよるも同じこっちゃ」（同：203）と憤慨した。ガンジーのプレゼントを供出し、記念品は打ち砕いた。「品物は惜しゅうはないが、昔のことに未練が残っちゃ国に奉公はならんけん」（同：204）というのが理由だった。ヨシは自身の存在理由を国家の中で考えた。しかし、養子にした洋子は駆け落ちし、一人になったヨシは自ら命を絶ったという。

　森崎は、「海を渡った者たちは口べらしの出稼ぎであったから、ふるさとへかえってきても分けてもらえる田畠はない」（同：212）のだから、「十八九歳になれば公娼となつて盛に各地に出稼する」（同：218）ことになると考える。そして、「まずしさを海外出稼ぎでのりこえようとした村むらの気質」（同：219）を想像した。天草は明治時代に入っても堕胎や殺児の風習がなかったので、人口が増え過ぎ、他国への出稼ぎなしには暮らせなかった。加えて、天草はキリシタンの聖地であり、明治時代になるまで天領だった。

　一方、からゆきさんが海を越えたころ、九州からは志士と自称した人々が国を出て、李氏朝鮮後期の政治家金玉均（1851〜1894）の亡命を援助した。

213

第3部　日本の中の多文化共生と人権

かたや貧しい村の出身、かたや特権階級の士族出身だが、相まみえたときがあったという。一方、シンガポールの南洋館では、おスエが「わたしは女郎になりにきたのではない」（同：229）と言い張り、口止めして送り返されたという。そして、先のおキミが精神科の病院で亡くなったことを知る。その間、綾さんは、養母のおキミが年老い、「おまえの死神になってやるって、あたしにとりついてはなれないの」（同：238）と言い、「人をのろわば穴ふたつ」（同：238, 240）と繰り返したと語る。人に害をなそうとすれば、自分もまた同じ害を受けることになるという意味である。

❹聞き書きと新聞の特捜から生まれた本

この一冊は、からゆきさんを実母と養母にもつ友人の綾さんの苦悩を枠組みにして、狂死したおキミと自死したヨシの人生を描き出す。1976年刊行の初版本の帯で、歌手の加藤登紀子は「からゆきさんをこれ程まで生き生きと書いた人がいただろうか」と絶賛する。しかし、この本は単なる聞き書きではなく、新聞でからゆきさんの情報を博捜してつなげたところに生まれている。また、この帯で、作家の佐木隆三（1937～2015）が「よみながらなみだがあふれた。むつかしい文章を書く森崎さんの肉声が初めて聞けた」と指摘する。佐木が涙を流したのは、からゆきさんではなく、初めて自分の文体をつかみ取った森崎和江に対してだったにちがいない。その後、森崎の文体は平易になり、著作活動の中で命を見つめる歩みが始まる。

🔍 考えてみよう！／調べてみよう！

- 森崎和江は、ほかに、どのように女性史を書いたのか、調べてみましょう。
- 山崎朋子『サンダカン八番娼館』（筑摩書房、1972年）と読みくらべてみましょう。

📖 参考図書

上野千鶴子（2016）『〈おんな〉の思想——私たちは、あなたを忘れない』集英社文庫
内田聖子（2015）『森崎和江』言視舎
森崎和江（2016）『からゆきさん——異国に売られた少女たち』朝日文庫

第 **15** 章 　足尾銅山煙毒鉱毒事件を通じてみる人間の選択
──田中正造と山田友治郎そして古河市兵衛

濱中秀子

Q Keywords　　　　　　　　　　　　　　　　　　環境，田中正造，選択

　これから紹介する山田友治郎は私の曽祖父であり、田中正造の娘婿にあた
る。昨年、山田友治郎の新資料が発見され、山田友治郎もまた、田中正造の
下で足尾銅山からの被害に立ち向かっていたことがより明らかとなった。

　田中正造カツ夫妻に実子はなく、私の曽祖母ツルは養女であることから私
との血のつながりはない。また、偉大な歴史上の人物として、遠い存在でも
あった。田中正造と足尾銅山鉱毒事件を取り上げるとしたら、鉱毒は悪、被
害民は善とすることが正しいのかもしれない。しかし、善悪だけでこの問題
を取り上げるべきか悩んだ。また、親族が、祖先を崇拝するような内容では、
不公平である。

　そのため、ここでは足尾銅山鉱毒事件の登場人物である田中正造、山田友
治郎、古河市兵衛の 3 名を取り上げ、時代背景、生い立ちや苦労、足尾銅
山煙毒鉱毒被害がもたらした事実、それぞれの人物はその生涯において何を
残したのか。これらを判断材料にして、どの人物の生き方を未来に向けて選
択することがベストであるかを、読者の皆さんと考える機会としたい。

❶足尾銅山煙毒鉱毒事件とは？

　栃木県足尾町に位置する足尾銅山は、江戸時代にはその鉱脈は枯渇したと
みなされていたが、1877（明治 10）年に入り、この銅山に活路を見出して国
からの払い下げを受けたのが古河市兵衛だった。この山は後に、大変な生産
量を誇っていく。この過程で多くの鉱毒を含んだ廃鉱石が打ち捨てられ、被
害は拡大の一途を辿った。精錬の過程で排出される煙害で緑豊かであった山
は、山頂方向に流れる煙によってはげ山となり、被害にあった村では作物
どころか雑草さえ枯れ果てた。また、渡良瀬川下流では毒土の拡大によって、
収穫もなくなり魚も虫も死に絶え、妊婦の流産や生まれた赤子へお乳をあげ

215

図1　煙害地旧松木村
出典：筆者撮影（2023年）

たくても出ないなど、訳もわからないまま幼児が亡くなっていくようになる。1890（明治23）年の洪水で沿岸にさらに大きな被害を与え、被害農民による押し出し訴えもあり社会問題化し、政府による鉱毒除去命令が出されたが、実際の効果はなかった。鉱毒問題を川の氾濫に問題があるとすり替える形で、鉱毒の被害地の中心である谷中村を渡良瀬遊水地に強制的に沈めて、鉱毒の沈殿池とし、問題は解決したと強引に収束させた。実際には、閉山した銅山は現在も毒を排出しており、これを浄化し続けている（図1）。

❷時代背景

　明治期に足尾銅山の生産が加速する背景には、どのような経過があったのだろうか。1889（明治22）年に大日本帝国憲法が発布され、1894（明治27）年に日清戦争、1904（明治37）年に日露戦争と、銅山の生産に呼応するように日本は戦争への道を辿っていた。外貨獲得に一番必要とされた銅が日本の命運を握っており、政府はその道を閉ざすような選択肢は持ち合わせていなかったのである。第一回帝国議会において栃木から選出された衆議院議員である田中正造が、鉱毒害に気づいてからは銅山の閉山を求め、帝国議会の議場で闘い続け直接担当大臣への面会に及んだが、その訴えが聞き入れられることはなかった。

❸田中正造とは？

　田中正造は江戸時代の1841（天保12）年から1913（大正2）年まで73歳の生涯を送った（図2）。村の取りまとめ役である名主の家に生まれ、17歳で跡を取り、その後、成長し立場は変わっていっても、そこで培われた資質、

また生来の性格によって、地域を守る姿勢を生涯にわたって貫いた。

　一生のうち3回投獄されたが、どの件も不正をただすなどをした結果、理不尽に連行されたものであった。

　帝国議会の衆議院議員となってから起こった足尾銅山鉱毒問題とは、死を迎えるまで関わることになる。議員の責任として、精一杯の活動を行っても見向きもしない政府に失望し、議員辞職を行う。そして、1901（明治34）年、命を懸けて天皇に直訴した。沈殿池とされた谷中村の住民と運命を共にしたが、強制撤去は人権もなく凄惨を極め、「辛酸佳境に入る」との言葉を残した。

図2　田中正造
出典：国立国会図書館「近代日本人の肖像」

　最後の財産は、自宅も寄付し、持ち物といえば、合切袋の中にマタイ伝と帝国憲法など、片手に下げられるものしかなかった。鉱毒問題にすべてを捧げ病に倒れ、解決を見ることなく亡くなった。

❹山田友治郎とは？

　山田友治郎は江戸時代の1862（文久2）年から1922（大正11）年まで60歳の生涯を送った（図3）。田中正造に付き従い鉱毒問題と向き合う。受ける信頼の厚さは、田中の養女ツルと結婚したことからもわかる。田中が鉱毒問題に忙殺されるなか、設立された佐野救済会を頼ってきた煙害被害地の松木村代表と会い、取り組んでいく。他の村はわずかな金額で示談を終えて立ち退いているなか、他の掌事と共に根気強く銅山主である古河市兵衛と対峙し、高額な賠償を勝ち取る。農商務大臣と面会するなど、鉱毒地への理解を得るための活動をしていた。しかし、古河市兵衛による周到な買収工作に悩まされてきた田中は、鉱業停止こそを悲願として、山田を遠ざけた。田中が死の床に至るまで和解することはなかった。

図3　山田友治郎
出典：山田隆氏所蔵

217

❺古河市兵衛とは？

　古河市兵衛は江戸時代の 1832（天保 3）年から 1903（明治 36）年まで 70 歳の生涯を送った（図 4）。京都出身で実家の没落によって豆腐を売るなどの貧乏を経験し、25 歳で養子となった。1877（明治 10）年に足尾銅山を国から払い下げるが、成果は上がらず現場監督も 3 人交代する苦渋を経験する。1881（明治 14）年に大鉱脈を掘り当て、大鉱山へと発展した。しかし、鉱毒を含む廃鉱石は打ち捨てられ、山間が埋まるほどであった。当初、鉱毒を処理せず生産を最優先し、隠蔽工作に走った。銅山主としては、鉱業停止論に向かう社会の風潮に抗議しようと騒ぐ抗夫を身をもって制止し、自分に任せろと働く場を守った。農商務大臣や外務大臣を務めた陸奥宗光の次男を養子に迎え、渋沢栄一とは長年の協力関係にあり、現在に通じる日本の経済基盤を築いた。古河鉱業は後の古河機械金属、古河電気工業、富士電機、富士通、横浜ゴム、朝日生命、みずほフィナンシャルグループを生み出している。

図4　古河市兵衛
出典：国立国会図書館「近代日本人の肖像」

❻私たちは誰の選択に学ぶべきなのか？

　田中正造は、「鉱業という一時的な仕事で永久的農業を滅ぼすことは不当である。山河を荒らして日本の経済を破壊する。天地の公道を無視して人道を破壊する、そして人類の滅亡を顧みないからです。世上一切の経営は人類の幸福を図るのを目的とするはずです。人類の滅亡を顧みないという乱暴を断じて許すことはできません」と主張したが、結果として何物も形にできなかった。しかし、公害が人間生活や環境に及ぼす実害について広く訴え、人と自然の共生について大きく思想的に貢献した。

　山田友治郎は、目の前で困窮し頼る松木村住民に寄り添い、自分の持てる力の精一杯で救った。このことから得たものは、子々孫々にわたるまで感謝しますと記された松木村住民からの感謝状であった。その一方で、田中正造からの長年の信頼を失った。

　古河市兵衛は、日本の富国強兵政策に寄与し、銅山で働く坑夫の生活を

守った。一方、鉱山からの煙毒鉱毒によって渡良瀬川沿岸から利根川に至る広範囲の被害を起こし、多くの人の生活を破綻させ、大地を毒土とした。その処理は今も続いている。ただ、彼の興した会社は日本を代表する企業として現在も利潤を生みだしている。

　現代社会は経済を中心に回っており、利潤追求の現状からは、古河市兵衛が貧困から立ち上がり、社会的な地位を得て現在につながる企業を立てたことは結果的に正しい選択のように考えられる。

　しかし、「宇宙船地球号」に乗る私たちは、果たしてそれで良いのだろうか。人類だけが王様のように君臨し、すべてが枯渇するまでむさぼる。その果てにあるものはなんだろう。

　これからの社会の行く先に、この3人の生き方しか選択肢がないと仮定したとき、どう選択していくべきか。過去は未来に生かすための先人のテーゼとして受け止め、自分は何を求め何を結果として行きたいのか。

　何も持たない何も残さない人生は、非常に険しく試練の多い選択であるが、そこしかないのではないだろうか。

　私は、これからは、依って立つ大地に感謝し多くを求めず、自分の得たわずかな幸福を喜び、誰とでも真に助け合う、田中正造が目指した社会の実現が必要だと考える。そして、身近な困窮する友に寄り添い助ける山田友治郎のように生きたい。皆さんはこれから、どのように生きますか。

🔍 考えてみよう！／調べてみよう！

- 皆さんはこれからの時代にどの人生を選択しますか？
    1. すべてを投げうって大地と人を守ろうとした田中正造
    2. 目の前の困っている人を助けた山田友治郎
    3. 経済的な豊かさと国力の増強を追求した古河市兵衛

📖 参考図書

赤上剛（2014）『田中正造とその周辺』随想舎
大鹿卓（2013）『渡良瀬川——田中正造と直訴事件』河出文庫
上岡健司（2023）『親子三代足尾に生きて——「鉱山の仲間とともに」補稿集』自費出版
小松裕（2013）『田中正造——未来を紡ぐ思想人』岩波現代文庫
田中正造全集編纂会編（1977-1980）『田中正造全集』〔全19巻＋別巻〕岩波書店
布川了（2009）『田中正造と足尾鉱毒事件を歩く〔改訂〕』随想舎

● Column ●
マイノリティの社会的意味

熊野びわ

◎マイノリティと先駆性

　いつの時代も「常識」は、その環境における多数派の合意によって成り立ちます。人間の脳は基本的に変化を好みませんから、多数派の側はどうしてもその「常識」を疑うことが少なくなります。歴史的にみても、既存の在り方の本質を穿つのは、いつのときも少数派だというのは一つの真理でしょう。一般的に「マイノリティ」は差別や偏見の対象としてネガティヴな印象で認識されることが多いものです。しかし私は、自身のマイノリティ性を自覚する前から、少数派＝マイナスというイメージに囚われずに育った部分があります。それには、母方の先代からの、時代を先駆する少数派としての生き方が影響しているのではないかと思います。

◎曽祖父と祖母の生き方

　二宮尊徳の地域興しの実践哲学を「報徳思想」といいますが、曽祖父は、この考え方で明治、大正、昭和と、村の生活と農業の近代化に献身しました。男子偏重の家族制度の下、女子の地位が子どもと同列に扱われ、女子自体も

それに甘んじていた時代、「男女同尊」という尊徳の教えは反発を受けたことでしょう。しかし、村に光を添えるには婦人の啓発こそ大事と曽祖父は考え、村会議員一人ひとりに手紙を書き説得していくなどあらゆる手を尽くした末、ほぼ100年前の村に婦人会を誕生させます。女性の自由な外出や集会など言語道断という時代にもかかわらず、創立準備会には地域では異例の300名が集い、マイノリティである自分たちの集まりが実現したことに、女性たちは感動したといいます。マイノリティが多数派になった瞬間です。

　祖母の生き方も興味深く、津田梅子に憧れ、曽祖父の後押しもあり上京し津田塾に通いました。大学進学率が女子人口全体の1%未満、男性は19.7%（『戦前女子高等教育の量的拡大過程』教育社会学者佐々木啓子の調査による）という時代、当時の田舎では特に大変珍しいことです。村の若い女性たちは小学校を出ると農家の担い手として働き詰めで学ぶ機会もありません。郷里に戻った祖母は、教養や作法や新しい考え方を学ぶ「女子修養会」を、自宅を開放し、合宿で行います。普段

Column

うちでは声を出すと叱られたのに修養会では大声で歌える、踊りもできる、と参加者の学びと歓びは農村女子の解放に大きな力を与え、戦争で中断されるまでの16年間続きます。当時の活動記録から、女性が本来持つ「生」の輝きを認識し、その意義を地域に発信し、意識改革を促す場として機能したと考えられます。農家収入が減ると非難され、「生意気な女だ」「婿取りでは村から追い出せない」などと祖母は批判を受けたそうですが、婦人会が乳児死亡率や婦女子の栄養状態の改善への提言をしたことにより、村民の健康状態は大きく向上し子どもたちは健康優良児として表彰まで受けるようになります。誰にも評価されない家庭内・農業労働力として一生を終える女性が大半であった当時、祖母の活動は、封建的伝統や偏見に一石を投じる「人権獲得運動」であったと認識しています。これらの実践は、マイノリティが先駆性をもち、歴史を推し進めた例でしょう。

◎マイノリティとしての今

現在の私は、配偶者のDVから子どもと共に避難し、シングルマザー予備軍という存在です。自身の課題もあったのではないかと振り返りながら家族の機能について問題の所在を見極めようとしていますが、こうした境遇は、今の社会ではやはりマイノリティでしょう。我が子は特性が強く（発達障碍との診断）不登校児でもあり、いろいろな意味で少数派であることを痛感する日々です。多数派を前提とした制度や社会意識の網からこぼれ落ちる少数派を取り巻く環境は厳しく、悔しく悲しい思いをすることも少なくありません。しかし、子どもと自身の命と将来を守ろうとした決断と選択を正解にしていきたいと思っています。幸いご縁やコミュニティに恵まれ、行政、学校、警察などのサポートや協力も得ながら、子どもと自身の自立に向かっています。いわゆる「普通」といわれる生活や育児では得られなかったであろう経験や温かく優しいつながりは、かけがえのないものです。

◎個への固執を越えた、コミュニティへの模索

さまざまな差別や暴力の裏側には、ピラミッド型の権力構造におけるストレスのはけ口として、「少数派」という受け皿を必要とする「抑圧委譲」があり、その最底辺にある「家庭」という密室でその構造が再生産されている、と臨床心理士の信田さよ子は指摘します。他方で、母子保健専門家の三砂ちづるや文化人類学者の松村圭一郎による、ブラジルの田舎町やアフリカ大陸のザンビアやエチオピアなどでのフィールドワークでは、誰をも当たり前に包括する、常態としての地域コミュニティが紹介されています。かつ

ての日本の農村の、大家族制度を中心とした地域コミュニティにも同様の側面があったといいます。現在私たち親子も、マイノリティながら「本来的に生きる」ことを慈しむ利他的な人々との出会いにより、文字通り生かされています。そこでは「個」の別がなく、みなが「コミュニティという生き物の一部」として役割を担っていることに気づかされます。

グローバル資本主義の中で「善」とされてきた「個」や「私」という観念の暴走は、「公」という概念の破壊やマジョリティの暴力性を促進し、そして現在、歪んだ社会への沈黙を許してしまってはいないでしょうか。経済的格差と精神的貧困を生むこの負の連鎖を断ち切ることが求められています。真の豊かさを問うという意味で、「マイノリティの存在・発信」と「マジョリティの気づき・想像力」は不可欠で大きな価値があるのです。マジョリティ側にいると疑うこともなく過ぎていく日常に、マイノリティとの接点が新しい視点や発見をもたらすことは、イノベーションや創造の循環の源にもなり得るでしょう。この循環と健全な人権意識は「コミュニティ」という「生き物」の持続に不可欠なものです。

◎個別の要求、その普遍化と社会の前進

大切なのは、私たち「マイノリティの声」が、個々の勝手な要求でなく、普遍的な課題に応える内容で、「国民全体の要求」と一致するかどうかということでしょう。こうして初めて、少数派の投げた小石が水面に波紋を生み、歴史を推し進めていく力になるのだと思います。曽祖父や祖母の活動が今でも大切な思い出として地域の語り草になっているのは、歴史の進む方向とマッチしたからでしょう。先代の経験も、私自身の身の上も、「マイノリティという立場から社会を観る」チャンスを与えています。そして、決して悲観的な視点だけに依らないでいられている自らの幸運を思います。「個」に留まらず、人々との結びつきや社会の豊かさに資していく。それが万人の豊かさに通ずるのなら大きな社会的意味をもちます。このコラムや私の経験が誰かの気づきや勇気をもたらすならば、それは私の心の支えにもなります。同時に、新しく優しい世界を形成する要素になるならば、これ以上嬉しいことはありません。

◎**参考文献**

佐々木啓子（2002）『戦前期女子高等教育の量的拡大過程——政府・生徒・学校のダイナミクス』東京大学出版会

信田さよ子（2021）『家族と国家は共謀する——サバイバルからレジスタンスへ』角川新書

松村圭一郎（2017）『うしろめたさの人類学』ミシマ社

三砂ちづる（2004）『オニババ化する女たち——女性の身体性を取り戻す』光文社新書

鷲山淑夫ほか（1987）『報徳運動と地域の人々——渓水・鷲山恭平を偲ぶ』長田文化堂

|||||||||||||||||||||||||||||||||||||||||||||||||||||||||||||||||||||||||||||||||||||||||||||||||||||||||

第**16**章　地球的課題に向き合うための地理教育の実践と課題

吉田　香

Keywords　　　　　　　　　　　　グローバル化，地球的課題，地理教育
|||||||||||||||||||||||||||||||||||||||||||||||||||||||||||||||||||||||||||||||||||||||||||||||||||||||||

はじめに──新学習指導要領と地理総合

　2018（平成30）年に改訂された学習指導要領は、2024（令和6）年度に施行から3年が経過し、高等学校においてもすべての学年での全面実施となった。

　このなかで新たに必履修科目となった地理総合は、「社会的事象の地理的な見方・考え方を働かせ、課題を追究したり解決したりする活動を通して、広い視野に立ち、グローバル化する国際社会に主体的に生きる平和で民主的な国家及び社会の有為な形成者に必要な公民としての資質・能力を次のとおり育成することを目指す」とされている。グローバル化が進展し、目まぐるしく変化を続ける現代社会において、よりよい社会の形成に向けて思考し、行動することができる生徒の育成が求められているのである。また、「課題を追究したり解決したりする活動を通して」とあることから、実際の授業においては、地球規模で影響を及ぼし続ける地球的課題などを取り上げながら、課題について「どのような地域でみられるのか」「なぜその地域でみられるのか」といった問いを立てて、人間の生活と結びつけながら考えていくことが求められている。

　筆者は、高等学校で地理歴史科・公民科の教員として勤務し、主に地理分野（「地理総合」「地理探究」）を担当している。本章では筆者の地理総合（前学習指導要領の地理Aも含む）における授業実践を通じて、地球的課題に向き合うための地理教育のあり方と課題について検討する。

❶地球的課題と地理総合──ファストファッションをめぐる問題を例に

　地理総合には、大項目B「国際理解と国際協力」の中に「(2)地球的課題と

第3部　日本の中の多文化共生と人権

表1　単元名「グローバル化の進展とその課題」（4時間）

時 間	内 容
1	生活・文化のグローバル化とその問題
2・3	映画『The True Cost』鑑賞
4	ファストファッションをめぐる課題とわたしたちの関わり方

出典：筆者作成

国際協力」という中項目がある。地球的課題を取り上げ、その傾向や他事象との関連、問題の解決に向けた考察をすることを目標とする項目である。

　この項目において、筆者は表1のような展開で単元を展開し、グローバル社会における地球的課題への理解や、自分の生活との関連について考えることを目指した。

　地域によって現れ方が異なる地球的課題について多角的に考察でき、また生徒自身の生活との関連を考えさせるという授業の目的から、筆者はファストファッションを題材に授業を実施している。

　ファストファッションとは、企業が低価格の製品を大量生産・販売することによって利益を挙げる衣服産業の業態のことをいう。21世紀に入って著しい成長を遂げたこの業態は、先進国の消費者が流行を取り入れた商品を安価で手に入れることを可能にした一方で、生産コストを抑えるための労働者の搾取や、生産過程で利用される化学肥料や染料による環境汚染、大量消費に伴うごみの増加といった問題を引き起こしている。

　授業では、グローバル化の進展によって人やモノ、情報の移動が活発になっていく一方で生活文化が画一化されたり、地域間の経済格差が生じたりしている、といった内容を学んだ後、ファストファッションが生み出す問題を取り上げた『The True Cost』（2015年）という映画を鑑賞した。映画の詳細な説明は割愛するが、先進国の多国籍企業が衣服を大量生産し、私たちがそれを手ごろな価格で手に取る裏に隠されたさまざまな問題が映像で映し出されるこの作品は、生徒にも大きなインパクトと、問題について考えるきっかけを与えてくれた。以下に、映画を鑑賞した生徒の感想を一部挙げる。

　　感想①　「問題を知った後、どう自分がその問題と向き合い、どのように行動しなければいけないのかまで考えなければならないと思った。」

感想②　「消費者である私たちが労働者の苦労や今の状況を知ることで
　　　　社会全体が変わると良いなと思った。」
感想③　「服に限らず、他のものでも、どこで、誰が、どうやって作っ
　　　　たものなのかを知っておく必要があると思った。」
感想④　「自分の今の生活がどれだけ恵まれているのかを改めて知るこ
　　　　とができた。」

　映画の鑑賞後には生徒の感想を振り返りながら、映画で映し出された問題
と自分たちの生活との関わり、生徒の問題への関わり方について考察させ、
単元の締めくくりとした。

❷考察１　地球的課題に向き合うための地理教育のあり方

　冒頭にも述べたように、地理総合においては、「地理的な見方・考え方」
を活用しながら地球的課題についてその現状を理解させ、解決策を考えさせ
ることが求められている。
　ファストファッションをめぐる課題について「どのような地域でみられる
のか」「なぜその地域でみられるのか」といった視点から、課題の構造を理
解したうえで解決策、あるいは自らの生き方との関わりを考えていくことが
求められている。
　ファストファッションが引き起こす経済格差や種々の問題は、安価な商品
を求める私たち先進国の人々の消費活動が開発途上国の人々の安全や生活、
環境を害していくという視点でみれば、多くの人が関わる地球的課題という
ことができる。この単元を通して生徒は、普段何気なく手にとる「商品」が
さまざまな人の手を経てできていること、そしてその「商品」に関わるがゆ
えに、安全や、健康や、人間の尊厳を脅かされている人々がいることを直視
した。今回の授業では、生徒の感想①、②、③でみられるように数ある地球
的課題を衣服という身近な切り口から取り上げたことで、地球的課題と生徒
の生活とを結びつけてとらえさせることができたのではないか、と考えてい
る。

第3部　日本の中の多文化共生と人権

❸ 考察2　地球的課題に向き合うための地理教育の課題

　次に、これらの実践と通して明らかになった課題について検討する。

　まず、地球的課題の現れ方が地域によって異なる背景や、ファストファッションをめぐる課題の構造を十分に説明することができなかったことは反省すべき点である。グローバル化に伴う多国籍企業の成長や、さらにはSNSの発達などに伴う消費行動の拡大・変化や流行の盛衰なども課題に関連しているといえよう。生徒の感想④のようにファストファッションが引き起こす問題を遠い地域の出来事、他人の出来事としてとらえた生徒も多かった。

　また、「途上国の労働者の賃金を上げるべき」「先進国は自国内で生産を行うべき」といった意見もあった。このような意見は一見問題の解決策を提示しているようにみえるが、経済構造や途上国社会の実情といった側面を無視したあくまで表面的なものであり、また問題の構造を把握できていないからこそ、実効性の薄いものとなりがちである。表層的な問題理解にとどまってしまい、課題に直面している人々の姿に同情したり、苦しい状況にある人々の思いに共感させたりして生徒の感情に訴えるだけでは、教科学習とは到底いえない。地理的な事象や概念と結びつけながら、課題の構造や複雑な事象間の関連についてどのように授業を展開し、学習を進めていくのかも今後取り組んでいかなければならない課題である。

　ファストファッションをめぐる問題に限らず、一見生徒とはかけ離れたような地域で起こっている課題であっても、その構造を細かく紐解いていくと自分の生活と関連がある、ということは多くある。生徒の視点を自分の世界から外に向けさせ、一人ひとりの生きてきた環境や知識・思考力の程度が異なるなかでも「自分に関わりのあるできごと」として地球的課題をとらえさせられるように課題を提示し、授業を展開していくことが教員の役目であり、この点も今後の検討課題である。

おわりに

　生徒がこれからの社会で生きる資質や能力を身につけていくためには、自らの生活がさまざまな現象や他の地域での問題と関連していることを理解し、その上で問題への関わり方を考えていくことが必要である。このような力は、

地理総合の授業だけで身につくものではない。生徒の資質・能力は複数の教科や科目にまたがって養われるものであることから、学校現場では教科間の連携などをより深めていく必要があるだろう。

　同時に、生徒が地球的課題に向き合い、「グローバル化する国際社会に主体的に生きる」ためには、価値観や視点の異なる他者と共生する姿勢が求められる。実際の学校現場においても、生徒のルーツは多様化し、価値観は日に日に変化しており、生徒はそうした日々変化する環境下で生きている。したがって、地球的課題に向き合うための教育は、同時に人権教育や多文化共生教育でもある。さらに、国際理解教育や開発教育といった関連の深い諸分野での取り組みや知見なども参考にすべき点が多くある。これからの社会を形成する「主体」をどのように支えていくかが教育の重要な役割であり、筆者もその一端を担う者として、研鑽を重ねながら課題に向き合い続ける所存である。

🔍 考えてみよう！／調べてみよう！

- 今日のグローバル社会における地理教育の役割とは何でしょうか。また、その役割を果たすためにはどのような課題があるでしょうか。
- これからの学校教育において、教員に求められる資質や能力はどんなものがあるでしょうか。

📖 参考図書

井田仁康編（2021）『高校社会「地理総合」の授業を創る』明治図書

西あい・湯本浩之編著（2017）『グローバル時代の「開発」を考える――世界と関わり、共に生きるための 7 つのヒント』明石書店

湯本浩之ほか編（2024）『SDGs 時代の地理教育――「地理総合」への開発教育からの提案』学文社

吉田香（2022）「地球的課題に目を向けた地理総合の授業づくり――ファストファッションをめぐる問題を例に」『岐阜地理』65: 43-44.

Part 4

第4部

世界の中の
多文化共生と人権

第4部　世界の中の多文化共生と人権

第１章　ディズニー映画と
ポリティカル・コレクトネスの行方

小澤英実

Q Keywords　　　　　　　　　　　多様性，ジェンダー，大衆文化

はじめに

　ポリティカル・コレクトネス（political correctness: PC、「政治的公正さ」や「政治的妥当性」と訳される）とは、人種や性別、文化や性的指向などの外的指標に基づく特定のアイデンティティ・グループに対し、その尊厳を極力損なわない表現のあり方や方策を指す。アメリカの公民権運動や女性解放運動が高まりをみせた 1960 年代から 70 年代の、「偏見を助長するような差別的用語を撤廃する」というごくまっとうな出発点から遠く隔たる現在では、言葉狩りや表現の自由の侵害、マジョリティ差別であると批判する保守派や右派らと、それを擁護するリベラル層のあいだの文化戦争における激しい争点のひとつになっている。本章では、アメリカの大衆文化の象徴でありグローバルな文化資本でもあるディズニー映画（ここでは、ウォルト・ディズニー社の映画製作部門であるウォルト・ディズニー・スタジオで製作された劇場映画作品群の総称として用いる）が、80 年代半ばから多様性や PC に配慮した作品を発表してきた、その功績と課題について検討していく。

❶ディズニー映画における多様性への取り組み

　ディズニー映画の作品づくりに、差別や偏見を解消する方向のポジティブな変化が起きる時期は、ウォルトの死後低迷していたディズニー社が大幅な組織改革を行い、復活を果たしたディズニー・ルネッサンスと呼ばれる第二期黄金時代の始まりと軌を一にする。90 年代以降のディズニー作品には、大きくわけて新作アニメーションと過去のアニメーション作品の実写化の 2 パターンがあり、前者においては時代に即した脚本づくりが推し進められていく。ジェンダーの観点では、1989 年の『リトル・マーメイド』以降、男性

によって救われる受動的なプリンセスから、自分の未来をみずからの手で切り開き、ときにはプリンスの危機をも救う自立した能動的なプリンセス像が主流となっていく。人種においてもアジア系プリンセス（『アラジン』(1992)、『ムーラン』〔1998〕）やネイティブ・アメリカン（『ポカホンタス』〔1995〕）、ポリネシア系『モアナと伝説の海』(2016)、ニュー・オーリンズを舞台にした初めてのアフリカ系アメリカ人のプリンセス『プリンセスと魔法のキス』(2009) といった作品展開で多様性を体現していく。こうした多様性への取り組みのひとつの到達点が『アナと雪の女王』(2013) と『ズートピア』(2016) だろう。『アナと雪の女王』では初めて王子と結ばれないプリンセスを描き、これまでディズニーが伝家の宝刀的に用いてきた「真実の愛のキス」を巧妙に書き換え、異性愛主義の規範を見直し女性同士の絆（シスターフッド）に焦点をあてた。『ズートピア』では肉食動物と草食動物が共生する社会という舞台設定を通し、現在の新自由主義社会における経済格差や人種差別の構造的な問題を照射した。両作は興行的にも大成功し、特に『アナと雪の女王』とその続編は記録的な興行成績を収め（それぞれ 12.9 億ドルと 14.5 億ドル）、歴代アニメ映画の興行収入の 2 位と 4 位を記録している（ディズニー社が実写に近いとみなす『ライオン・キング』〔2019〕を除く）。

　ディズニー映画のもうひとつの柱である過去作の実写化、すなわちセルフ・リメイクでは、ディズニー社が切り拓いてきたアニメーションの豊かな歴史的遺産を継承しつつ、現代の観点では差別的・抑圧的なメッセージを流布してきたことに対する自己反省の開示ともいえる内容となっている。二次元のフェアリー・テールの非現実性をより「リアリズム」に近づける実写版においては、とくに過去作の問題のある表現を現代の価値観にアップデートするかたちで是正し、エンパワメントを促す社会的メッセージ性を特徴とする。ジェンダーの観点では、自己言及的なパロディを含めた多様なプリンセス像の提示と並行して、ヴィランズと呼ばれる悪役女性キャラクター像の書き換えが進んだ。その嚆矢である 2014 年の『マレフィセント』では『眠れる森の美女』の邪悪な魔女が邪悪になるに至った悲劇的生い立ちが明かされ、『101 匹わんちゃん』(1961) で強欲な悪女として描かれたクルエラは、『クルエラ』(2021) で突出した才能をもつアナーキーなアンチヒーローとして描かれるなど、家父長制社会の規範から逸脱した女性を悪女や魔女としてきた歴史を顧みるように、ヴィランズを肯定的に描き直す。LGBTQ+ に配慮

第4部　世界の中の多文化共生と人権

した作品としては、『美女と野獣』（2017）で長編映画で初めてゲイのキャラクターを登場させ、『ジャングル・クルーズ』（2021）では登場人物がゲイであることをカミングアウトするシーンを盛り込んでいる。

だが2020年代に入ると、新作アニメと過去作の実写リメイクの双方で、ディズニーのPC的な表現が「行き過ぎ」だという批判を浴びるようになる。2023年公開の実写版『リトル・マーメイド』が、ヒロインのアリエルに黒人のハリー・ベイリーを起用したことは、とりわけ大きな議論を呼んだ。舞台をカリブ海に設定し黒人であることに説得力を持たせてはいるが、赤毛で白人のアリエルに親しんできた人々からの批判は免れなかった。2025年3月に公開予定の『白雪姫』の実写版でも、「雪のように白い肌」を持つとされる白雪姫をラテン系アメリカ人のレイチェル・ゼグラーが演じることも、すでにソーシャル・メディア上で議論を呼んでいる。新作アニメ作品では、黒人の父親と白人の母親をもつゲイの男の子が主人公のひとりである『ストレンジ・ワールド』（2022）やディズニー社創立100周年の記念作品として製作された渾身作『ウィッシュ』（2023）に対し、PCの要素が際立ちアニメーションとしての映像表現や物語に面白味がないという評価がなされ、興行的にも失敗となった（たとえば『ウィッシュ』は、推定制作費約2億ドルに対し、世界興行収入は2.5億ドル）。

❷ ディズニーの政治的に正しい作品をめぐる課題

このようにPCへの配慮を積極的に推し進めてきたディズニーは近年、大きな岐路に立たされている。課題は大きくわけて①企業の社会的責任と商業的成功、②メッセージ性と作品の質、③「正しさとはなにか」の定義であるだろう。前節で述べた、ディズニーに対する行き過ぎたPCへの批判の高まりとの因果関係は明確ではないが、新作アニメでは『アナと雪の女王』、実写化作品では『アラジン』を最後に、2020年代以降のディズニー映画には10億ドルを超える大きなヒット作が生まれていない。作品のみが要因ではないにせよ、こうした不振は企業業績にも反映され、2022〜23年の映画部門では営業赤字が続いている。"Diversity Sells"——多様性は稼げるといわれてきたが、いまやディズニー社は、差別や社会的不正義に目覚めた人々を右派が揶揄する際に用いる言葉であるWokeをもじった"Go Woke, Go Broke"

（ウォークになると企業は破綻する）というキャッチフレーズの典型的な事例とも揶揄される始末だ。現在のディズニー社の最高責任者であるボブ・アイガーや『アラジン』『リトル・マーメイド』ほか多くのディズニー作品の監督を手がけたジョン・マスカーも、これまでの作品が社会的アジェンダやメッセージ性を重視しすぎ、エンターテイメントとしての作品の面白さが疎かになっていたと述べ、ディズニーは PC から軌道修正する必要があることを認めている。だが『アナと雪の女王』や『ズートピア』のヒットが示すとおり、作品としての面白さと政治的配慮が両立しないわけではない。

　また、「正しさ」や「配慮」のあり方をめぐっては、その正しさが「公平（equity）」なのか「平等（equality）」なのか、そもそもそれは本当に正しいのかを、いま一度問う必要がある。『マイ・エレメント』(2023) ではノンバイナリーのキャラクターに当事者である俳優・声優を起用している。性的マイノリティの当事者を積極的に登用する方針が採られる一方、白人のキャラクターに対しては、視覚的特徴にとらわれずに役者を選定する「カラー・ブラインド・キャスティング」が採り入れられるという一種のアファーマティブ・アクションが現在の主流になっているが、こうした一種のダブルスタンダードには当事者・視聴者双方からの批判もあり、検討の余地がある。

　実写版『リトル・マーメイド』は、水面に上昇していくアリエルにガラスの天井に挑戦する女性像を重ねるような映像表現をとおし、#MeToo 運動以降のハリウッドを象徴するようなフェミニズムを明確に打ち出していた。だが一方で、人種の表象を考えたとき、白人の入植者に黒人の人魚姫が恋をするという物語は、植民地主義の歴史の捨象ではないかという見方もある。さらにはそれは、白人に幸せに仕える黒人奴隷の物語を描き、奴隷制を美化していると批判された『南部の唄』(1946) のような表象にも近接していく危うさもある。ポジティブなメッセージを打ち出し観客をエンパワメントすることと、社会的弱者が自分の手で未来を切り拓くような物語で、経済格差や制度的差別が構造化された現実を美化し新たなおとぎ話をねつ造することの境界は、いったいどこにあるのだろうか。ポリティカル・コレクトネスの正しさが誰にとっての正しさなのか、また PC 的配慮が "Diversity Sells" のような一種の商業的戦略にすぎなかったり、ピンクウォッシング（国家や組織が不都合な問題を隠すために LGBTQ+ フレンドリーであるように振る舞う）と呼ばれるような、ディズニー社がイスラエルへの巨額の寄付を行っていると

第4部　世界の中の多文化共生と人権

いった企業の社会的評価を低下させうる行為の隠れ蓑であったりする可能性
も考慮する必要がある。

　2025年1月の第二次トランプ政権発足後は、DEI（「Diversity 多様性」
「Equity 公平性」「Inclusion 包括性」の3つの要素を軸にした社会変革への取り組
み）に対するバックラッシュが一層激化し、企業の一部が多様性確保に向け
た取り組みを縮小・撤回する動きが目立つ。そうした時流を映し出すように、
創立100周年を迎えたディズニーは、社会的メッセージや政治的課題に取
り組むよりも、エンターテイメントとストーリーの面白さを第一に考えると
いう作品づくりの原則に立ち返ることを宣言した。揺れ動く世界情勢のなか、
ディズニー映画は今後どのような物語を描いていくのか。受け手である私た
ちにも、それを読み解く力が問われている。

考えてみよう！／調べてみよう！

- これまであなたが観たことのあるディズニーの映画作品には、どのようなポ
  リティカル・コレクトネスに配慮した描写（もしくは差別や偏見に基づく表
  現やステレオタイプな描写）がありましたか。またその要素は、作品の価値
  や評価に影響を与えていると思いますか？
- あなたは、トランスジェンダーやLGBTQ+の登場人物を、機会の少ない当事
  者である俳優が演じること、およびカラー・ブラインド・キャスティングの
  是非についてどう思いますか？
- ポリティカル・コレクトネスへの配慮と、エンターテイメントとしての作品
  の面白さはなぜ両立しないことが多いのでしょうか？

参考図書・ウェブサイト

清水晶子ほか（2022）『ポリティカル・コレクトネスからどこへ』有斐閣

中村達（2024）「『起源』ばかり問わないで──カリブ海思想研究者・中村達との語らい」
　　『WORKSIGHT』2024年1月30日（worksight.substack.com/p/80、2024年11月30日最
　　終閲覧）

ハルバースタム，ジャック（2024）『失敗のクィアアート──反乱するアニメーション』藤本
　　一勇訳、岩波書店

水島和則（2022）「主流アメリカ映画の人種表象における多様性とインクルージョン」『椙山女
　　学園大学研究論集』53: 9-18.

本橋哲也（2016）『ディズニー・プリンセスのゆくえ──白雪姫からマレフィセントまで』ナ
　　カニシヤ出版

第**2**章　女性参政権を求めて
　　　──スイス映画にみる差別との闘い

若林　恵

Keywords
スイス，映画，女性参政権

❶映画と女性差別問題

　2010 年代、英語圏では『未来を花束にして』（原題 Sufragette, 2015）や『ビリーブ〜未来への大逆転』（原題 On the Basis of Sex, 2018）など、女性の権利のために闘う女性たちを主人公とした映画が公開された。前者は 1910 年代ロンドンの女性参政権活動家たち（サフラジェット）の闘いを描いた作品で、サフラジェット運動を組織した実在の女性エメリン・パンクハースト（1858-1928）をメリル・ストリープが演じたことでも知られる。後者は、アメリカで史上初の女性最高裁判事となったルース・ベイダー・ギンズバーグ（1933-2020）をモデルとして、1970 年代アメリカで、数々の女性差別に遭いながら男女不平等の是正に挑んだ女性法律家を描いているが、ギンズバーグ関連では、同じく 2018 年公開のドキュメンタリー映画『RBG 最強の 85 才』もある。このような作品が生まれた頃、アメリカではヒラリー・クリントンの 2016年大統領選出馬と敗退や、ハリウッド発の #MeToo 運動の広がりといった社会的現象が見られ、映画公開は、世界的にジェンダー平等への意識が急速に高まった時期と重なっている。こうしたなかで、上記映画 2 作品の間の2017 年、ドイツ語圏スイスでも女性参政権獲得を目指す女性を主人公にした映画「Die göttliche Ordnung」（神の秩序）が公開された。これは残念ながら日本非公開であるが、2010 年代のグローバルなジェンダー平等意識の高まりの文脈の中に位置づけられる作品だろう。

❷映画『神の秩序』──スイス女性参政権獲得のために

　この映画の 10 年以上前、2006 年にスイスで公開された『マルタのやさしい刺繍』（原題：Die Herbstzeitlosen）は、高齢女性の自己実現が主要テーマで

第 4 部　世界の中の多文化共生と人権

あるが、物語が展開する過程で女性差別の理不尽さと、それへの抵抗が描かれている。スイスの農村に暮らす 80 歳のマルタが、夫の死後、若い頃からの夢であったランジェリー店を開こうと奮闘し、最後はハッピーエンドで終わるものの、息子をはじめとして村中の人々に反対され数々の嫌がらせに遭い、その際に女性差別的な旧態依然とした村の価値観が明らかにされるのである。『神の秩序』の舞台もスイスの農村であり、その旧来の価値観に挑む女性が主人公であるが、『マルタのやさしい刺繍』と比べると、もっと直接的に女性参政権獲得のテーマに取り組んでおり、その意味ではイギリスの『未来を花束にして』と同類である。しかし先駆的な 1910 年代ロンドンとは違い、スイスの長閑な山村で女性参政権をめぐる騒動が起きるのは 1970 年代である。

❸映画概要

(1)「神の秩序」?

　1971 年スイス。平凡な主婦ノラは、家具職人の夫ハンスと 2 人の息子、気難しい舅と共にアペンツェル地方の平和な山村に暮らしている。ここでのスイスの田園生活は、世の中で起きている 1968 年以来の社会的変革とは無縁であり、学生運動もヒッピーやブラック・パワーも女性解放もまったくといってよいほど感じられない。時間が停止したようなこの村では女性解放や男女同権など呪いであり、自然に反する罪、「神の秩序」に反する罪悪であるという考えが支配的である。

　ノラは家事や息子たちの世話で毎日忙しく、夫ハンスは職場で昇進も決まり、仕事は順調である。その昇進祝いの食事会後に、ノラは掃除や洗濯だけでなく他のことがしたい、外で働きたいと話す。彼女は少し前に、雑誌で旅行代理店の秘書募集広告を目にしていたのだ。しかしハンスはノラが外で働くことに反対する。こうしたなか、ハンスは兵役に出かけていき（スイスは国民皆兵制度をとっており、成人男性は定期的に兵役の義務がある）、夫の留守中にノラは、以前に街で女性解放グループにもらった女性参政権の本やパンフレットを読みはじめる。

第2章　女性参政権を求めて

(2) 差別との闘い

　ある日、村で開かれた女性集会で、「女性の政治化に反対するキャンペーン委員会」の代表者である女性が「女性解放は呪い、家族の世話が第一」「両性の平等は自然に反する罪」「女性の政治化は神の秩序に反する」などと声高に主張する。これに対してノラが、女性参政権への賛意を表明し、賛同してくれたヴローニとともに「女性参政権に賛成する委員会」を立ち上げて活動開始、ほかにも数人の女性が加わる。ノラはそれまでのおとなしい主婦のイメージからヘアスタイルや服装を流行のものに変えて心機一転、ジーンズに柄シャツを着て選挙活動に臨む。村中に賛成ポスターを貼るが笑い物にされ、息子たちも不機嫌になって学校に行きたくないと言う。夫ハンスは女性参政権には賛成だが、それでも母親は家にいるべきだという意見である。

　そんななか、ノラたちは大都市チューリヒでの女性の権利のためのデモや女性の性的解放ワークショップに参加する。村に戻り女性参政権賛成の演説を行うノラに対して侮蔑的な野次が飛び、兵役から帰ったハンスにも反対されて言い争いになる。ノラたちは村の女性たちにストライキを呼びかけるが、多くの女性は賛成していてもそれを表明できず、何とか集まった女性たちも夜中に夫たちに襲撃され、力づくで連れ戻されてしまう。そしてこの騒ぎの中で、一番の支援者であったヴローニが心臓発作で急死する。

　ストライキが中止となり家に帰ったノラは、元のエプロン姿で家事と育児に戻るが、ある日、応募していた旅行代理店から採用通知が届く。しかしノラの就職に対してハンスは「家族より大事なことか」とあくまでも反対したため、ノラは家を出ていく。

(3) 女性参政権獲得

　教会でヴローニの葬儀が執り行われた際、牧師が彼女を「文句ひとつ言わず夫にしたがった」「満足した幸福な女性」「自分の場所を心得た女性」などと虚飾の言葉を述べて称賛したため、ノラは思わず立ち上がり、ヴローニは不正と闘った勇敢な女性だったと訂正した上で彼女を称える。ノラにとって神のプランとは、すべての人間が、男性も女性も、誰もが平等になることを意味していた。これまで妻の行動に反対していたハンスも、妻の不在中に古い価値観の父親や息子の世話と家事に追われる体験をして、教会でのノラの言葉に心を動かされ、和解の手を差し伸べる。1971年2月7日の投票日、

237

この小さな村でもついに女性参政権がかろうじて賛成多数で可決された。

(4) ハンナのエピソード

　この主要ストーリーの中に、ノラの姪ハンナにまつわるエピソードが時折挟み込まれる。ハンナはノラの夫ハンスの弟ヴェルナーの娘で高校生くらい、大学生の恋人がいるが、相手を次々と取り換えていると村で噂されて非行少女の烙印を押されており、両親も反抗的な娘に困り果てていた。ある日ハンナは恋人と一緒に姿を消してしまい、その後チューリヒで「男性に混じって」大麻を吸っていたところを補導されて連れ戻され、両親は「本人のために」娘を矯正院に入れてしまう。さらにハンナはそこから逃げ出し、今度は女性専用の監獄に収容される。最後は母親テレースによって監獄から救出されるが、この少女は一見平和で穏やかに見える小さな共同体の不寛容さの犠牲者であり、「貞淑な妻」を理想の女性像とするキリスト教モラルから逸脱するがゆえに厳しく処罰されたのである。

(5) ヴェルナーのエピソード

　ハンナの父親ヴェルナーはアルコールに溺れて日常的に酔っ払っているが、そもそも農場経営という向かない仕事を継ぐことを父親に強要され、それがうまく行かずに生活が破綻したのだった。このヴェルナーの父親というのはノラの舅であり、典型的な旧タイプの男性として描かれているが、ヴェルナーという人物像によって、旧い父権的な価値観の犠牲者は女性だけではないことが示されている。他方、ハンナの母親テレースは夫と娘に苦しめられ、始めはノラの反対にもかかわらず娘を矯正院に入れてしまい、しかし後には夫から離れて娘を引き取り、新しい人生を始める。

(6) ヴローニのエピソード

　最初からノラを応援してくれたヴローニは、夫が営む飲食店で長年働いていた。夫の経営がうまく行かず閉店したのだが、それも家計管理は法的に男性のみに限られていたせいで彼女は関わることが許されず、そのために店を失ったのだ。家計管理が女性に許されていなかったことは、ハンスが兵役に行く際に「2週間分の食費を置いて行った」ことにも現れており、また当時のスイスでは、夫の同意なしに妻は働くことはできないと法律で定められて

いたため、ハンスが反対する限り、ノラは外で働くことが不可能なのである。当時、結婚とは、男性にとっては「支配者」になること、女性にとっては「服従」を意味していた。

(7) ファッションの変化

こうした「支配」からの自立・解放への希求は、ノラのファッションの変化によっても表現されている。主張のない地味な服装や髪型は、「良き妻」「良き母」「良き主婦」として好ましく、活動的で華やかな流行ファッションは、一人の自立した女性としての魅力をアピールするがゆえに、保守的な村の共同体では異端視された。映画の中でノラが見せるファッションの変化は、単なる趣味の問題ではなく、そこには女性の権利と自立と解放に対する彼女の意識の変化が如実に反映されているのであり、最後の場面では、ハンスや息子たちも最新ファッションに身を包んで投票所に向かう。

スイスは欧米諸国の中でも女性参政権導入がとりわけ遅かった。そんなスイスで女性参政権獲得を直接テーマとして扱った映画が公開された意義は大きいだろう。日本は女性参政権導入こそスイスよりは早いが、スイスの男女平等社会実現の遅さを笑うことはできない。時代錯誤な差別や偏見を取り除き、女性差別だけでなくあらゆる差別のない平等な社会を築くには、まだまだ道は半ばであり、それだけに、この映画が日本で未公開なのは大変残念である。

🔍 考えてみよう！／調べてみよう！

- スイスで女性参政権導が遅れたのはなぜでしょうか。
- ジェンダー平等達成のためには何が必要だと思いますか。
- ジェンダー差別を扱った映画やドラマ、文学、舞台作品などを探してみましょう。

📚 参考図書・ウェブサイト

イプセン，ヘンリック（1996）『人形の家』原千代海訳、岩波文庫
スイス文学研究会編（2014）『スイスを知るための60章』明石書店
Swissinfo「女性参政権への長い道のり」（https://www.swissinfo.ch/jpn/ 直接民主制 / 女性参政権への長い道のり /46374372，2024年10月20日最終閲覧）

● Column ●
スイス映画『神の秩序』の周辺

若林　恵

◎スイス女性参政権とアペンツェル

　映画『マルタのやさしい刺繍』（2006）の舞台はエメンタール地方、『神の秩序』（2017）はアペンツェル地方であり、いずれもドイツ語圏スイスの農村部を舞台としている点で共通しているが、アペンツェルといえば、スイスの女性参政権確立の歴史において特に知られている場所である。スイスが近代国家としてスタートした1848年の憲法には「妻は夫に従属する」と明記されており、他の欧米諸国と同様に女性には参政権もなかった。こうした状況を変えるための道のりは、19世紀後半以来、長く挫折の連続だった。スイスでは早くから直接民主制が発達していたが、それは男性による民主主義だったのであり、初めから女性は排除されていた。20世紀に入り、1906年にフィンランドが女性参政権を導入したのを皮切りに、ノルウェー（1913）、オーストリア（1918）、ドイツ（1919）、アメリカ（1920）、スウェーデン（1921）、イギリス（1928）、1940年代にはフランス（1944）、イタリアと日本（1945）も導入に至った。26州からなる連邦制のスイスで

は、州レベルでそれぞれ女性参政権導入の時期が異なるが、1910年代以降、戦後になっても各地の州議会で女性参政権要求が否決され続けたのち、1959年2月に初めてヴォー州（フランス語圏）で可決された。これにヌシャテル州やジュネーヴ州などフランス語圏の州が続き、ドイツ語圏では都市バーゼルが最も早く、1966年である。1968年のフェミニズム運動の高まりもあり、1969年3月にはベルンの連邦議事堂前で5000人の男女によるデモ行進が行われ、参加者は、男女の法的平等は人権の実現にとって重要な前提条件であって、現状は法治国家・民主制としてのスイスの信頼性を損ねるものであると訴えた。その後1969〜1970年にチューリヒなど3州でも可決されてから、1971年2月7日、連邦レベルでの女性参政権をめぐる国民投票が実施され、ようやく連邦レベルで女性参政権が導入されることとなった。

　連邦レベルでの導入後は、1972年までにほとんどの州で女性参政権が導入され、1981年には連邦憲法に男女同権条項が明記された。しかし1980年代になっても導入されなかったの

Column

図1　アペンツェル市街
出典：筆者知人撮影

が、映画の舞台となったアペンツェルである。アペンツェルはアウサーローデン準州とインナーローデン準州に分かれているが、アウサーローデンでは1989年に導入が決まり、最後まで残ったのはアペンツェル＝インナーローデン準州である。ここは刺繍工芸が盛んで、経済的に自立できる女性が多いにもかかわらず、政治は男性のものという意識が根強かったという。80年代末になっても女性解放運動に対する抵抗が強く、1990年春に行われた投票でも女性参政権が否決された。これに対する不服申し立てが連邦最高裁判所に提出され、男性による政治独占が違憲と判断され、その結果1990年、ついにアペンツェル＝インナーローデンでも女性参政権が導入された。しかし導入から30年以上が経った現在でも、ここでは女性参政権を認めない男性や政治参加に消極的な女性たちがいるという。

女性参政権に限らず、スイスでは国民投票の際などに、西のフランス語圏と東のドイツ語圏で意見の相違がかなり明確に表れることが多い。フランス語圏、特にジュネーブ州では先進的で人権を重視した判断が優先される傾向が強く、選挙制度に関してもジュネーブは貧困者、女性、外国人の政治的権利を先頭に立って認めてきた。2020年11月にスイスで初めて知的障害者に参政権を付与したのもジュネーブ州である。これに対して、特に原初3州と呼ばれる中央スイスやアペンツェルのようなドイツ語圏の農村部は、スイスでも保守性が目立つ地域である。『神の秩序』の舞台がドイツ語圏農村州アペンツェルの村であるのは理由があってのことなのである。

◎ 19世紀のノラ

　主人公ノラの名前は、かのイプセンの『人形の家』(1879)を思い起こさせ

図2　アペンツェル地方の風景
出典：筆者知人撮影

る。この戯曲は、女性が父親の娘、男性の妻、子どもの母親であることでしか存在しえなかった時代に、女性の自立意識の目覚めを描いた画期的な戯曲である。夫から「かわいいヒバリ」や「リスちゃん」と呼ばれる浪費家の無邪気な妻として、ノラは幸福そうに見える家庭生活を送っているが、過去に生命に関わる病から夫を救うためにした違法な借金が原因で、夫の部下に脅迫される事態に陥る。ノラは、自分の罪を知ったら夫は愛ゆえに罪を被ってしまうに違いないと信じ、夫に知られまいと必死に画策するが、ついに知られてしまう。激昂した夫に「偽善者、嘘つき、罪人」と罵られた彼女は、自分が美しい人形、所有物として愛でられていただけであることに気づく。「いくら愛する妻のためとはいえ、名誉を犠牲にする男はいない」と言い放つ夫に、ノラは「何百万という女性たちはそうしてきた」と応えるが、夫は彼女の言葉を理解しない。家を出ていこうとするノラに夫は、女性の一番神聖な義務は「夫と子どもに対する義務」で「何よりも第一に妻であり母であること」なのに、それを放棄できるのかとノラに問うが、ノラにとってもはや神聖な義務とは彼女自身に対する義務である。「何よりも第一に私は人間です。丁度あなたと同じ人間です」。そうしてノラは人形の衣装を脱ぎ捨て、偽りの幸福の住処を去る。

　近代演劇の始まりといわれるこの作品は、19世紀後半の女性解放運動にも影響を与えた。映画でも、初めは主婦として穏やかに暮らしている主人公ノラが女性解放に目覚めて行動するが、それはイプセンのノラから１世紀後のことである。

第**3**章　ヴァージニア植民地の邂逅
―――ポカホンタスとジョン・スミス

斎木郁乃

Q Keywords　　　　　　　　　合衆国史，植民地時代，ポカホンタス

❶アメリカ合衆国史の「始まり」

　アメリカ合衆国史の始まりをピューリタンのニューイングランド移住とする歴史観を確立したのは、ペリー・ミラー（Perry Miller, 1905-1963）である。ミラーは、『荒野への使命』の序文で、合衆国の物語をピューリタンの移住から始めるべきなのは「明白」だとし、付け足しのように「ヴァージニアが先であることは、認識し敬意も払っているが、私が求めていたのは、理路整然と始めることができる首尾一貫性（a coherence with which I could coherently begin）だった」と、歯切れ悪く、時系列的に先に来るはずのヴァージニア植民地を無視しニューイングランドの植民地を優先することを宣言する（Miller 1956: viii）。

　ミラーがニューイングランドの植民地に見出した「首尾一貫性」を典型的に表す概念が、「丘の上の町」（a city upon a hill）である。マサチューセッツ湾植民地の初代総督ジョン・ウィンスロップ（John Winthrop, 1588-1649）が、その説教の中で用いた聖書の言葉から生まれたこの概念は、ウィンスロップが、新大陸における新しい国家の建設を「神との契約」ととらえ、「我々がこれからつくる新しい共同体は、世界の人々が羨望のまなざしで見上げるような模範的な社会でなければならない」と植民者を鼓舞するための表現だった。同時にこの「丘の上の町」のレトリックは、「丘の上」すなわち西洋文明と、「丘の下」すなわち荒野（wilderness）を明確に二分し、神からの使命を背負う白人の植民者が、「野蛮な」アメリカ原住民から土地や命を奪うことの正当性を「理路整然と」説明してくれたため、植民者の暴力性を隠蔽する便利な装置として絶大な力を発揮したのである。この「丘の上の町」の概念は、文明と野蛮、自由主義と共産主義、資本主義と社会主義など、世界を単純に二項対立で捉える、現在の合衆国が標榜するアメリカ例外主義

243

（American exceptionalism）の元となった。合衆国が抱え続ける矛盾、すなわち、誰もに自由と平等を保証する民主主義と、他者を拒絶し異端とみなした者を排斥する排外主義の二面性は、この「丘の上の町」の概念に始まるといってよい。

　植民地時代に話を戻して、ヴァージニアがなぜ合衆国史から消去されたのかを考えてみよう。一つめの理由は、ここでは詳しく扱わないが、ヴァージニアが北アメリカで初めて奴隷が連れてこられた土地だったことである。奴隷制という国家の恥を想起させる場所を正史の始まりの場とすることはできなかったのだ（そのような歴史の歪みを正し、アメリカ合衆国の始まりを、国家として独立した1776年ではなく、最初の奴隷が連れてこられた1619年とする「1619プロジェクト」〔The 1619 project〕と呼ばれる試みが2019年8月のニューヨーク・タイムズ紙の特集記事をきっかけに始まっている。）二つめの理由は、ヴァージニアでは「丘の上の町」の概念に象徴される文明の野蛮に対する優越という「首尾一貫性」を根底から覆す事態が起きていたことだ。端的にいうと、ヴァージニアへの植民は何度も失敗したのだが、その内実を探ると、植民者の大半が「原住民化」したこと（Indianization）がわかったのだ。クレーヴクール（J. Hector St. John de Crèvecœur, 1735-1813）は、ヨーロッパからの移民の子どもが幼いうちに原住民の文化の中に取り込まれると、二度と再び文明に順応することはないと証言し、「原住民の社会の結びつきの中に、何か格別に魅力的な、我々が誇っているものよりはるかに優れたものがあるに違いない」と、西洋文明に対する原住民文化の優越を主張した（St. John de Crèvecœur 1997: 202）。西洋人の原住民化という事実は、優れた文明が野蛮なものたちを啓蒙するという植民の「首尾一貫性」を一瞬にして覆してしまうタブーだったのである。

❷ ポカホンタスとジョン・スミス──その神話と真実

　入植者が次々に原住民文化に同化するという、西洋文明の側にとって不都合な現実を覆い隠すのに最大の役割を果たしたのが、ポカホンタス（Pocahontas, 1596?-1617）の神話だった。ポカホンタスの神話とは、17世紀にイギリスから新大陸（現在のヴァージニア州ジェームズタウンの辺り）にやってきたジョン・スミス（John Smith, 1580-1631）と、原住民パウハタン族の

酋長の娘ポカホンタスの間のロマンスの物語だ。このロマンスが西欧社会で繰り返し語られ神話化された理由は、ポカホンタスの物語が、原住民の西洋人化（westernization）の物語だったからだ。とりわけ、ポカホンタスが捕虜となったスミスに一目惚れし、殺されそうになったスミスを自らの命を賭して救うという劇的なエピソードは、原住民が無意識に西洋文明の優越を感知し、原住民文化を捨てて西洋人になることを示唆している。

　では、このポカホンタスによるジョン・スミスの救命の場面について、3つの媒体による描き方を比較してみよう。まず、ディズニー映画の『ポカホンタス』（*Pocahontas*, 1995）では、植民者と原住民の間に今にも戦闘が起きようかというときに、捕虜となっていたスミスを酋長のパウハタンが処刑しようとする。そこへポカホンタスが駆けつけ、彼を殺すなら私も殺せと命乞いをすると同時に、私は愛の道を選んだ、あなたは憎しみの道を選ぶのかと、父に一族の長としての政治的な選択を迫り、結果的に植民者と原住民の間に平和をもたらす。この場面に至るまでの過程でポカホンタスとスミスとの間のロマンスが丁寧に描かれ、この命乞いを自然に見せている。また、現代的な文化相対主義とジェンダー平等の価値観により歴史の改変も厭わないこの映画においては、「野蛮人」と呼ばれる原住民のしかも女性であるポカホンタスが、原住民および植民者の男たちに支配・被支配とは異なる「もう一つの（オルタナティヴな）」価値観を示すという、感動的だが歴史的にはありえない展開でこの救命の場面を描いている。

　恋愛を中心に据えるディズニーに対して、テレンス・マリック監督の映画『ニュー・ワールド』（*The New World,* 2005）では、救命の場面に至る過程でポカホンタスとスミスの間の接触はほとんど描かれない。捕虜となったスミスは、まともに言葉も通じないなかで尋問にかけられる。原住民側は侵入者の意図を探り、静観すべきか武力で追い払うべきかを判断しようとし、スミスは火薬で原住民の興味を惹くと同時に文明の力を知らしめようとするなど、両者の駆け引きが焦点化される。スミスが殺されそうになるとポカホンタスが駆け寄り命乞いするが、それは恋心というより慈悲に基づく行為ととれる。酋長がスミスを生かすのは、「ポカホンタスに海の向こうの知識を授けてくれる」という、一族が生き延びるために相手を知ろうとする政治的な判断であり、実際その後にポカホンタスがスミスから英語を学ぶ様子が描かれる。命拾いをしたスミスの体に、多くの原住民たちが触れながら太陽の光に向け

第4部　世界の中の多文化共生と人権

て差し出す儀式めいたものも描かれるが、その意味はおそらく恣意的に曖昧なものにとどめられている。

　最後に、ポカホンタスの神話の大本ともいえる、スミス自身が書いたヴァージニア植民地の記録における救命の場面をみてみたい。三人称で書かれているがスミスは自分自身のことを語っている。

　　彼〔ジョン・スミス〕が〔パウハタン〕王の前に現れると、人々は一斉に大歓声をあげた。指名によりアパマタック女王が手を洗う水を彼のところに運び、別の一人が手を拭くタオルの代わりに鳥の羽を1束持ってきた。野蛮なやり方なりにできうる限り最良のご馳走でスミスをもてなした後、長々と協議が続いたが、その結論は、まず大きな二つの石がパウハタンの前に運ばれてきた。それからできる限り多くの者たちが彼〔スミス〕に手をかけ石のところへ引きずって行ってその上に彼の頭を乗せ、棍棒で脳天を今にも打ち砕こうとした時、王の愛娘ポカホンタスが、どんなに懇願してもうまくいかないので、彼の頭を腕の中に抱き、その上に自分の頭を乗せて命を救ったのだった。すると皇帝〔パウハタン〕はほだされて、王の斧や王女のベル、ビーズや鎌を作るためにスミスを生かすことにした。彼ら自身と同じように、スミスもあらゆる仕事をこなせるだろうと思ったからだ。　　　　　　　　　　　　（Smith 1624: 49）

　この場面でまず気づくのは、原住民の行動に一貫性がないことである。原住民は、一方ではスミスをご馳走でもてなし手を洗って拭くなど客人として礼儀正しく接し、他方ではスミスの頭に棍棒を振り下ろして殺そうとする。このホスピタリティーと敵意の共存をどのように解釈すればよいか。おそらく、スミスはこの状況の意味がわからないままに記述しているのだ。ここで起こっていることは、原住民が異邦人（西洋人）としてのスミスを一旦殺して原住民の一員として再生させる、一種の「原住民化」の儀式である。にもかかわらず、この些細な一場面は、「インディアンの王女が白人に恋をし、ついには自文化を捨てるに至る」という神話へと昇華されていった。この神話が表現しているのは確かに「ロマンスを通した異文化間の調和」（ヒューム 1995: 195）だが、その調和は必ず原住民がヨーロッパ文明にひれ伏す形で行われなければならなかった。そこに働くのは、西洋文明が原住民文化より

246

優れていることを自明のものとする植民地主義のイデオロギーである。このように、入植者の原住民化という不都合な真実を、原住民の高貴な女性の西洋人化という神話で糊塗する手法の最大の皮肉は何か。それは、「原住民の西洋人化」に読み替えた、ポカホンタスによるスミスの救命の場面で実際に起こっていたのは、「西洋人の原住民化」であり、そのことにスミス自身もまた後世の人々も長い間気づいていなかったということである。

❸ロマンスの行方

では、歴史上のポカホンタスとスミスとの間に本当にロマンスは生まれたのか。明確な答えを得ることは難しいが、少なくとも「疑わしい」といえる。

まず、スミスはヴァージニア植民地の記録を3回書いているが、救命の場面はその2回目の記録、『ヴァージニア、ニューイングランド、及びサマー諸島の歴史概説』(*Generall Historie of Virginia, New-England, and the Summer Isles,* 1624) で初めて登場している。ポカホンタスへの最初の興味深い言及は、1回目の記録、『ヴァージニアで起こった出来事と事件についての真実の物語』(*A True Relation of Such Occurrences and Accidents of Noate as Hath Hapned in Virginia,* 1608) にある次のような記述である。

> パウハタンは、我々が何人かの原住民を勾留していることを知り、彼の娘を送り込んだ。彼女は10歳で、その顔立ち、表情、バランスが、パウハタン族のどの原住民よりもずっと優れているだけでなく、その勇気と知性においてもまた、彼の国で彼女に匹敵する者はいなかった。
>
> (Smith 1608: 69)

この一節でまず驚くのは、パウハタンが、捕虜を取り戻すための使者としてたった10歳の子どもであったポカホンタスを選んだことだ。また、この出来事が起こった1607年の時点でスミスが27歳であることを考慮すると、ポカホンタスとは17歳の年齢差があり、二人の間のロマンスは想定しづらい。

また、『ヴァージニア歴史概説』には、スミスの手による現地の言葉のリストが付されており、その最後の例文にポカホンタスが登場する。

247

第 4 部　世界の中の多文化共生と人権

　ポカホンタスに小さな籠を 2 つこちらに持って来させなさい。そうすれば、私が彼女に白いビーズで首飾りを作ってあげましょう。

(Smith 1624: 40)

　この一文はもちろん、現地の言葉を読者に紹介するための例文にすぎないのだが、スミスのヴァージニアでの暮らしに根ざしたと思われるこの微笑ましい例文は、共にビーズ遊びをするような、人種や文化の壁を超越した友愛関係が二人の間に実際にあったのではないかと想像させる。

🔍 考えてみよう！／調べてみよう！

- アメリカを「新大陸」と呼んだことの意味を、植民者側と原住民側それぞれの立場に立って考えてみましょう。
- 支配者の視点で書かれる歴史の具体例を、日本を含む世界の歴史の中から見つけて考えてみましょう。その歴史を覆しうる視点や物語（カウンター・ナラティヴ）はありますか。
- 映画『ポカホンタス』と『ニュー・ワールド』の冒頭部分を見て、2 つの映像作品が「新大陸発見」をどのような異なる視点で解釈しているか、考えてみましょう。

📖 参考図書・ウェブサイト

塚田浩幸（2023）「ポカホンタス──その人物像と先住民論的転回の行方」佐久間みかよほか編『改革が作ったアメリカ──初期アメリカ研究の展開』小鳥遊書房、62-65 頁

ヒューム , ピーター（1995）『征服の修辞学──ヨーロッパとカリブ海先住民 1492-1797 年』岩尾龍太郎ほか訳、法政大学出版局

Miller, P. (1956), *Errand into the Wilderness*, Harvard University Press.

Smith, J. (1608), *A True Relation of Such Occurrences and Accidents of Noate as Hath Hapned in Virginia.*（quod.lib.umich.edu/e/eebo/A12470.0001.001?rgn=main，2024 年 10 月 15 日最終閲覧）.

Smith, J. (1624), *The General Historie of Virginia, New-England, and the Summer Isles*, Docsouth.unc. edu,（docsouth.unc.edu/southlit/smith/smith.html，2024 年 10 月 15 日最終閲覧）.

St. John de Crèvecœur, J. H. (1997), *Letters from an American Farmer,* edited by S. Manning, Oxford University Press.

第**4**章　イギリスの街にみる性の多様性
──市民がつくり上げるプライド・パレードと
LGBTQ+ フレンドリー・スペース

影澤桃子

Q Keywords　　　　　　　　　　　　性の多様性，LGBTQ+，プライド

　イギリスでは、2009 年の性的指向による差別禁止を明記した平等法の制定や、2013 年の同性婚合法化、2019 年に小学校の性教育から性の多様性を教えることが推奨されるなど、これまで性の多様性およびセクシャル・マイノリティの人たちの権利の尊重のためにさまざまな制度がつくられてきている。このような制度的な取り組みに加えて、市民レベルでの LGBTQ+ コミュニティへのサポート、社会への包摂のための取り組みもさまざまな形で見られる。その一つの例がプライド・パレードである。

❶プライド・パレード

　イギリスで最初のプライド・パレードは、1972 年 7 月 1 日にロンドンで行われた。これは、1969 年 6 月 28 日に米国ニューヨークのストーンウォール・インとよばれるゲイバーにて起こった、LGBTQ+ 当事者たちが警察による迫害に抵抗した反乱に連帯するために起こったものである。これ以降イギリスの他の都市にも広がったほか、毎年行われるイベントとして多くの市民のあいだで定着している。

　「プライド（pride）」とは、誇り、自らを恥じない、堂々と自信をもっているという意味をもつ。LGBTQ+ のムーブメントでよく用いられ、自分が性的マイノリティであることを恥じず、堂々としよう、胸を張って生きようという心意気を表す。プライド・パレードの時期になると、街のあちこちのお店がレインボーの装飾を施して LGBTQ+ コミュニティへの連帯を表すだけでなく、バスや消防車、パトカー、救急車などもプライド・イベントをサポートするための特別なカラフルなデザインのラッピングがされることさえある。イベント当日は、小さい子どもからお年寄りまで幅広い世代、バックグラウンドの数多くの市民たちが会場に集まり、非常ににぎやかな雰囲気の

第4部　世界の中の多文化共生と人権

図1　プライド・パレードのための特別デザインが施された消防車
「火は差別をしない、我々もそうだ」というメッセージが入っている。
出典：2023年5月28日 Durham Pride にて筆者撮影

図2　パレード参加者たちが行進のスタート地点に集まる様子
出典：2023年6月3日 York Pride にて筆者撮影

中でそれぞれが多様性をセレブレーションする（図1・2）。

　また、今日のプライド・パレードが果たす役割は、LGBTQ+当事者へのサポート・連帯にとどまらない。動物愛護や障がい者の権利、難民支援、労働運動、メンタルヘルスなど、さまざまなグループ／コミュニティが参加し、それぞれの訴えかけるメッセージを持ち込み、アクティビズムを展開・啓発し合う、非常に広い意味でのダイバーシティを実践・尊重する場となっている（図3）。

❷街に見られる LGBTQ+ フレンドリーなスペース

　さらに、LGBTQ+コミュニティへの支援、エンパワメントや可視化の場はこのようなイベントだけではなく、街にあるお店にも多く見ることができる。今日ではロンドンをはじめ、イギリスのさまざまな都市でクィア・フレンドリーなカフェやパブ、書店などのお店が存在している（図4・5）。このようなスペースは、社会に対してLGBTQ+コミュニティへのサポート・連帯を示したり、社会において周縁化されている当事者たちの存在を可視化させたりする意味をもつだけでなく、当事者たちがヘイトや偏見を恐れずに安心して過ごせるセーフスペースをつくり、提供する役割も果たしている。ま

250

第 4 章　イギリスの街にみる性の多様性

図 3　教師の賃上げを求める組合がフラッグを配り、運動へのサポートを呼び掛ける様子
出典：2023 年 5 月 28 日、Durham Pride にて筆者撮影

図 4　LGBTQ+ コミュニティに連帯するメッセージがあふれる、ヨークのクィアカフェのメッセージボード
出典：2023 年 5 月 31 日、筆者撮影

図 5　子ども向けの性の多様性に関する絵本
出典：2023 年 8 月 9 日、ブライトンのクィア書店にて筆者撮影

た、このようなビジネスを積極的に利用する消費行動も、アライ（Ally，味方という意味で、LGBTQ+ 当事者に連帯し支援する人）として LGBTQ+ コミュニティをサポートするアクションの一つとなっている。

🔍 考えてみよう！／調べてみよう！

- 多様なセクシャリティ、ジェンダーについて調べてみましょう。
- 性の多様性に関する取り組みについて、自分の自治体でどのようなことが行われているか調べてみましょう。
- LGBTQ+ コミュニティをサポートするアクションとして、自分の身の周りでどんなことができるか考えてみましょう。

📚 参考図書・ウェブサイト

マーデル，アシュリー（2017）『13 歳から知っておきたい LGBT+』須川綾子訳、ダイヤモンド社
森山至貴（2017）『LGBT を読みとく——クィア・スタディーズ入門』ちくま新書
渡辺大輔（2018）『性の多様性ってなんだろう？』平凡社
Pride Japan HP（https://www.outjapan.co.jp/pride_japan/，2024 年 10 月 28 日最終閲覧）

251

第4部　世界の中の多文化共生と人権

|||||||||||||||||||||||||||||||||||||||||||||||||||||||||||||||||||||||||||||||||||||||||||||||||||||||||||||||

第**5**章　移民と向き合うイタリア

ラタンジオ，リリアンヌ

Q Keywords　　　　　　　　　　　　　　移民，イタリア，共生社会

はじめに――イタリアと移民

　ローマのバチカン、サン・ピエトロ大聖堂の広場に大きなブロンズ製の彫刻がある（図1）。長さ6メートルほどの船の上に等身大の140人の老若男女が溢れんばかりに乗っている。ユダヤ人らしき者、中東からの難民らしき者、アフリカ系、その風貌は時代も地域もさまざまだ。彼らの姿には苦痛、苦悩、疲労だけでなく、希望も読み取ることができる。「気づかない天使たち（Angels Unawares）」と名づけられたこの群像は、カナダの芸術家ティモシー・シュマルツの手によるもので、世界の移民と難民に捧げられた記念碑。2019年9月29日、「世界難民移住移動者の日」に公開され、教皇フランシスコが「共生と歓待のシンボル」と述べた。広大な広場にそれ以外のいかなる彫像も置かれていないのだから、このメッセージは大きい。多文化共生の問題を考えるにあたって、この彫像を手がかりにイタリアの例をみていきたい。

❶イタリアの移民の歴史概要

　近年ヨーロッパでは、アフリカや中東から大量の移民が押し寄せ、それに伴い、人種差別や外国人排除の動きが見られ、それが極右の擡頭にもつながっている。このことはイタリアでも同様だが、移民を排除しようという動きだけでなく、移民や難民との共生を図る動きもある。これは移民に関してイタリアが、ヨーロッパの他の国とは少し異なる歴史的背景をもつこととも関係している。イタリアは19世紀から20世紀にかけて、ヨーロッパ最大の移民送り出し国だった。100年以上にわたっておよそ2900万のイタリア人が国外に旅だった。主な理由は貧困で移住先はアメリカ合衆国、フランス、アルゼンチンなどだった。おそらく、イタリアでは、親戚のうちの少なくと

252

も一人は海外に移民した者がいると言っても過言ではない。

それに対して、流入してくる移民の数は1970年ごろまでは少なかった。出入の関係が逆転するのは1970年代半ばである。1970年にイタリアが受け入れた移民は14万人程度だったが、その後、少しずつ増え、1997年には100万人、2008年には300万人を突破し、その後は爆発的に増加した。欧州連

図1　ティモシー・シュマルツ「気づかない天使たち (Angels Unawares)」
出典：筆者撮影

合（EU）への主要な玄関口の一つであるイタリアに、毎日、北アフリカや中東から何百人もの移民が、海路でやってきたのだ。EUは、すべての加盟国に移民の移住枠を課すことはできない。それどころか、イギリス、フランス、ドイツなど、伝統的に移民を受け入れてきた国の中には、ヨーロッパ内でのモノとヒトの自由な移動を標榜するシェンゲン協定に反して、移民の受け入れを停止し、国境管理を再確立した国もある。一方、移民送り出しが中心だったイタリアでは、移民受け入れに関しては法整備が整っていなかったので対応に苦慮した。

以上のような状況にあるイタリアでの多文化共生の試みを2つ紹介したい。

❷移民を記憶する博物館

世界各地に移民博物館の類いは少なからずある。アメリカやカナダはもともと移民の国だから早くから開設されていた。ヨーロッパにも同様のものは存在するが植民地の記憶との結びつきが強い。そのようななかでイタリアの特徴は、送り出しと受け入れの両方が重要だった点で、それが博物館のコンセプトとも結びついている。日本語で「移民」と訳される語は、国外に出て行くemigrationと国内に流入するimmigrationの両方に当てられ区別されていないが、多くの国の博物館がそのどちらかに偏っているのに対して、両方の経験をもつイタリアは2つのmigrationを扱っているのだ。

第4部　世界の中の多文化共生と人権

　イタリア各地方に、外国に渡った移民に関する資料を備えた資料館が30以上も存在したが、それらの資料を用いて「移民」に特化した最初の大規模な博物館がつくられたのはジェノヴァだった。その港が19世紀、イタリア移民の主要な出港地だったことがその背景にある。

　2022年に開館したイタリア移民博物館（Museo Nazionale dell'Emigrazione Italiana: MEI）は、マルチメディアを駆使したインタラクティブな博物館で、イタリア移民に関するアーカイブを見学することができる。移民を主人公としての体験が、移住に伴う日記、手紙、写真などの伝記的要素をはじめ、当時の新聞、歌、音楽といった一次資料を通じて示され、移住者自身が彼らの統合の物語を語る。

　ガラタ海洋博物館では、4階がすっかり移民を疑似体験できる展示コーナー（Memoria e Migrazioni）になっている。来館者は入り口でパスポートを受け取り、自ら移民となる。この没入体験型ツアーでは、港湾エリア、税関、フェリーターミナルなどが再現された舞台を巡り、舷門をくぐった後、船倉に積み上げられた大きなトランクの横を通り、3等船室などに身を置くことになる。また、到着港やホスト国の生活環境も再現されている。最後には、イタリアにやってきた移民に関するセクション「Italiano Anch'io」（「私もイタリア人」）が置かれ、異文化理解や統合問題を扱っている。その目的は、「外国人」に対する恐怖や偏見を取り払うことだ。移民を、その子どもたちが学校に通い、普通に働くイタリア人として見せること、数字や統計としてだけでなく、人間をその独自性のすべてにおいて見せることが目指されている。移民たちのせいで職がなくなるという極右の主張とは逆に、彼らは人口減少と高齢化に苦しむイタリアでは重要な役割を担っているからである。

　このような共感的なアプローチのおかげで、2つの博物館は校外学習でも人気があり、多様性への理解と寛容を深める教育的役割を担っている。

❸ 移民を積極的に受け入れる

　もう一つ、今度は具体的な移民を受け入れるイタリアの活動を紹介しよう。長靴型をしたイタリアのつま先のあたりに位置する小さな村リアーチェの試みである。海から引き上げられた二体の「リアーチェのブロンズ像」と呼ばれる紀元前5世紀の古代ギリシアの銅像で有名な、中世の街並みが残る村は、

海外への移民、高齢化、若者の都市への流入のために、長年、深刻な問題に悩んでいた。その村が空き家になった家に多くの難民や移民を受け入れるという前代未聞の対応をした。一時期は、1800人の住民のうち450人が難民という信じられない状態にまでなった。この果敢な取り組みを行ったドメニコ・ルカーノ村長は、米国の『フォーチュン』誌が2016年に選んだ「世界で最も偉大なリーダーたち」の40位にランクインするほど、世界的に評価された。また、ドイツの巨匠ヴィム・ヴェンダース監督は3Dドキュメンタリー映画「Il volo〔飛翔〕」(2010年、日本未公開) を撮影した。

　はじまりは、差別や弾圧を逃れて海を渡って辿りついたクルド人の支援だった。その後、大半はドイツに住む家族に合流するために村を去ったが、当時は教員だったルカーノたちは、「Città Futura (未来都市)」という団体をつくって、他の難民を受け入れることに決めた。だが、ただ衣食住をあてがうというのが目的ではなかった点が、この試みの重要な点だ。移民たちに村の伝統的な職人たちと共同作業をさせることで、分断を避けるだけでなく、積極的に共生への道を開いたのだ。つまり、移民を世話し、施しを与えるという発想ではなく、交流と共生という目標が核にあった。移民たち自身が家を修復したり、陶芸、織物、家具など工房で仕事をするのだが、そこで移民たちは自分たちの伝統的な工法などを村人に伝授したりもして、双方向の交流が可能になったのだ。こうして、ヨーロッパの各地で起こっているゲットー化を避けることができただけでなく、平和のうちに共存し、言語を学ぶとともに、村も活気を取り戻すことになった。

　ルカーノは2004年に村長に選出され、2009年と2014年に再選された。リアーチェをモデルとしてイタリアの多くの自治体が移民統合プログラムを行うようになった。だが、このような動きを快く思わない人々も少なくなかった。政府の監査で、公金横領の疑いがかけられただけでなく、2019年の選挙には立候補できず、中道右派が村長になる。法すれすれなやり方も辞さない強引な手腕が徒となった形だ。彼は村独自の地域通貨をつくり、難民たちに配って、政府からの正式な援助を受け取ることを待たずに、支援を行ったことも問題視された。それはイタリア政府そのものも、移民の渡航に手を焼いていた時期でもあり、逆風が吹いていたといえる。

　2024年春、無罪が確定したルカーノは、欧州議会議員として選出され、また村長にも返り咲いた。いまでは、ヨーロッパ規模で「リアーチェ・モデ

第４部　世界の中の多文化共生と人権

ル」の推進を図っているが、そこから学べることは多いだろう。

おわりに

　他者との共生の問題は今に始まったことではない。とりわけ多くの民族が行き来した地中海では古来より、旅人を歓待することが重要だったことが、ホメロスの『オデュッセイア』などのなかでも語られている。難船して、見知らぬ土地に辿りつくことは誰にでも起こりうることだったから、他人ごとではなく、困っている他者を助ける文化が育ったのだろう。2024年のパリ・オリンピックの開会式はセーヌ川を船に乗って各国の選手団が進んだが、そのなかでひときわ目を惹いたのは、ギリシャに続いて、二番目に現れた36人のアスリートを乗せた難民選手団の船だった。この姿は「気づかない天使たち」と思わず重なって見えたが、その後に続く多くの船は、一国からではなく、複数の国の相乗りだった。「宇宙船地球号（Spaceship Earth）」という考えがあるが、これは環境問題だけでなく、多文化共生の点からも考えることができるだろう。私たちの住む世界は多様な文化背景をもった人々が同乗する一艘の船のようなものではないだろうか。隣にいる他人が気に入らないからといって喧嘩していては、一緒に滅んでしまいかねないのだ。

🔍 考えてみよう！／調べてみよう！

- あなたのまわりには、どのような移民の人がいますか？
- 異なる文化の人との共生でいちばん大切なのは何だと思いますか？
- 日本にある移民関係の博物館を調べてみましょう。

📚 参考図書

秦泉寺友紀（2016）「今なぜ国立移民博物館なのか──イタリアのナショナル・アイデンティティの現在」『和洋女子大学紀要』56: 29-39.

宮島喬・佐藤成基編（2019）『包摂・共生の政治か、排除の政治か──移民・難民と向き合うヨーロッパ』明石書店

リナルディス，アントニオ（2021）『すべての人を温かく迎え入れる村 リアーチェ──多文化共生の一つのすがた』中挾知延子訳、八千代出版〔=2016, Rinaldis, A., *Riace: il paese dell'accoglienza*, Imprimatur.〕

第6章　モンゴル伝統芸能の守護神
――吟遊詩人のホールチが果たしてきた種々の役割

蒙古貞夫 <small>モンゴルジンフー</small>

Q Keywords　　　　　　　モンゴル伝統芸能，吟遊詩人，ホールチ

❶ホールチと呼ばれる吟遊詩人

　モンゴルの遊牧民は、悠久の歴史の中で多彩な伝統文化をつくり上げた。そのなかで、雄大な大草原を舞台にして、四弦から成るドルブンウタストホールという楽器を背負って、モンゴル各地で遊芸する吟遊詩人のホールチが、口承という方法でモンゴルの伝統芸能と文芸を守ってきた。こうしたホールチが自ら弦楽器を弾きながら、多種多様なモンゴル英雄叙事詩、歴史物語とモンゴル民謡を演じることが特徴であった。それにとどまらず、伝統的な行事と祭祀が行われる際にも、祈願の言葉を唱えることにより、モンゴルの伝統文化を継承することで大変大きな意義をもっている。

❷モンゴル語と文字の工匠

　紀元13世紀を境に、モンゴル社会は無文字と有文字に分けられる。吟遊詩人のホールチは、文字をもたない社会において、主に口承で伝統芸能を受け継いでいた。13世紀の初頭には、世界唯一の縦文字「ウイグル式モンゴル文字」がつくられるが、その使用範囲はチンギス・ハーンを主とする支配階級に限られていた。そのため、ホールチのような無文字社会で生活する人々にとって、伝統芸能と口承文芸こそが、文学であり、娯楽であり、教育の手段と民俗の文化でもあった。ホールチは、無文字社会で伝統文化を伝承する主な担い手になっていた。しかし、清代以来、モンゴル語で書かれた史書と文献資料は、チベット語、満州語、漢語に翻訳されることにより、各民族間の文化交流が増え、次第に多文化共生社会が形成されつつあった。そのなかで、モンゴル文化と漢文化の接触と融合によりベンスンウリゲルという表演形式が誕生した。ここでいう「ベンスンウリゲル」は、漢語の本子（běn

257

第4部　世界の中の多文化共生と人権

zi）という言葉をモンゴル語で発音したベンスに、故事、曲芸、文学と芸能を意味するウリゲルを合わせてつくられた専門用語である。主にモンゴル語に翻訳および写本化された漢族の古典文学の作品を指しているが、こうしたベンスンウリゲルは多文化交流の成果を物語っているといえよう。

❸モンゴル社会に潜む教育者

　ホールチが演じる伝統芸能と口承文芸には、モンゴル遊牧民が守ってきた伝統と、騎馬民族に特有な審美観などの要素が含まれている。そのため、馬車と牛車で移動する時代で、ホールチの語りを傾聴しながら歴史と民俗に関する知識を掌握し、世間の多様性を知ることが非常に重要な手段であった。しかし、清代以降、翻訳文学の促進により、ホールチが演じる脚本に変化が生じた。それは、伝統的な脚本では、モンゴル英雄叙事詩を主とする人物像の印象が強かったものの、清代以来の脚本において、新たに漢族の長編小説と歴史物語が加えられたことである。そうした時代背景の下で、モンゴル遊牧民が自民族の英雄叙事詩を楽しみながら、漢族の歴史と民俗に関わる知見を高めるためにさまざまな方面で工夫した。その典型は、有名な文学者、言語学者、ホールチのエンケテグスが『興唐五伝』という長編章回体の歴史小説を創作したことである。この作品は、モンゴルの長編英雄叙事詩『ゲセルハーン伝説』と『ジャンガルハーン伝説』に登場する英雄をモデルとし、主に漢族の長編演義小説『隋唐演義』の表現や表記を参考にしてつくられたため、モンゴル文化と漢文化が融合された点で高く評価されている。さらに、作者のエンケテグス・ホールチが弦楽器を弾いて、実際に民間で演じたことにより、モンゴル遊牧民の間で『興唐五伝』を書き写したり、朗読したりする社会風潮が起きて時代の主流になった。

❹モンゴル民俗文化の伝播者

　モンゴル英雄叙事詩を主とする各種の脚本は、悠久の歳月の中で歴代ホールチの改編、加工、再創作によって出来上がったものの、ホールチの実演によりモンゴル各地および各部族間の文化が接触・融合する機会を得たといえよう。たとえば、モンゴル遊牧民に好まれている『ジャンガルハーン伝説』

第6章　モンゴル伝統芸能の守護神

という英雄叙事詩は、実際にモンゴルの一部族であるオイラト・モンゴル部族がもつ独特な文化であった。ジャンガルチという語り手の実演と再創作によって、長編の英雄叙事詩として定着した。この伝説の内容からみると、オイラト・モンゴル部族が完全な状態で保持されつつ、すべてのモンゴル人にも共感できる遊牧文化が入れ込まれている。幸いなことに、こうした『ジャンガルハーン伝説』は、モンゴルの各部族間の文化交流により拡散され、後にホールチが演じる重要な脚本のひとつとなった。それ以来、こうした伝説は叙事詩として厳密性を保ちつつ、最も娯楽性をもつようになった。実は、ホールチが英雄叙事詩を演じる際、伝説の主要内容、故事の脈絡、戦争の場面を聴衆にきちんと伝える必要がある。そのうえ、正義を代表する勇敢なる主人公は、邪悪を代表する敵軍と激戦を交わして勝利を遂げることと、騎馬民族としての英雄人物像をはじめ、毅然としたモンゴル遊牧民の特性を聴衆に伝えなければならないため、ホールチが民俗文化の交流と伝播に重要な役割を果たしてきた。

❺多文化共生社会に生きる吟遊詩人

　モンゴル高原で散らばっていた部族は、チンギス・ハーンの軍力に征服されて以来、多元文化をもつ諸部族が共存することになった。その一員であったホールチは、激変するモンゴル社会においても遊芸を続け、それらのシーンを物語としてまとめ、口承で語り継いできた。清代に入ると、民族間の交流が増加し、多方面からの成果が出された。そのなかで、漢人農耕民によるモンゴル草原地帯への入植にともなって、モンゴル遊牧民の居場所であった大草原が開墾されたことで、モンゴル草原の耕地化が著しく促進された。その結果、遊牧民を代表するモンゴル文化と、農耕民を代表する漢文化による接触と融合が急速に展開しはじめた。最も象徴的なことは、文化方面の交流で、漢文の史書がモンゴル語に翻訳されたり、モンゴル語の書籍が漢文に翻訳されたりして、ホールチが演じる脚本の数とその内容が豊かになってきたことである。このような状況をみると、ホールチはモンゴル社会において、部族、地域、世代を超えて人気を博してきたようにみられる。実際には、ホールチは長い間、視覚障害者、浮浪者、貧乏な人、怠惰な人間、正業に就かない人などの言葉によって中傷、軽蔑、差別、嘲笑され、異様な視線で見

259

られてきた。しかし、モンゴル伝統芸能を次世代に伝える使命感をもつホールチは、他人によるすべての称賛と軽蔑を受け止め、先祖代々から受け継いできた口承伝承法、すなわち「口から耳へ、耳から口へ」の伝承に専念してきた。そのおかげで、人類とモンゴル民族にとっても欠かせない価値をもつモンゴルの伝統芸能と口承文芸は、ほぼ完全な状態で今日のグローバル社会に伝承されてきた。近年では、グローバリゼーションの拡大により、多文化共生社会で芸能活動を継続するホールチにとっても新たな課題が次々と出現している。そのなかで若き後継者が不足していることが悩ましい問題になってきており、緊急で対応しなければ、近い将来に絶滅する懸念がある。幸いなことに、モンゴル遊牧民が生活する国々では、吟遊詩人のホールチを大切にして、人間国宝への登録が進められている。それゆえ、これからもホールチは、モンゴル語とモンゴル文字の保護者、民俗文化の伝播者として、伝統芸能と口承文芸を伝承する初心を忘れず、永遠に歌い継がれることを確信している。

🔍 考えてみよう！／調べてみよう！

- なぜ「内モンゴル」と「外モンゴル」という呼び方があるのでしょうか？それは正しいと思いますか。
- モンゴル人力士、スーホの白い馬、馬頭琴以外のモンゴル文化について調べてみましょう。

📖 参考図書

蓮見治雄（1993）『チンギス・ハーンの伝説——モンゴル口承文芸』角川書店
尼瑪（1988）『言語巧匠』内モンゴル教育出版社
呼和宝音（1988）『モンゴル風俗追遡』内モンゴル文化出版社
仁欽道尔吉（2001）『蒙古英雄叙事詩源流』内蒙古大学出版社
蒙古貞夫（2021）「モンゴル民族の伝統芸能ホーリンウリゲルの変容研究」東京学芸大学博士論文

第7章　村のよそ者と民俗儀礼

出口雅敏

Keywords

よそ者，民俗儀礼，われわれ／かれら（やつら）

はじめに

　今日、日本各地で多文化共生を掲げるお祭りやイベントが行われている。それらの多文化フェスティバルは、さまざまな文化的ルーツをもつ人たちが集い、互いの文化を見聞きし、味わい、交流し合う場を提供している。オリンピックや万国博覧会もまた、多文化共生を謳う世界的な祭典といえる。

　だが、その一方で近年は、多文化共生の社会に逆行する排外的な現象も見られる。ヘイトスピーチやヘイトデモなど、自分たちのコミュニティの中の異分子を名指しし、排除しようとする示威行為である。

　こうした矛盾した傾向は私たち人間のリアルな反応だと言える。相互の文化の違いを認め合うだけでなく、同じコミュニティの中で、文化的ルーツの異なる他者と真に共に生きるためには何が必要なのか。土地の人間ではない「よそ者」と協働するとき、人々はどのようにふるまってきたのか、改めて振り返りたい。

　本章では、18世紀、南フランスの村で起きた出来事から考察する。特に、村人と村のよそ者の関係に、当時の民俗儀礼や祭りがどのように関わったのかに着目したい。

❶ガヴァシュ──村のよそ者

　南フランスには、「ガヴァシュ（gavache）」という民俗語彙がある。古くから、「よそ者（étranger）」を指示する呼称として使用されてきた（図1）。

　このガヴァシュ呼称は侮蔑的である。ガヴァシュと呼ばれる人たちは、ガヴァシュと命名する人たちから分離されている。命名する集団にとってガヴァシュは、気質的には「がさつ」「下品」「卑怯」「臆病」「愚か」とされ、

261

図1 プロヴァンス地方のガヴァシュ（プロヴァンス語ではガヴォgavot）
出典：Tiévant, C. (1984), *Almanach de la mémoire et des coutumes. Provence*, A. Michel. より転載

外観的には「粗末」で「みすぼらしい服」をまとい、さらに、言葉も「まともに話せない」連中、とされる。

こうした侮蔑的呼称は自民族中心的であり、「野蛮／文明」という二項対立的思考が背後にある。なぜなら、「がさつ／繊細」「粗末／上質」「下手に話す／上手に話す」のように、暗に自己を優位に置きながら、ガヴァシュと命名される他者を劣位に置くからだ。

要するにガヴァシュとは、「野蛮」のカテゴリーに恣意的に分類された個人であり、集団であった。ガヴァシュは「かれら（やつら）」であり、気質も外観も言語能力も、「われわれ」と対置され、反転されて語られた。

ところで、中世の頃より「よそ者」を含意するこのガヴァシュ呼称は、次第に「山人（montagnard）」、さらに「近隣の山人」を指示する呼称として使われるようになった。その変化は、18・19世紀を通じて急激に増加した山岳地域の住人の「出稼ぎ労働者化」と深く関わっていた。当時、平地での農業や建設業の労働者不足に応じて、彼らは毎年、仕事を求めて山から平野に大量に移動し季節的な出稼ぎ労働者として、つまり、よそ者労働者「ガヴァシュ」として働きはじめていたからだ（図2）。

そこで18世紀当時、平地の村で、村人とよそ者労働者ガヴァシュたちのあいだで起きていた出来事の一端を手がかりに、コミュニティとよそ者の関係についてみてみよう。

❷ シャリヴァリされるガヴァシュ

例えば、南フランスのA村では、村の若者たちがガヴァシュたちに民俗儀礼「シャリヴァリ（Charivari）」を仕掛けた騒動の顛末が、村の訴訟調書に残されている。

シャリヴァリとは、「騒がしい物音、どんちゃん騒ぎ」を意味するフランス語で、ヨーロッパで広く見られた民俗儀礼だ。シャリヴァリは、共同体の規範や利益に反するとみられた違反者や逸脱者に対して、若者組が徒党を組んでその相手のもとに押しかけ、威嚇し、悪ふざけをする儀礼化された示威

行為である。若者たちは仮装し、鍋釜や道具類、太鼓や壊れた楽器を打ち鳴らし、哄笑や奇声を発することで異様な喧噪状態をつくり出す。

事件は 1761 年 6 月 7 日、日曜日に起きた。A 村の村会議員たちは告訴状を裁判所に提出した。調書によれば事件は、シャリヴァリをしていた 10 〜 12 人の村の若者たちによるもので、全員、A 村出身の若い農業労働者であった。

図 2　20 世紀初頭の季節労働者（オーヴェルニュ地方の絵葉書）
出典：Gancel, H. et Lagier, R. (2011), *Visage d'une France rurale. la vie dans nos campagnes en 1900*, Ouest-France. より転載

事件の経過だが、6 月 7 日午後 4 時頃、若者たちが通りに集まっていた。彼らはシャリヴァリを真似してロバにまたがり、村中を駆け回っていた。そして、農作物の収穫作業に来ていたガヴァシュたちを見かけると唾を吐き、ちくちくと先のとがった麦藁の束を投げつけた。

同じ頃、村の広場には、大勢のガヴァシュたちが労働力を提供するため、年齢別に集まっていた。そこにも手に鎌や鞭を持って武装した若者たちが現れ、麦藁の束をガヴァシュたちに投げつけ、棒や鞭で打ち据えようとした。

若者たちの行為があまりに暴力的で激しかったので、ガヴァシュたちは近くの建物や教会に身を隠した。中には、以前働いていた雇用主宅に避難する者もいた。村の助任司祭も「教会の扉を閉めざるを得ないくらい激しい勢いで、若者たちはガヴァシュたちを追い回していた」と証言している。

A 村の副領事は、村の若者たちの蛮行を阻止しようとした。だが逆に、彼らに脅された。村役場としては、ガヴァシュたちを守る理由は明らかだった。副領事は、「私は、こうした騒ぎや公衆の面前でガヴァシュたちを侮辱するような行為を止めさせたかった。彼らは、村の農作物の大半を収穫するために毎年やって来るが、それら収穫物は村に課された税の支払いの唯一の財源だからです」とそれを説明した。

事件後の 6 月 11 日。「村の重要人物たち」、すなわち、ブルジョワ、貴族、医者らも裁判所に出向いて本事件に関する証言をした。「ほとんどすべての村の若者たちが一群となり、手に鎌を持ってガヴァシュたちを追い回してい

第4部 世界の中の多文化共生と人権

た」とか、「その晩も、自分たちには何も失うものはない、と何人もの若者たちが言いながら集まり、ガヴァシュたちを逃げ帰らせようと企んでいた」と証言した。ある貴族は、「こうした騒動やガヴァシュに対する酷い仕打ちの原因は、基本的に村の若者たちの嫉妬心に根ざしている。村には多くの労働需要はあるのに、彼らは、村の外から収穫作業にやって来るガヴァシュたちを目にしなければならないからだ」と解説をした。別のブルジョワは、「群衆化した農民たちの何人かが、ガヴァシュたちを手荒く扱うことで奴らがやって来るのを妨げられる。来年は雇用主と俺たちだけで収穫分を分け合えるだろう、と仲間と話していた」と証言した。

　以上のような証言を集めた上でＡ村の村役場は、「結局のところ、すべての証言が明らかにしている点は、騒ぎを起こした者のほとんどが日雇い農民であること。その目的は、雇用主からお金を脅し取るため、あるいは、賃金を高く支払わせるためだったことだ」と結論した。農民たちが群衆化した点についても、「村のブルジョワや重要人物たちに対する謀反」と総括している。こうして、6月14日、日曜日。若者9人が近郊都市の牢獄に送られた。

　Ａ村に限らず当時、南フランスの平地の村の指導者層にとってガヴァシュは必要不可欠な存在であった。おそらく両者のあいだには、村の指導者層と村出身の農業労働者たちとの関係よりもある面では強い結びつき、「パトロン＝クライアント（保護者＝庇護民）」関係が成立していたと思われる。

　また、Ａ村の事例で興味深いのは、村の若者たちの不満を表現するための場としてシャリヴァリが使われていた点だ。シャリヴァリ儀礼の社会的機能とは制裁機能であり、コミュニティの秩序を乱す異質な要素を公に示しながら、それを罰したり、排除したりする点にあった。Ａ村の若い農業労働者たちは、彼らの異議申し立てや要求に対する見返りを得ることはなかった。しかしながら、ガヴァシュをシャリヴァリという民俗儀礼の標的に据える象徴的行為を通じて、「われわれ／かれら（やつら）」という対立線を村の社会空間に記し、人々にそれを意識化させたという点では村の若者たちは一定の目的を達成したといえる。

❸牛に食われるガヴァシュ

　Ｂ村でも、よそ者労働者ガヴァシュたちと村の農民たちのあいだに潜在的

対立や葛藤があった。それはときに、A村のように暴力行為や事件に発展することもあったが、B村では民俗儀礼を活用することで、その対立や葛藤が回避されることもあった。

B村では長い間、この地方特有の祭礼行事である「トーテム動物祭（Les fêtes des animaux totémiques）」が行われていた（図3）。B村は「牛」を所有していることで有名であった。

図3　B村のトーテム動物祭の牛
出典：2023年8月 筆者撮影

　この張りぼての牛はコミュニティのシンボル、エンブレムであり、祭りの日になると村の若者たちによって担がれ村を練り歩いた。そして、当時の村人たちの大きな楽しみの一つは、この牛の口の中に通りがかりの人々を放り込むことであった。とりわけよく標的にされたのは、村のよそ者ガヴァシュたちであった。B村の牛にまつわる記憶には、「山からやって来た農業労働者のガヴァシュたちを馬のように速歩させた」とも伝えられている。地元の郷土史家によれば、「牛にガヴァシュを食わせることはB村の伝統であった。B村では、山からやって来た労働者たちは好かれていなかった。…〔中略〕…時期的には村祭りの日より前に行われていたブドウ収穫作業は、多くのガヴァシュたちを村に呼び寄せた。村人たちは大きな雄叫びを上げながら、その可哀そうな男たちを捕まえた。そして祭りの最後の晩、その並外れて大きく開かれた牛の口にガヴァシュたちを詰め込んだのである」。

　村のこの伝統は、第二次世界大戦前頃まで続いたという。B村の牛に関する別の年代記ではそれを、「"われわれ"は"かれら"を捕まえ、動物の大顎の中に"かれら"を放り込み、牛を満腹にさせた。そして、"かれら"ガヴァシュたちは牛のお尻から出てきた」と語っている。

　私たちは、この手荒な「悪戯」が、人間社会に見られる排除と包摂の絡まりの一端を示していることに注意したい。ガヴァシュを狙う牛は、誰が村の「よそ者」なのか、A村のシャリヴァリ同様に、コミュニティにおける「われわれ／かれら（やつら）」を明確に記しづけている。だが同時に、コミュ

第 4 部　世界の中の多文化共生と人権

ニティの象徴暴力の化身ともいえる牛は、実は、「通過儀礼」の役割も担っていた。牛がガヴァシュたちを食べ、自らの胃袋を通過させ、尻から出すこと。それは、土地のよそ者たちの勇気を試し、村のコミュニティに迎え入れるのにふさわしいか否か、見極める機会でもあったからだ。

おわりに

　本章では、村のよそ者と民俗儀礼の関係について、南フランスの村の事例をみてきた。A 村で起きたシャリヴァリ騒動のように、民俗儀礼の形を借りて、村の潜在的対立や葛藤が「激化」する場合もあれば、B 村のように村のシンボルである牛に食われることで、潜在的対立や葛藤が「緩和」し、「回避」される場合もあったことがわかった。

　両者の事例はどちらも今日の社会では考えられないような、人権無視の野蛮な過去の遺習として目に映るかもしれない。だが、いつの時代どこの社会にも、人々のあいだには潜在的対立も葛藤も存在する。それを激化させるのか、それともそれを緩和し回避するために知恵を絞り、共に生きる道を模索するのかは、昔も今も私たちの態度や行動にかかっているはずだ。

🔍 考えてみよう！／調べてみよう！

- 多文化フェスティバルにはどのようなものがあるか調べてみましょう。
- 日本社会にはどのような「よそ者差別」や「民族差別」があると思いますか。
- 「われわれ／かれら（やつら）」という意識はどんな場面で感じますか。また、それを乗り越えるためにはどんな態度や工夫が必要か考えてみましょう。

📖 参考図書

河合優子（2023）『日本の人種主義——トランスナショナルな視点からの入門書』青弓社ライブラリー

中村隆之（2020）『野蛮の言説』春陽堂書店

平野千果子（2022）『人種主義の歴史』岩波新書

第**8**章　中道は「真ん中の道」にあらず

鈴木隆泰

Keywords
中道と中庸，応病与薬，人（僧宝）

❶ヴィーナーの喩え

　仏教の開祖である釈尊（シャーキャムニ〔Śākyamuni〕：紀元前 463-383）の在世時に、ある長者にシュローナ（Śroṇa）という名の息子があった。彼の両親は「身体を使うと華奢な息子が疲れるだろう」と考え甘やかし、寝床に坐ったままでも学べるヴィーナー（vīṇā：弦楽器の一つ。東アジアでいう琵琶）を彼に習わせた。両親に甘やかされたため自分の足で歩くことをせず（移動の際には、いつも輿に乗っていた）、そのせいで彼の足の裏の皮はブヨブヨに弱ってしまっていた。

　さて、成長して後、このままではいけないと自覚したシュローナは、出家して釈尊の弟子である比丘（ビクシュ〔bhikṣu〕：男性の出家仏教徒）となった。今までの生活を猛省し、一気に挽回したいと思ったのであろう。シュローナは他の比丘に倣って瞑想修行に励んだ。だが、その努力精進は、彼にとっては度を超したものだったのである。

　仏道修行（精進）の一つに「経行（チャンクラマ〔caṅkrama〕：唐宋音では“きんひん”）」がある。これは歩きながら行う瞑想で、坐って行う瞑想である坐禅とセットで修される。シュローナは他の比丘と同じように経行をしようとするのだが、足の裏の皮がブヨブヨに弱っていたため、すぐに破れて血が噴き出し、彼の経行の場は、さながら屠殺場のようであったという。足が痛んで瞑想どころではない。「皆と同じように努力精進しているのに、痛いばかりだ。どうして自分は解脱（モークシャ〔mokṣa〕：輪廻を脱して永遠の平安の境地に赴くこと）ができないのだろう。そういえば家には財宝があったな。そうだ、以前の生活に戻って贅沢を楽しもう。解脱は断念し、福徳を積んで生天（死後、天界へ輪廻転生すること）を目指そう」と、ついに彼は還俗（在家生活に戻ること）を決意してしまった。

267

第4部　世界の中の多文化共生と人権

　シュローナの誤った決心を察知した釈尊は、彼のもとへと赴き、次のように問うた。

　「シュローナよ、そなたは出家する以前、弦楽器であるヴィーナーの名手であったな？」

　シュローナが「はい」と答えると、釈尊は、

　「シュローナよ、ヴィーナーの弦が張りすぎ（テンションが高すぎ）のとき、そなたのヴィーナーは好い音を奏でたり、弾きやすかったりしたであろうか？」

　シュローナが「いいえ」と答えると、さらに釈尊は、

　「シュローナよ、では、ヴィーナーの弦が緩めすぎ（テンションが低すぎ）のとき、そなたのヴィーナーは好い音を奏でたり、弾きやすかったりしたであろうか？」

　今度もシュローナは「いいえ」と答えた。そこで釈尊は、

　「では、シュローナよ、ヴィーナーの弦が、張りすぎでも緩めすぎでもなく、ちょうどよい具合になっているとき、そなたのヴィーナーは好い音を奏でたり、弾きやすかったりしたであろうか？」

　シュローナは「その通りです」と答えた。すかさず釈尊が教誡する。

　「シュローナよ、まさにそれと同じことなのだ。度を超した努力精進は心をうわつかせるし、努力精進が少なすぎれば懈怠を招くのである。」

　これが有名な「ヴィーナー（琵琶）の喩え」である。古来この喩えは、仏教の歩みである〈中道（マディヤマー　プラティパッド〔madhyamā pratipad〕）〉を説明するために用いられてきた。ところが、この喩えはきちんと状況を理解しないと、かえって〈中道〉を誤解させることにもつながってきた。そのわけを説明させていただこう。

❷初転法輪における中道の教説

　釈尊は、比丘たちに対する最初の説法（初転法輪）において、次のように教誡していた。

　「比丘たちよ、出家修行者が行ってはならない二つの極端（二辺。アンタ〔anta〕）がある。それはなにかといえば、一つは、諸々の欲（食欲や睡眠欲や性欲など）があるとき、それらを楽しむがままの生活に耽ることである。そ

268

れは下劣であり、野卑であり、凡俗であり、尊くなく、無益なことである。もう一つは、自らを疲労させることに耽ることである。それは苦しみであり、尊くなく、無益なことである。

　比丘たちよ、如来〔であるわたし〕はこれら二辺に近づくことなく、〔仏〕眼を生じさせ、〔仏〕智を生じさせ、勝れた智である完全な覚り、寂静の境地である涅槃（ニルヴァーナ〔nirvāṇa〕：煩悩という炎が吹き消された状態＝解脱）へと通ずる〈中道〉を、目の当たりに覚ったのである。」

　「ヴィーナーの喩え」において、なにがこれらの「二辺」に対応していたかといえば、

　二辺における楽：シュローナが在家の時、自ら歩く能力があるにもかかわらず、親に甘やかされるまま歩くことを怠り、結果として足の裏の皮が軟弱化してしまったこと。それはちょうど、ヴィーナーの弦が緩みすぎのため、好い音を奏でず、弾きにくいことに喩えられた。

　二辺における苦：シュローナが出家して後、他の比丘と同様に坐禅・経行に励んでいたにもかかわらず、歩いてこなかったため軟弱化した彼の足の裏は、繰り返される経行に耐えられずに破れて出血し、修行の場を屠殺場のような状態にしてしまったこと。それはちょうど、ヴィーナーの弦が張りすぎのため、好い音を奏でず、弾きにくいことに喩えられた。

　いかがであろうか。シュローナの修行は、果たして「苦行」と呼ばれるようなものであろうか。否、そうではない。彼が行っていたのは、仏教の比丘であれば誰もが行っている坐禅と、それに伴う経行である。別段、茨の上に寝そべったり断食をしたりなど、一般的に「苦行」とみなされるようなことをしたわけではないのである。事実、シュローナ自身も「自分は皆と同じように努力精進している」と自認している。それにもかかわらず、釈尊は彼の瞑想・経行を「二辺における苦」であるとして、それに耽ることを戒めた。なぜならば、他の比丘はいざしらず、その修行はシュローナにとっては、実践不可能なほどの難行苦行であり、「自らを疲労させることに耽ること」に他ならなかったからである。

❸中道と中庸の違い──応病与薬

　〈中道〉とは「緩みすぎず、張りすぎず」の歩みである。結論だけを申し

第４部　世界の中の多文化共生と人権

上げれば、たしかにその通りである。ただ、この結論だけを見てしまうと、「〈中道〉とは、右と左があるとき、真ん中を進むものなのだ」「〈中道〉とは、１と３があるとき、２を取るものなのだ」「〈中道〉とは、いわばほどほどの歩みをいうのだ」という「誤解」を生じさせかねない。これらはすべて「誤解」である。それらは「中庸（ほどほど）」というものであって、仏教でいう〈中道〉とはまったく異なるものなのである。このことを理解していただくためには、ヴィーナーが複数の弦を持つ楽器であることを認識していただく必要がある。

　ヴィーナーをはじめ、ギターや、バイオリンや、三味線など、およそ複数の弦を用いる楽器では、弦に「太い」「細い」の違いがある。これらの弦を張る際に重要となるのが、その弦の張り具合（テンション）である。そしてテンションは弦によって違う。それを考慮しないですべて同じテンションで張ろうとすると、ある弦は緩すぎて好い音がでなかったり、逆にある弦は張りすぎて切れてしまうこともある。それぞれの弦には、それぞれに合ったテンションがあるのである。これが、仏教でいう〈中道〉なのである。

　Aという人には甲という修行（歩み、精進）が合っていたとしても、Bという人には乙という修行が合うこともある。修行・歩み・精進は、人によって違ってかまわない。その人に合った最良・最善の方法で覚り（＝涅槃・解脱）へと向かって歩んでいくのが、仏教における〈中道〉なのである。

　それは医師の施す薬・治療と同じである。「点眼薬と胃腸薬とギプスと、どれが正しいか」という問いは意味をなさない。いうまでもなく、「眼病の患者には点眼薬が正しく、胃腸の弱った患者には胃腸薬が正しく、骨折した患者にはギプスが正しい」のである。これを古来仏教では、「応病与薬（その人の病状に応じて最適の薬・治療を与える）」と呼びならわしてきた。私たちは誰もが、自分に合った方法で覚りへと歩んで（努力精進して）かまわない。他人とは違ってもまったく問題はない。それが、仏教における修行論の根幹をなす〈中道〉の真義なのである。

❹三宝と中道

　仏教は、その成立要件・存続要件である三宝（トゥリ・ラトナ〔triratna〕）のひとつに「サンガ（saṃgha：僧伽、僧。仏教徒の集い）」が挙げられている

ように、「人」という視点がなければ、成立・存続しえない宗教である。この「人（僧宝）」という視点を失い、ある修行が〈中道〉なのか「二辺」なのかの判断を一律・機械的に行うならば、それは単なる教条主義（ドグマティズム）に堕してしまうであろう。三宝は仏教の成立・存続要件である。仏宝（ブッダ・ラトナ buddharatna。正しく覚ったブッダという宝）、法宝（ダルマ・ラトナ〔dharmaratna〕：ブッダの説いた教えという宝）、僧宝（サンガ・ラトナ〔saṃgharatna〕：ブッダと法に従うサンガという宝）という三宝が揃ってこそ初めて仏教が成り立ち、存続していくことができる。したがって、もし「人（僧宝）」という視点を失うとしたら、私たちは自らの過失で、せっかくの仏教を仏教とは呼べないものに変質させてしまうのだということを、肝に銘じておかなければならないのである。

考えてみよう！／調べてみよう！

- 世界にあるさまざまな宗教について調べてみましょう。
- 宗教は人々を結びつけるでしょうか。それとも分断するでしょうか。考えてみましょう。
- 宗教（religion）の原義は「再結合」です。仏教という宗教は、この原義にかなっているでしょうか。考えてみましょう。

参考図書

鈴木隆泰（2014）『ここにしかない原典最新研究による本当の仏教〔第1巻〕』興山舎
田中ケネスほか（2023）『精進　不断の努力』〈みちしるべ六波羅蜜シリーズ〉公益財団法人仏教伝道協会
Vinaya-piṭaka, 5 Vols., Pali Text Society.〔『パーリ律蔵』〕

第4部　世界の中の多文化共生と人権

第9章　音楽は国境・人種・文化・時間……を超え「人間と人間」をつなぐ

禹　東煕

Keywords　　　音楽の伝播力，音楽の親和力，情緒的同質感

❶地球人の音楽が宇宙に響く

　2019年，アメリカのNASA所属ジョンソン宇宙センターは，公式ツイッター（現X）を通して，「これから推進する月有人探査船では，飛行中に再生する楽曲リストに，BTSの歌3曲を入れる」と発表した。こうしたNASAのパフォーマンスは，時々見られるもので，2008年には，創立50周年を記念して，ビートルズの"Across the Universe"の音源を電波形式に変換して宇宙へ送信したことがあり，2024年7月には，アメリカのミッシー・エリオットの"The Rain (Supa Dupa Fly)"を金星方向に送信したこともある。
　NASAが一見して，宇宙探査と関係のなさそうな音楽に関心を寄せるのは，まず，有人宇宙探査の際，宇宙飛行士が受けるストレスや不安を音楽で和らげたいという実用的目的からである。実際，ベートーベン9番交響曲が，無重力状態でストレスの減少に効果があるという実験結果もある。そして，もっと深いところに，NASAのプロジェクトは一般の人々とかけ離れたものではなく，全人類の大型イベントであることをアピールするのに，広く愛されている音楽を利用したい狙いがあるという。BTSの楽曲を月の探査船の音楽プレイリストに入れることを発表したジョンソン宇宙センターは，多くのBTSのファンの声援に感謝し，一緒に音楽を聴く宇宙飛行士とともに大変嬉しく思うとも話していた。宇宙センターの話から，音楽は特定の国家・人種・企業・学問分野の垣根を，そして地球空間までを超え，制限を拡張し，共感帯をつくる伝播力と親和力を内在していることがわかる。

❷古代楽器の発掘・発見から音楽の伝播力がわかる

　古代の楽器や楽譜など音楽の遺物は残念ながら保存されている例がまれで，

第9章 音楽は国境・人種・文化・時間……を超え「人間と人間」をつなぐ

人類の音楽の起源を明確に明かすことはできないままでいる。ただ、音楽が言語より先にできていたとみる見解は、人類学などの研究成果の支持を得ている。言語は、現生人類が社会に生きるために原初的に習得するので、自らそのメカニズムを分析的に知ろうとはしないが、言語を駆使するためには、高度に発達した発声器官だけでなく、十分な調音能力（articulation）と音韻認識能力（phonological awareness）が必要である。それに比べて音楽は単純な発声と音の高低だけでつくることができる。古代人類にとっても音楽に接近することが難しくなかったはずである。したがって、世界の人類文明が、それぞれ、それなりの音楽文化を育てることができた。言い換えれば、音楽は、特定の文明の専有物ではなく、人類が生を営むどこにおいても自生できるほど、人の暮らしと密接な文化であった。音楽は人間集団の情緒の中で自生するものだったからこそ、自己の音楽に対する愛情が深く、文化交流の際は最も重要な存在として位置づけられた。

古代弦楽器の一種であるリラ（Lyra）が、中近東の「肥沃の三日月地帯」といわれるメソポタミア文明の発源地から発掘された。紀元前2600年頃につくられたものと確認された。このリラが、メソポタミアの遺跡地だけでなく、他の地域でも次々と発見された。アナトリア半島はもちろん、紀元前1400年頃につくられたとみられるリラがエジプトの河辺でも発見されたのである。そして、古代ギリシャでは、リラは、神が初めてつくった楽器であると信じていたし、ローマ時代にも、リラが広く演奏されていた。リラは、時代と文化圏を超えて愛されていた。この事実から、音楽は、人種・文化・言語・体制などすべての壁を越えて伝播され、共有できることがわかる。

❸音楽は、人類の経験を共有させる

音楽は人間の感情を表現し、伝達する普遍的道具として機能する。このことは、世界どこでも共通して観察できる現象である。アメリカの民俗音楽学者で民俗音楽の収集家として活動していたアラン・ローマックス（Alan Lomax）は、人類の共通の社会心理と感情が芸術として表出されたのが音楽であるとし、文化的文脈から、世界の民俗音楽の分類を試みた。そして、その結果から得た十分な根拠をもって、音楽は、普遍的表現行動であると定義することができた。音楽は、文明ごとにそれぞれ異なる方向へ発達していっ

273

たが、個別的に孤立した伝統ではなく、その中には人間の普遍的経験が反映されているというのである。彼の研究成果に対しては、賛・否に分かれて多くの人が関心を寄せている。ただ、彼が提示している、「文化圏を超えて、音楽は基本的で普遍的な人間感情の表現である」という見解に対しては、ほとんどの人が同意している。喜び・怒り・悲しみなどの原初的感情は、特定の文化にだけ見られるのではなく、世界共通の主題として表現されてきた。

　もちろんある音楽を聴きながら感じる感情には、文化圏ごとに差がありうる。ドイツ・ケルン大学の心理学教授ホーク・エーゲルマン（Hauke Egermann）の研究によれば、西洋音楽を経験したことのないピグミー族と平凡なカナダ人がそれぞれヨーロッパのクラシックとピグミーの伝統音楽を聴いたとき、感じる感情に差があることが確認できた。音楽に惹かれる感情が個別的で主観的であり、それは、各自の文化の中で学習され、媒介される可能性があることを示唆している。しかし、愛に落ちて求愛する歌を歌い、家族を失って悲しい心で楽器を演奏する心理に古今東西の差はありえない。音楽は、人間の本性そのものである感情と密接につながっており、そこで、音楽の普遍性が生まれる。文化的差異を超えてコミュニケーションを可能にし、人類の経験を共有できるようにする力を、音楽はもっているのである。

❹音楽は、世界に新たな「想像の共同体」をつくっている

　音楽は集団のアイデンティティ形成にも重要な役割を果たしている。音楽を通して、自己集団の文化を表現し、維持する場合が多い。あるジャンルや曲が特定国家・民族を象徴するものとなり、それを国家・民族の構成員が繰り返し聴いたり歌ったり演奏する間、その音楽は構成員の集団的一体感、アイデンティティを形成するということである。そして、アイデンティティに内在されている情緒は他人に伝えられる。南アメリカをよく知らない人でもサルサ（Salsa）を聴いたとき、あるいは、日本の音楽に不慣れな人でも日本の伝統音楽を聴いたとき、それらの音楽の感じをなんとなく理解できる。また、ブラジルのサンバ音楽の源が、アフリカにあり、それが南米の植民地の歴史と黒人文化の融合であることを知ると、サンバを通してブラジル社会の複雑な歴史とアイデンティティをより深く理解することができる。

　ここで、グローバル時代の音楽は、限定された地域や文化にとどまらず、

第9章　音楽は国境・人種・文化・時間……を超え「人間と人間」をつなぐ

国境を越えて多様な集団間の交流を促進し、新たな共同体をつくっていることに注目したい。ベネディクト・アンダーソン（Benedict Anderson）が彼の著書『想像の共同体』で、音楽が想像の共同体を形成するのに重要な役割を果たしているといっている。しかし、今日、アンダーソンがいっていた想像の共同体－民族を超えて、新たな同質感を共有する共同体が形成されている現象が起こっている。ポップスのような大衆音楽がつくり出す共同体がそれである。大衆音楽は世界的に消費されており、世界各地のファンはそれぞれ自分なりの方法でその音楽を収容し再創造している。同時に、あるジャンルの音楽の同じ消費者であるという同質感をもち、同じ仲間というアイデンティティをもっている。大衆音楽は、国家や文化的集団の壁を越えて、世界に新たな共同体－音楽的同質集団を形成しているのである。

❺音楽は、人権運動・平和運動・貧困と難民救済運動を牽引する

　音楽は、個人的・人種的・文化的要求を超えて普遍的要求の実現のための変化を追求する社会運動のエネルギー源にもなる。1950年代に始まる黒人の公民権運動がピークに達した1963年のワシントン大行進には、キング（Martin Luther King）牧師をはじめとする人権運動家だけでなく、音楽家も多数参加していた。黒人霊歌の女王マヘリア・ジャクソン（Mahalia Jackson）、黒人として初めてメトロポリタン・オペラ劇場の舞台に立つマリアン・アンダーソン（Marian Anderson）などは、彼女たちの人種的アイデンティティから見て公民権運動の行進に参加するのが当たり前ともいえる。しかし、その行進には、ジョーン・バエズ（Joan Baez）やボブ・ディラン（Bob Dylan）など白人歌手も参加していた。彼らはフォーク歌手だったので、行進に参加したことをおかしく思う人はいなかった。当時、フォーク音楽は、市民と弱者の歌、抵抗音楽というイメージが強かったからである。

　人種葛藤が頂点に達していた当時、黒人の人権は黒人だけで手に入れるべきであるという世論が黒人社会に強かった。キング牧師の非暴力主義、（白人と黒人の）統合主義に反対の立場をとっていた人種運動家マルコム X（Malcolm X）がその代表的主張者であった。黒人の中に異なる意見があったとしても、フォーク音楽は、揺れることなく、人種葛藤や分離主義を超え、社会的弱者同士を連帯させる媒体としての機能を果たしていた。

275

第 4 部　世界の中の多文化共生と人権

　音楽は、冷戦時代もベトナム戦争時にも平和と反戦のメッセージとして活用されていた。1980 年代に入って、アフリカの難民救助のためのコンサートが続けて開かれた。1985 年 7 月 13 日にアメリカとイギリスで同時開催された Live Aid コンサートは、西欧先進国家が、飢餓と戦争にあえいでいる第三世界を直視し、関心をもって人道的支援を始めるきっかけをつくったといわれている。

　音楽は、感情を伝達し、集団的アイデンティティを形成し、社会的変化を求める道具として機能しており、異なる文化と社会的背景をもつ人々の疎通を促進する。音楽が人類をつなぐ強力な媒体であるのを否定することはできない。21 世紀のデジタル時代に入ってから、音楽は非常に効果的なグローバル・コミュニケーション道具として位置づけられている。インターネットやソーシャル・メディアの発達によって、情報は過去と比べられないほど速いスピードで世界に広がっている。特に、音楽は感情に直接訴える媒体として、情緒的同質感をもたせ、人類を強力につないでくれる。多様な文化圏の音楽はさまざまなストリーミングサービスなどデジタル・プラットフォームを通して全世界に拡散されていて、このデジタル舞台で世界人の関心を獲得する音楽は、もはや特定の国家・地域・文化のものに限られていない。今日、音楽は世界的疎通の尖兵ともいえるし、文化間の相互理解を促進する役割を担っている。音楽は単純な芸術的表現にとどまらず、世界をつないでいる。

考えてみよう！／調べてみよう！

- 音楽の独自性と普遍性を考えてみましょう。
- 音楽が世界につくる「想像の共同体」を、実例を挙げて説明してみましょう。
- 音楽が人権運動を牽引する実例を挙げてみましょう。

参考図書

Anderson, B. (2006), *Imagined Communities: Reflections on the Origin and Spread of Nationalism*, rev. ed., Verso.

Egermann, H. et al. (2014), Music Induces Universal Emotion-Related Psychophysiological Responses: Comparing Canadian Listeners to Congolese Pygmies, *Frontiers in Psychology* 5.

Wood, A. L. C. (2018), "Like a Cry from the Heart": An Insider's View of the Genesis of Alan Lomax's Ideas and the Legacy of His Research, *Ethnomusicology* 62(3): 403-438.

第10章　多文化共生とスポーツ

繁田　進

Keywords
スポーツ，異文化交流，国際大会

❶多文化共生とスポーツの関係

　多文化共生とスポーツの関係は、スポーツを通して多種多様な文化をもつ人々の交流の場として機能する点にある。多文化共生とは、異なる文化をもつ人々がお互いをリスペクトし、共に生活し、成長する社会を示している。このように、多文化共生社会において、スポーツは非常に重要なツールとしての役割を担っている。

　スポーツは、言葉や人種、国や文化の違いを越え、統一したルールのもとで楽しむことができる活動である。オリンピックや国際的なスポーツ大会などは、世界中の人々にスポーツのもつ教育的な意義や倫理的な価値を伝えたり、人々の相互理解を深めたりすることで、お互いの文化を尊重する機会が生まれ、国際親善や世界平和に大きな役割を果たしている。

　また、国レベルの大きな国際大会だけではなく、地域レベルでもスポーツは多文化共生のためのツールになる。例えば、ヨーロッパで多く見られるのが、移民や難民に対しての地域のスポーツクラブでの受け入れである。異なる背景をもつ人々がチームの一員として協力するなかで、互いの文化を学び、リスペクトすることができる。特に、年齢が若いほど、柔軟に受け入れ、異文化交流を推進することが可能になり得る。

　以上のことから、ますます多様性の深まる現代社会において、スポーツは異文化間の交流を促進するだけではなく、多文化共生の必要性が高まる現代社会において、多文化共生を実現するための重要なツールとしての社会的意義をもっている。

第4部　世界の中の多文化共生と人権

❷多文化共生のためのスポーツの役割

　多文化共生のために、スポーツは国籍や民族などが異なる人々が、互いの文化的違いを認め合い対等な関係を築こうとするために重要な役割を果たしている。スポーツは、非言語コミュニケーションが多く共通ルールで成り立つために、互いの距離を縮めやすく、相手への気づきを多くもたらし、共に競技を楽しむだけではなく、互いにリスペクトする場となり得る。

　国際大会や地域スポーツ・イベントなどでは、多文化が交流することで異なる背景をもつ人々が共に競技を楽しむだけではなく、互いの文化を理解する機会となる。オリンピックなどの国際大会はその代表的なもので、異なる国籍や文化をもつ選手が集まり、競技を通して友好関係や信頼関係を築くことができる。また、各国のスポーツマンシップやフェアプレー精神等は、選手間や観客同士での文化的な理解を深めることにもつながる。

　約1000年続いたといわれる古代オリンピックでは、オリンピック期間中は紳士協定により戦争中の国や地域も休戦にしてオリンピックに参加したとされている。まさに、お互いにリスペクトできていないと不可能なことであり、国際的なスポーツ大会が戦争を休戦させるという世界平和に貢献していたといえる。

　さらに、学校や地域スポーツクラブでのスポーツ活動も、多文化共生を促進するツールである。多国籍を有する市民を含むコミュニティ・スポーツ活動は、異なる文化的背景をもつ人々が協力をしてプレーすることにより、友情が生まれたり、連帯感が養われたりする。特に子どものころからスポーツを通して異文化の人たちを接することにより、多文化への理解を深め、偏見をなくすうえでも大切な活動になり得ることが可能である。

　このようにスポーツを通しての異文化間の交流は、多文化共生のための基礎となり、偏見をなくし、お互いリスペクトするようになり、しいては地域社会や国際社会全体の調和を推進することにつながるツールとして期待されている。

❸スポーツにおける異文化交流の具体例

　スポーツにおける異文化交流は、異なる文化や背景をもつ人々が相互理解

第 10 章　多文化共生とスポーツ

を深める場を提供するため、多文化共生の実現に貢献している。その具体例
として、オリンピックなどの国際大会が挙げられる。以下は、異文化交流の
機会が多い代表的なスポーツ・イベントである。

- オリンピック：オリンピックは異文化交流の場として、200 を超える
  国と地域から選手や観客が集まり、4 年に 1 度、夏季大会と冬季大会
  に分かれて実施されている。競技だけではなく、文化プログラムや交
  流イベントも行われ、開催国や他国との人々との友好関係が生じる。
  オリンピックは国境を越えた平和の祭典となっている。
- サッカーワールドカップ：サッカーワールドカップは、32 か国から
  選手や観客が集まり、異文化交流を促進する国際的なイベントである。
  サッカーを通じて試合の観戦や交流イベントを通じて地域文化の体験
  ができる。観客同士が国境を越えて応援しあい、相手チームをリスペ
  クトすることで平和や相互理解の大切さを世界に発信する場ともなっ
  ている。
- 世界陸上競技選手権大会：世界陸上競技選手権大会は、約 200 の国
  と地域からトップアスリートが集まる、異文化交流が活発なスポーツ
  イベントである（図 1）。選手や観客が競技を通して理解とリスペク
  トが深まる機会になる。開催国では文化イベントも実施され、地域の
  特色が紹介されるなど、国境を越えた交流が促進され、平和への貢献
  にもなっている。
- ユースオリンピック：ユースオリンピックは、15 歳から 18 歳までの
  アスリートが集う国際大会で、異文化交流を重視したプログラムが特
  徴的である。競技を通じての交流だけではなく、ワークショップや交
  流イベントも数多く実施され、若い世代の選手が国境を越えての友情
  をはぐくみ、多様性や平和社会への貢献の構築に寄与している。
- e スポーツの国際大会：e スポーツの国際大会は、近年、異文化交流
  の新しい場として注目されている。世界中から集まるプレイヤーが言
  葉や文化の壁を越えて交流し、共通のゲームを通じてお互いの理解を
  深める。国際大会の場でお互いにリスペクトしながら競い合うことで、
  国を越えた友情が芽生え、相互理解が生まれ、次世代の国際交流の形
  となりえる可能性がある。

図1　第16回世界陸上競技選手権大会
出典：2017年8月イギリス・ロンドンにて筆者撮影

こうした国際的なスポーツイベントは、ただの競技の場にとどまらないで、異文化理解を深め、国際交流の推進につながる場でもある。

また、地域レベルにおいても、スポーツは異文化交流の機会として大いに活用されている。特に、移民や難民を支援するスポーツプログラムは、地域社会にとってコミュニティの一員としての意義を高める重要な役割を果たしている。

そのプログラムの代表例として、「Football for Peace」や「Kicken ohne Grenze」が挙げられる。「Football for Peace」（平和のためのサッカー）は、移民や難民の若者がサッカーを通じて地域社会に溶け込む支援を行うプログラムである。イギリスを中心に、異なる文化背景をもつ人々がチームを組むことで、互いの理解と協力が促進される。また、「Kicken ohne Grenze」（境界なきキック）は、オーストリアで実施されているプログラムで、移民や難民の若者がサッカーを通じて社会に溶け込み、自立を支援することを目的としており、サッカー・トレーニングに加え、教育や職業支援プログラムも提供している。

これらのプログラムは、スポーツを通して人と人との交流を図り、移民や難民が地域社会に受け入れられる機会を提供する大きな役目を果たしている。

さらに、学校におけるスポーツイベントも異文化交流の場として、貴重な経験を提供する。スポーツを通じて文化的な違いを理解し、偏見をなくし、互いにリスペクトする心が芽生え、異文化共生が促進されてゆく。

❹多文化共生を推進するためのスポーツの可能性

スポーツは多文化共生を推進する強力なツールとして、今後ますますその可能性が期待されている。スポーツは、異なる文化や背景をもつ人々が対等

第 10 章　多文化共生とスポーツ

に関わり合い、相互理解を深める場を提供する。オリンピックのような国際大会は、異文化間の交流を促進するだけでなく、多様な文化が尊重される場を象徴する。

　また、地域のスポーツ・イベントやコミュニティ・スポーツも多文化共生に貢献している。地域のスポーツクラブでは、異なる国籍や文化的背景をもつ人々が共に活動し、仲間意識を身に着けることができる。特に移民や難民を含むコミュニティでは、スポーツが新たな社会に溶け込む手助けとなり、地域住民との交流を通じて相互理解が深まる。

　今後、スポーツを通じた多文化共生をさらに進めるためには、スポーツ・イベントの開催だけでなく、教育や政策による支援が重要である。例えば、学校の体育や地域のスポーツ・プログラムに多文化教育を取り入れることで、子どもたちがスポーツを通じて異文化を理解し、偏見をもたない心を育てることができる。また、政府や自治体が国際大会スポーツ・プログラムや地域スポーツ・プログラムに対する支援を行うことで、多文化共生の取り組みを持続的に発展させることが可能である。

　以上のことから、スポーツは多文化共生を促進するための強力な手段として、その未来に大きな可能性を秘めており、今後も幅広い分野での活用が期待されている。

考えてみよう！／調べてみよう！

- 多文化共生のためのスポーツの役割について考えてみましょう。
- 各国際大会においてどのように異文化交流を実施されているか調べてみましょう。
- 多文化共生を推進するためのスポーツの可能性について考えてみましょう。

参考図書

齊藤一彦ほか編著（2015）『スポーツと国際協力——スポーツに秘められた豊かな可能性』大修館書店

中西哲生監修（2018）『スポーツでひろげる国際理解5　知ろう・やってみよう障がい者スポーツ』文渓堂

長沼豊監修（2018）『はじめよう！ボランティア4　オリンピック・パラリンピックと国際交流』廣済堂あかつき

● Column ●
「外国につながる子ども」と共に成長する韓国のサッカー

李　昌燁

　韓国は「スポーツ共和国」だといわれた時代がありました。「韓国」という国のブランドの価値を高める素材も方法も乏しい、とても貧しい時代でした。スポーツ、中でも比較的費用のかからない種目のスポーツで選手を育て、その選手が国際舞台で金メダルを取ったら国中が歓喜に沸く空間と化しました。スポーツは、貧しい国の国民に夢と希望を抱かせ、一体化させる最良の処方だったのです。そして、国民の一体化は、経済開発のエネルギー源となりました。それから半世紀が経ち、韓国のブランド価値が当時と比べられないほど上がっている今日は、多文化共生という共同体構成員の一体化が求められる時代になっています。

　人口が減少する 2000 年代から、韓国には、外国人労働者・海外同胞・国際結婚移民・脱北者などが大量に入り、いわゆる多文化社会へと変わりはじめました。人口的にみれば、外国人が全体人口の 4.89% まで上昇しています。外国につながる「多文化（家庭の）子ども」（韓国の略称は「多文化子ども」）も 30 万人近くなり、初・中・高に就学している多文化家庭の子どもが、

全体就学児の 3.5% の 18 万 1000 人以上となりました。ソウル市内の大東初等学校（デドン小学校）の場合、子どもの 70.88% が多文化家庭の子どもだそうです。その大東初等学校の校長が、「多文化子どもが、韓国人の子どもとスポーツ活動を共にすると、言葉や仕草などコミュニケーション能力がとても速く伸びます」（『スポーティビニュース』でのインタビュー、2024 年 7 月 8 日）と言っていたことが印象的でした。学生時代から、韓国と日本でサッカー選手として活動し、生涯を韓国・日本・タイのプロサッカーチームでコーチを務めるなど、多文化のスポーツ、サッカー界で生きてきた自分を振り返る瞬間でした。そして、スポーツが子どもの発達を促しているという話を聞いて、嬉しい感動とある種の責任感さえ覚えました。その記事に触発され、韓国における多文化家庭の子どものサッカー事情を調べてみると、すでにサッカー大会などで活動をしている選手も増えており、多文化の子どもと共にチームを運営するプロサッカーチームをはじめ、社会団体の活動も活発であることがわかりまし

Column

図1 「FCソウル」の幼少年サッカー教室への参加者募集広告
「2024年ソウル市多文化・一般家庭の子どもが共にする、FCソウル幼少年サッカー教室参加者募集」と書いてあります。
出典：FCソウルの公開ポスター

た。1968年に発足し、56年間多くのスタープレイヤーを輩出してきた伝統ある「大統領金杯全国高等学校サッカー大会」に、外国籍の選手が13人登録されており、韓国籍を取った多文化家庭出身の選手まで入れるともっと多いといえます。個別にみれば、多文化家庭出身の選手が3人入っているチームもあります（『スポーツ京郷新聞』2024年7月22日）。

韓国のプロサッカーチームは日本同様、地域社会と密接につながっています。それが反映されて、多文化家庭の子どものサッカーと関連したプロサッカーチームの活動は、主に首都圏で見られます。韓国に滞在する外国人の59.4％が、ソウル・京畿・仁川などの首都圏に居住しているからです。韓国のプロサッカーチームは、Kリーグ1の12チーム、Kリーグ2の13チームがありますが、その内、主な首都圏のサッカーチームにおける多文化家庭の子どものサッカーと関連する動きをみると次のとおりです。

①「SK」は、「高陽市（コヤン市）幼少年サッカークラブ」を創立、プロサッカーチームの済州ユナイテッドFCと連携したサッカー訓練の指導、幼少年サッカー大会への参加など多文化子どものサッカー活動支援事業を地域住民と協力して行っている（『文化日報』2011年9月22日）。

②「FCソウル」は「FCソウルと共にする多文化サッカー教室」を運営している。2024年には、ソウル居住の多文化子ども（5～12歳）92人を対象に、3月から11月まで週1回、上岩（サンアム）補助球場など12球場

でサッカー授業を行っている。2013年から11年間、2400人余りの多文化子どもがこの授業に参加している（『国土ジャーナル』2024年2月27日）。

③「天安（チョナン）シティFC」は、2023年から「天安シティFC多文化サッカー教室」を天安市多文化家庭支援センターと協力して運営している。事前に募集した30人余りの多文化子どもにサッカーを教えている（『スポーツソウル』2024.5.11）。

④「牙山無窮花（アサンムグンファ）FC」は、地域の多文化子どもと韓国人子どもを対象にサッカー教室を運営しており、順天郷（スンチョンヒャン）大学医学部と連携して、新昌（シンチャン）初等学校などの多文化子どもと韓国人子どもにサッカークリニックも実施している（『温牙新聞』2024.8.13）。

⑤サッカー選手を夢見る中学生を対象に、Kリーグ、KWリーグの前・現役選手が直接メンタリングを行う「Kリーグドリームアシスト」が2020年から運営されている。このメンタリングプログラムは「Kリーグアシスト」が、HD現代オイルバンク、アディダスコリア、韓国プロサッカー連盟などの支援を受けながら運営している。このプログラムで特に注目されるのは、多文化家庭、基礎生活受給家庭、一人親家庭など恵まれていない家庭の子ど

もを優待していることである（『毎日経済』2024.4.23）。

以上のように、プロサッカーチームは、外国につながる多文化家庭の子どもをインクルーシブするサッカー教室を運営しつつ、「韓国」という共同体の一員として共に生きる資質を育てています。これらの動きにサッカーが好きで生涯をサッカーに生きている私としては嬉しさと安堵を覚えます。

その他、韓国には「国際多文化サッカー連盟」（社団法人）が設けられ、多文化子どもはもちろん、社会的に疎外されている子どもたちが参加する、「『夢を実現する』学生サッカー大会」を開催しています。みんなが異文化だと排除せず、一緒に同じ社会に生きるための努力だといえます。

一方、東豆川（トンドゥチョン）市では、南の国々（発展途上国）の17チームの400人余りが参加する「多文化国際サッカー大会」が開催されています。

いま、韓国は「共生共和国」である、と言っても過言ではありません。その共生社会で、多様な背景をもつさまざまな子どもたちが一緒にサッカーを楽しみながら、自分らしく成長していくことを期待してやみません。

韓国の代表サッカーチームには、すでに外国につながる選手が2人選抜されています。夢は叶います。

第 11 章　多文化社会韓国の「国民」になるという挑戦
——「ナショナリティ」と「アイデンティティ」の抵抗と交錯

車ボウン

Keywords　　　　ナショナリティ，アイデンティティ，人権意識

はじめに

　移住はグローバリゼーションの特徴の一つであり 2023 年の韓国では在留外国人が約 250 万人、全人口の約 4.8% を占めている。このような状況下で、韓国政府は地域社会の統合を目指し、多文化政策を実施している。しかし移民、障害者、性的少数者、女性など、多様な少数者の基本権はまだ十分に保障されていない。韓国憲法第 10 条には、すべての国民が尊厳と幸福追求の権利をもつと明記されているが、現実には既存社会の規範に閉じ込められている少数者の差別問題が台頭している。

　他者化された存在に対する差別は社会で人権問題ともいえる。例えば外国人労働者は単に政策の対象としてしかみられず、彼らが法律や政策を自らつくることができる立法者として受け入れられていない。また、2020 年には韓国軍初のトランスジェンダー軍人が除隊を命じられ、自ら命を絶った。このような事例は、「国民」とは何か、「資格のある国民」とは誰なのかという根本的な問いを浮き彫りにしている。市民権は一般的に民族的または市民的基準に基づいて付与されるが、構成員の統合は、社会の人種差別の程度を含むさまざまな要因の影響を受ける。性別、障害、宗教などが交錯すると、自ら絶えず資格のある国民であることを証明しなければならない認定闘争が現れることもある。

　韓国社会で「国民」になるための挑戦は、参政権という権利と兵役という義務の次元でより顕著に現れる。この 2 つを中心に、国民になるということの意味とそれをめぐる社会的議論、人権問題をみてみよう。

第4部　世界の中の多文化共生と人権

❶外国人参政権とナショナリティ

　参政権とは、国民が国家の意見形成に参加する権利を意味し、外国人参政権問題は、多くの国で選挙の際に激論になる。国家への所属、国籍の問題、市民と非市民を区別する実質的かつ重要な基準が投票権であり、参政権は市民の権利の核心を占めそれだけ敏感でありがちである。韓国の2022年の地方選挙で、長期滞在外国人の地方選挙参政権に賛成する候補と反対する候補の間で熱い議論が繰り広げられた。韓国を含む多くの国で、誰が国民で、誰が非国民なのか、国籍の資格要件をめぐって激しい葛藤が起きている。

　韓国は東アジアで初めて外国人に地方選挙で投票する権利を拡大した国である。2006年、居住要件を満たす場合、外国人に地方選挙で投票する権利を与えるという画期的な決定を下した。この投票権の根本となるのは公職選挙法第15条で、3年以上韓国に居住した永住権（F-5ビザ）をもつ外国人は地方選挙で投票する資格が与えられる。この制限された投票権により、外国人居住者は、地域社会に直接影響を及ぼすことのできる地方選挙に参加できるようになった。

　しかし、すでに制定された法律を改編あるいは廃止するという話が選挙のときに出てくるほど、外国人参政権をめぐる意見はまだ鋭く分かれている。外国人参政権に反対する意見は大きく3つに整理できる。第一は、憲法上の国民概念である。最も明瞭な反対の論理は、国籍者あるいは市民権者だけが市民として政治的権利をもつことができるというものだ。つまり、国民であることと参政権の一致を求めるものである。韓国の憲法第24条では「すべての国民は法律が定めるところにより選挙権を有する」、第25条「すべての国民は法律が定めるところにより公務担当権を有する」と規定している。文言通りに解釈すれば、「国民」だけが選挙権と被選挙権をもつとみられる。しかし、最近の判例では憲法に明示した「国民」の基本権の主体は国民だけでなく、外国人も含むという解釈が一般的である。

　第二は、投票権における相互主義であって、協定や譲歩によって双方の国民に同じレベルの投票権を付与することを意味する。例えば、韓国が永住権をもつ日本国籍者に地方選挙の投票権を与えるなら、日本もそれに見合った措置を取るということである。しかし、各国ごとに選挙制度が異なるだけでなく、移民の規模、移民の歴史などが異なるため、一律に適用することは難

286

第 11 章　多文化社会韓国の「国民」になるという挑戦

しい。

　最後の反対の論理は、人種主義、反多文化社会という感情的な側面である。韓国の永住者の中で最も高い割合を占めるのは中国朝鮮族および中国出身の結婚移民女性であることから特定の出身国に対する反感や、外国人の政治的影響力を懸念する声がある。しかし、出身国によって同じ投票心や政治的傾向をもつという予測は単純すぎる。

　さらに、韓国では参政権の資格の基本となる永住権（F-5）自体を取得するのが非常に難しいというのが一般的な評価である。滞在期間だけでなく、国民総所得（Gross National Income: GNI）の 2 倍程度の収入や、資産要件、韓国語能力や文化に関する筆記試験の合格が求められる。また、国籍取得時には所属感や品位の評価が面接で行われる。

　また、外国人の参政権が認められているのは地方選挙のみで、韓国における地方選挙の重要性は、民主主義の基盤となる点であり住民が候補者や代表者との関係を構築し、民主主義の実現に寄与する。しかし、現実は住民と代表者はつながっておらず、特に外国人はより限定的な権利しかもっていない。公職選挙法第 15 条で規定された「資格を有する永住者」は被選挙権は認められず、他の「国民」と比較して差別的な制約を受ける。つまり、また、出入国管理法第 17 条では外国人の政治活動が禁止され、政党法第 22 条では党員になることができないとされているほか、政治資金法では寄付も禁止されている。このように、韓国の外国人参政権は、投票権のみを意味する非常に狭い権利である。

　その上、2006 年の地方選挙以降、外国人有権者の投票率は低下傾向にあり、国家人権委員会はその理由として、移住者が有権者としての資格を十分に理解していないことや、投票の効果が低いと感じていることを指摘している。移住者は政治的主体性を欠いた受動的な存在としてとらえられることが多く、これが投票率低下の一因とも考えられている。こうした現状を改善し、移住者の政治的効能感を高めるためには、外国人参政権に関する深い議論と、民主主義の観点からの継続的な検討が必要である。

❷国防の「義務」とアイデンティティ

　韓国は 2010 年 1 月に兵役法を改正し、人種や肌の色による識別が可能な

人を兵役から除外する「兵役準備兵役 編入制度」を廃止した。この背景には、多文化社会への変化による移住背景の子どもたちの兵役問題と人口減少による兵役入隊資源不足に備えるためと分析されている。国防部は多文化時代の軍隊という方向性をもって、軍人の地位と服務に関する基本法に多文化関連条項を追加したり、多文化時代の軍隊に関する教材を発刊するなど、多様性を包容するための努力をしている。

　しかし、韓国の軍隊における多文化関連政策は同化主義的な性格をもち、多様な背景をもつ兵士たちを個別の存在として受け入れていない。軍隊文化に適応させるという姿勢が強調されていて、多層的なアイデンティティと人権の問題が混在している。国防部多文化教材に記載された行動指針には、「韓国語が不得手な多文化兵士たちの軍文化への適応を支援してあげる」「差別しない」「彼らとの交流を他文化を経験し、文化的な見識を広げる機会とする」などの表現があり多文化兵士を助けなければならない受動的な存在としてみて、固有の文化をもつ個々人の主体としてみていないことがわかる。このような同化主義モデルは、多様な背景をもつ兵士が完全に吸収されるのが現実的には難しいことと、同化されたとしても、社会的分離と排除によって異なる文化間の衝突と社会的異質感が増大する可能性がある。また、恩恵的次元の対策は、反多文化主義、外国人に対する嫌悪感や、少数集団を内集団とは異なる存在とみなす他者化のような問題などが発生する可能性もある。

　次に、防衛の義務を与えられた個人のアイデンティティの問題である。アイデンティティとは、個人が何者であるかという根本的な問いであり、階級、ジェンダー、民族アイデンティティなど、社会的カテゴリーの共有された内容と実践を通じて形成された個人的な自己を意味する。そのアイデンティティは区別されるのではなく、社会的文脈の中で多様に構成され、外部的条件によって構造化される。しかし、韓国の軍隊では、個々のアイデンティティよりも国家のアイデンティティが優先されている。2020 年に強制除隊されたトランスジェンダーの副官は、性転換手術で国防の義務を適切に遂行できない心身障害の状態であるという理由で除隊判定を受けた。そして、個人の良心と宗教的理由で兵役を拒否する多くの人々は、入隊拒否者として 3 年以下の懲役刑を宣告され、長い間、犯罪者としての汚名を着せられた。国家の安全保障と良心の自由の対立において、前者が後者より優れた価値として考えられていることを意味するものでもあるが、アイデンティティと人権

第 11 章　多文化社会韓国の「国民」になるという挑戦

の問題でもある。トランスジェンダーのアイデンティティは国防の義務を遂行するにふさわしくなく、個人の多様なアイデンティティの中で国家のアイデンティティがより重要なアイデンティティとみなされていることを示している。国家の安全保障、そして国家のアイデンティティが個人の人権やアイデンティティより優位であることを示す事例として批判的考察と社会的議論が必要な事項である。

おわりに

　人権の観点から、ナショナリティは、国籍や民族的背景を問わず、すべての個人に平等、包摂、基本的権利への参加を保証すべきであり、個人のアイデンティティは、差別禁止と人間の尊厳の原則に基づいて尊重されるべきである。そのためには、各自が属する社会に対して継続的かつ批判的な省察と社会的議論が伴わなければならない。

考えてみよう！／調べてみよう！

- 日本では外国人参政権が認められているでしょうか？　外国人参政権をめぐる日本国内の議論を探ってみましょう。
- 国家の安全保障や民族のアイデンティティを個人の人権やアイデンティティより優先した歴史的事例を探し、その問題点や結果について議論してみましょう。

参考図書・ウェブサイト

大韓民国法務部出入国・外国人政策本部 HP（https://www.immigration.go.kr/immigration/index.do，2024 年 10 月 10 日最終閲覧）

McAuliffe, M. and Oucho, L. A. (eds.), (2024), *World Migration Report 2024*, International Organization for Migration (IOM).

第4部　世界の中の多文化共生と人権

第12章　韓国における人権獲得のための闘争

李　貞姫

Keywords
人権，5・18民主化運動，国家人権機構

　最近韓国はK-POPやK-ドラマ、K-FOODなどで世界的に文化的な影響力が高まっている。これはオックスフォード辞書に載っている「hallyu（韓流）、trot（トロット）、chimaek（チマク）、K-drama（K-ドラマ）」といった言葉からもわかる。韓国は発展途上国から先進国へと成長し、援助を受ける国から援助をする国へと変わった珍しい国である。さらに、東アジア地域において、民主化や自由、平等、人権といった理想の実現に大きな影響を与えている国でもある。しかし、このような発展の過程は順調ではなかった。韓国は植民地時代や米軍政の支配、南北分断などの厳しい歴史をもっており、急速な経済成長のなかで人々の人権は深刻に損なわれた。韓国での人権は最初から与えられていたものではなく、国民が勝ち取ってきたものである。では、韓国はどのように民主主義や人権を実現してきたのか。本章では「5・18民主化運動」を通して韓国における人権獲得のための努力をみてみよう。

❶韓国における人権保障のための努力

　韓国における人権の確立には、国際人権法の基礎となる「世界人権宣言」が大きな影響を与えた。この宣言は全部で30の条文から成り立っており、3条から21条までは自由権、22条から27条までは社会権を含んでいる。このような基本的権利は、1948年に制定された大韓民国憲法にも国民の基本権として保障されていた。しかし、人権が法律で整備されていたにもかかわらず、実際に人々の人権が守られるまでには時間がかかった。現在の憲法前文には次のような記述がある。

　　悠久の歴史と伝統に輝く我が大韓の国民は、3・1運動で建国された大韓民国臨時政府の法統と不義に抵抗した4・19民主理念を継承し、

第 12 章　韓国における人権獲得のための闘争

祖国の民主改革と平和的統一の使命に基づき……

　ここで登場する「3・1運動」と「4・19革命」は、人々が人権弾圧に立
ち向かい、民主主義を守ろうとする強い意志を示した出来事である。3・1
運動（1919年）は、日本の植民地時代に行われた大規模な独立運動で、当時
日本の厳しい支配の下で経済的な困難が続き、高宗の逝去をきっかけに人々
の不満が高まった。そこで、多くの人々が「大韓独立万歳」と叫び、独立を
求めるデモを行った。4・19革命（1960年）は韓国の現代史における初めて
の民主化運動とされる事件である。当時、民衆は民主主義を踏みにじる不正
選挙に抵抗し、腐敗した政権を倒した。これは、韓国の民主主義への道を切
り開くきっかけとなった。
　時間をもっと遡ってこのような民衆の抵抗精神が発現したのは1894年の
「東学農民運動（日本で称する甲午農民戦争）」であろう。当時、過酷な税金と
専制政治に怒った民衆が外勢と官軍である貪官に対して蜂起した革命で、日
清戦争のきっかけとなった。農民たちは人権と平等を基本思想とする「東
学」に基づいて立ち上がり不平等な社会を変えようとしたが日本の介入で失
敗に終わった。しかし、民衆が主体となって朝鮮社会の改革と人権獲得を試
みたという点で意義があり、先程述べた3・1運動などの独立運動の始まり
となり、4・19革命などの民主化運動として受け継がれてきた。
　以上のように、韓国では民衆が人権弾圧と非民主的な支配に抵抗し、自ら
の人権と民主主義を守ってきた歴史があるといえよう。特にこれらの価値や
精神が結合して発生した抗争である1980年の「5・18民主化運動」を事例
に韓国の人権獲得の過程をみてみよう。

❷韓国では人権をどのように獲得してきたのか？
──5・18民主化運動を事例に

　5・18民主化運動（以下5・18と称する）は1979年12月12日、軍部クー
デターを通して権力を握った全斗煥を中心とする新軍部勢力が軍事独裁体制
を維持し、戒厳を拡大し、反人道的な虐殺行為を行ったことに対して対抗し
て、光州の市民が1980年5月18日から27日までの10日間、民主主義と
人権を求めるために立ち上がった歴史的な事件である。

291

図1　旧全羅南道庁前の噴水広場と全日ビル245
全日ビル245ではヘリを動員して市民に銃を撃った跡が245個発見された。
出典：筆者撮影

1979年10月26日、18年間も軍部独裁政権を握っていた朴正熙大統領が最側近に銃殺された。国民は民主化が訪れると期待したが、その12月12日、全斗煥を中心とする「新軍部」と呼ばれる軍人たちがクーデターを起こし、再び軍部独裁を続けようとした。そこで1980年春、全国の大学生たちが民主化を求めてデモを展開した。1980年5月17日、新軍部は権力を握るために非常戒厳令を宣言し、全国の大学に休校令を出した。そして政治活動と民主化を求める知識人や大学生を拘束した。これに最後まで抵抗したのが光州市民であった。

当時光州の大学にも戒厳軍が配置され、学生たちは民主化を求めて抗議した。しかし、戒厳軍は学生たちを鎮圧棒で暴力を振るって連行した。この行為に怒った市民がデモを起こすと、戒厳軍は武器を使って残酷な暴力を振るった。18日だけで400人以上の人が戒厳軍に連行され、翌日には最初の市民の死亡者が発生した。5月21日にはさらに多くの市民が当時光州の中心である全羅南道庁前の広場に集まってデモを続けたが、戒厳軍は市民に向かって発砲した（図1）。抵抗が続くなか、新軍部は空挺部隊を追加で派遣し、市民に対して銃を撃った。市民たちは、家族や隣人を守るために警察署と武器庫から武器を持ち出し、「市民軍（デモ隊）」を組織した。市民軍の抵抗により戒厳軍は光州の郊外に退き包囲した。市民軍は全羅南道庁を支配して街の掃除などを行い、自主的に秩序を維持した。5月27日の未明、戒厳軍は戦車を市内に進入させ、市民軍に向けて銃を乱射した。新軍部は他の地域で学んだ軍事方法を光州で効果的に実行したためより多くの市民が犠牲になり、10日間の抵抗は終わる。当時、光州で起きたことは他の地域には伝わっていなかった。

光州市民の10日間の抵抗は失敗に終わったが、5・18はその後の非民主的な人権侵害に対して民衆が立ち上がり、抵抗する原動力となった。この

第 12 章　韓国における人権獲得のための闘争

表 1　5・18 による人権侵害

分 類	人権侵害
被害の再生産	遺族 1 世に該当：トラウマを抱え、政府機関からの監視や表現の自由の制限を受けた。
脆弱な家庭環境	遺族 2 世に該当：家族の死や負傷により経済的困難を経験し、保護とケア、発達と発展のような子どもの権利が制約された。
社会的スティグマ	遺族 1 世と遺族 2 世：遺族は「pokdo（暴力集団）」や「palgangi（共産主義者）」といった呼称で社会的排除を受け、平等権が侵害された。
苦痛の世代間転移	遺族 2 世に該当：親の負傷や後遺症に影響され、恨みと怒りを経験し、現在も苦しみが続いている。

出典：김석웅 (2022：131-138) をもとに筆者作成

影響は特に 1987 年の 6 月抗争や 2017 年のろうそく抗争にまで及んでいた。またフィリピン、ミャンマー、ネパール、タイなどのアジア諸国における民主化運動のバロメーターとなった。1980 年代以降、東アジアの冷戦体制を解体し、民主化を実現する上で影響を与えたため 5・18 は世界史においてもその重要性が認められ、2011 年 5 月にはユネスコの世界記録遺産に登録された。

❸続いている人権獲得のための努力

　5・18 はハン・ガン（韓江）の小説『少年が来る』や映画の「華やかな休暇」、「タクシー運転手」など、多くの作品で取り上げられているほど国家暴力による人権侵害が深く刻まれている事件である。その被害は暴力の直接的な当事者にとどまらず表 1 のように遺族にまで広がっている。

　韓国における実質的な人権保障は、国家人権委員会（National Human Rights Institution）の誕生をきっかけに転機を迎える。この委員会は 1993 年に国連が採択した「パリ原則」に基づき設立され、国家レベルでの人権保障が本格的に強化されはじめた。国家人権委員会は立法・司法・行政のいずれにも属さない国家機関であり、人権侵害や差別行為に対する調査・救済を行う準司法機関である。また法令や制度などの改善の勧告、教育や広報、国際協力などの役割も担っている。人権が侵害された場合、裁判を通した救済もできるが、時間と費用がかかるため迅速な救済が難しいという現実の中で、国家人権委員会は国家レベルで迅速な人権保障を実現する重要な役割を果た

第4部 世界の中の多文化共生と人権

しているといえる。このような人権擁護の動きは、5・18における真相解明にもつながっている。

5・18の真相は隠蔽と歪曲によって現在でも明らかになっていない。最近の人権侵害に対する国家人権委員会の迅速な対応の例として「5・18民主化運動当時、戒厳軍などによる性的暴行事件」が挙げられる。これは5・18の際に軍が女性の人権を侵害していたことで、2018年に金某氏の証言によって明らかになった。金氏は、全羅南道庁で案内放送を担当していた女性で、65日間の暴行と拷問を受けたあと、釈放前日に捜査官からレイプされたと証言した。その後、路上で宣伝放送をしていた車某氏も軍の調査を受ける際にレイプを受けたと証言するなど、これらの証言をきっかけに調査が始まった。2018年6月に国家人権委員会は調査団を立ち上げ、17人の被害者が確認された。2019年12月には「5・18民主化運動真相究明調査委員会」が調査を開始し、その結果2023年12月には16件の被害が正式に認められた。性暴力の被害を受けると、心的外傷後ストレス障害（PTSD）やうつ病など、長期的な精神的苦しみを抱えることが多いが、今回、被害の事実が40年ぶりに明らかになったのである。

🔍 考えてみよう！／調べてみよう！

- 5・18民主化運動を称する言葉にはどんなものがあるか調べてみましょう。
- 5・18民主化運動を背景とする映画や作品を調べてみましょう。
- 国家人権機構の必要性について考えてみましょう。

📚 参考図書

국가인권위원회（2021）『국가인권위원회 20 년사 2001-2021』〔国家人権委員会（2021）『国家人権委員会 20 年史 2001-2021』〕

광주광역시 5・18 기념문화센터 자료편집위원회（2013）『5・18민주화운동』5・18 기념문화센터

김석웅（2022）「세대에서 세대로 이어지는 5・18 의 굴레」이명희 외『5・18 다시 쓰기』오월의 봄、102-151.〔金ソクウン（2022）「世代から世代へと続く5・18のくびき」李ミョンヒほか『5-18 書き直し』五月の春、102-151頁〕

第**13**章　社会科教科書における
少数文化集団に関する内容の統合

朴　志玹

Keywords　　　　　　　　　　　社会科教科書，多文化教育，少数文化集団

はじめに

　韓国社会には、国家や民族的背景の移民だけでなく、障害、性別、社会階層などのような多様な背景の社会的少数者がおり、これらに対する社会的待遇と認識は、依然として争点になっている。例えば、本章で注目している障害者の場合、韓国で2023年末基準で登録障害者総数は、264万1896人（対総人口比5.1%）で、国内に居住している外国人（4.9%）より多数であるが（統計庁 2024）、障害者に対する偏見と差別は、多様な場面で見られる。したがって、多文化教育の概念を海外からの移民を含めて多様な少数文化集団に対する理解と受容を促進することで差別と偏見をなくし、平等な教育機会と文化的選択を提供する教育的接近（Banks 2004）と幅広くとらえる必要がある。

　特定の文化集団に対する学生たちの理解、尊重、偏見、差別などの認識と感情は、多様な経路を通して形成される。その中で、学生たちが日々接する教科書は強い影響を及ぼす。特に、市民性育成を目標とする社会科教科書の影響はより大きい。社会科教科書の文章や写真、挿絵などを通して学生たちは多様な文化集団に対する認識と態度を形成し、それが日常生活の中で特定の文化集団に対する理解や尊重、あるいは偏見や差別などの形態で現れるようになる。

　本章では、障害を我が社会の内部に存在する一つの少数文化ととらえ、社会科教科書に障害に関する内容の提示様相を多文化教育の観点から批判的に探索しようとする。

❶社会科教科書の障害に関する内容の統合の様相とその特徴

　多様な文化が共存する共同体の構成員に求められる知識と能力、態度を

第４部　世界の中の多文化共生と人権

表１　多文化教育アプローチ別分析視点とその結果（件〔％〕）

アプローチ類型	分析視点	分析結果
寄与的アプローチ	既存の教育課程の構造や観点の変化なしに障害者として立派な業績を成し遂げた人、障害者の日などの文化的要素を紹介する。	0 (0)
付加的アプローチ	既存の教育課程の構造や観点の変化なしに障害関連内容、概念、主題、観点を追加する。	9 (47.4)
変革的アプローチ	既存の教育課程の構造や観点を変化させ、多様な文化集団の観点から障害関連の概念、争点などを眺望できるようにする。	8 (42.1)
社会行動アプローチ	障害関連の争点について意思決定を下し実践してみる活動を含む。	2 (10.5)
全体		19 (100)

出典：筆者作成

　もった多文化市民性の育成を志向する多文化教育では、多様な文化集団と構成員の歴史、文化、価値などで内容が構成される。Banks（2004）は、多様な文化集団に関する内容を教育課程に統合する方法として、寄与的アプローチ（第１段階）、付加的アプローチ（第２段階）、変革的アプローチ（第３段階）、社会行動アプローチ（第４段階）を提示している。このように多文化関連の内容を教育課程に統合する方法は、教育課程の構造や観点の変化なしに多文化関連の内容を追加する１〜２段階から教育課程の基本構造を変化させ多様な文化集団の観点から提示する３段階、文化集団と関連した争点に対する意思決定と実践を強調する４段階に至るまで多様である。

　このようなアプローチを基に、分析視点を設定し、韓国の初等社会科教科書（教育部 2018）の文章、挿絵、写真などに含まれている障害関連内容の統合様相を分析した結果は表１のとおりである。

　障害関連内容の提示上の特徴は、次のとおりである。第一に、付加的アプローチの内容は９件（47.4％）で、主として「障害者のために〜」の観点で提示されている。例えば、障害者のために公共の場所にエレベーター設置、障害者専用の駐車区域の設置、障害者の目と足になってマラソンを走る非障害者、障害児を養子にして育てる夫婦の事例などのように、障害者のための政府と地方自治体、非障害者の努力という観点で提示されている。このアプローチによる障害関連内容の統合は、主流集団、すなわち非障害者の視覚で、障害者は欠陥をもっている人で国家や非障害者の助けが必要な存在であるという偏見と固定観念が内包されている。このような様相は、障害関連の内容

が教科書に多数追加され学生たちに障害に接する機会を拡大したという点で意義があるが、非障害者の観点から内容が提示されるため、障害に対する偏見および差別と排除、不平等が改善される余地がないという点で問題がある。

第二に、変革的アプローチの内容は8件（42.1%）で、障害を見る伝統的な見方に対して批判的な観点から提示されている。例えば、障害者と非障害者が同じスタートラインから出発することを定義の視点から考えてみるようにする挿絵、車椅子に座った障害学生が日常的な学習活動に参加する様子などのように障害関連の内容が既存とは異なる観点で提示されている。このほかにも、私たちの社会で見られる偏見と差別の姿で、性別、年齢、妊娠と出産に対する差別などの文脈で障害に対する差別の問題点を考えてみる内容、障害者の人権保障や平等をすべての人の人権の大切さやすべての国民の平等権という側面で考えてみるような内容なども同じ観点から提示されている。このような内容を通じて、保護や恩恵の対象ではない平等や社会正義の観点から、障害に対する従来の固定観念に対して批判的に省察するようにしたり、障害を「特別な」、「助けが必要な」などのような障害に対する伝統的な観点や健常者の観点からの認識転換を指向している。

第三に、社会行動アプローチの内容は2件（10.5%）で、学生たちが主体的に障害関連の問題に関して意思決定を下し実践して見るようにすることに主眼点を置いている。社会行動接近に該当する障害関連内容は、障害と関連した問題解決のために多様な活動を模索する形態で提示されている。例えば、障害者人権問題を提示し、偏見と差別のない社会をつくるための標語づくり活動や障害者移動権問題を考え、改善努力として手紙を書く活動などを提示している。このように社会行動接近に該当する障害関連内容は、車椅子の押し付けなどのような非障害者の助けの観点ではなく、障害者が自由に通えない階段などを社会構造的障壁という観点で提示し、その解決方案の模索と実践を図っているという点に意義がある。しかし、意思決定や実践が障害関連争点に対する深みのある探求と共に行われる構造ではなく、単純な活動として提示されているという点は限界として指摘される。

❷多文化市民性育成のための少数文化関連内容の統合方向

韓国社会の少数文化ともいえる障害関連内容が社会科の教科書にどのよう

に提示されているかを Banks の多文化教育アプローチを中心に分析した結果、多文化社会の市民性教育の側面で意義と限界を同時にもっている。

　社会科教科書で多文化集団に関する内容の統合方式は、多文化市民性の育成と密接な関連がある。主流集団の観点から構成された教育課程と教科書は、特定の文化集団に対する固定観念、偏見、差別意識をもたせ、教育不平等と社会的不平等を深化させる恐れがある。したがって、多文化社会の市民性育成のためには、主流文化集団中心の教育課程や教科書に多様な少数文化集団に関する内容を適切な方法で組み込み、すべての学生のための教育課程に変化させる必要がある。多文化教育の観点からの少数文化関連内容の統合は、単に少数文化関連内容の追加を通じて学生たちが該当文化に関する内容に接する機会を拡大するという方式ではなく、多様な文化集団の観点から学生たちが関連概念や争点、事件、主題などを扱うことによって既存の観点に対する批判的省察と認識の転換、そして争点に対して積極的に関与して自分の意思を決定し行動できるように多文化集団関連の内容の統合がなされなければならない。そのためには、教育課程と教科書の構造や観点の転換を志向する変革的アプローチや少数文化関連イシューを中心に偏見と差別および不平等を改善するための探求と意思決定、実践方案模索の過程を経験できる社会行動アプローチの観点で多様な文化集団に関する内容を統合する必要がある。

🔍 考えてみよう！／調べてみよう！

- 日本の教科書の多様な少数文化集団に関する内容の提示のあり方を批判的に探索してみましょう。
- 新聞やテレビなどのメディアで少数文化集団に関する内容を扱う方式について調べてみましょう。

📖 参考図書

통계청 (2023)「인구 주택 총 조사 보고서」〔統計庁 (2023)「人口住宅総調査報告書」統計庁〕

Banks, J. A. (2004), Multicultural Education: Historical Development, Dimensions, and Practice. In J. A. Banks and C. A. M. Banks (eds.), *Handbook of Research on Multicultural Education*, Jossey-Bass, pp.3-29.

第14章　韓国における多文化教育の実像

許　壽美

Keywords　　　　　　　　　多文化教育，二重言語教育，多文化子ども

❶多文化子どもの増加と教育方針転換の試み

10 年前の 2015 年、8 万 2536 人であった韓国の初中等学校の多文化こども（外国につながる子ども）が、2024 年現在、19 万 3814 人と 2 倍以上増加して、学生全体の 3.8% を占めている。昨年と比べてみても 7.0% 以上増加するなど、増加率は年々上昇を続けている。地域によっては、多文化子どもが全体の半分を超えている学校が出始めており、中には 70% を超える初等学校（小学校）もある。多文化子どもに配慮した教育的対応策を準備する「未来型の課題」の段階はすでに過ぎ、多文化子どもと共に毎日の教育を行わなければならない「現在型の課題」に直面している学校が多くなっているのである。すでに多文化共同体になっている学校では、既存の教育課程・教材・施設・授業方法・教育言語などを全面的に点検しなければならない時点まで来ている。

もちろん、学校現場では、状況変化に応じて多様な教育活動を試みている。教育課程の改善のための努力、韓国語の不十分な子どものための韓国語教室の運営、一部の科目ではあるが、多文化子どもの言語ができる講師との共同授業、多言語で作成した家庭通信文の送信などを実行している学校もまれではない。

ソウル市教育庁は、2019 年、ソウル市内全体の 27% の多文化子どもが集中している、永登浦区（ヨンドゥンポク）・九老区（クロク）・衿川区（クムチョンク）など南部 3 区で、韓国の子どもと多文化子どもが、相互の言語・文化を教え合い、相互理解を深めるという教育的効果を見込んで、自治体と連携して二重言語教育を実施する、「移民－先住民学生の同伴成長統合支援 5 か年計画」を発表した。学校における創意的体験活動の一環として、韓国語以外に、移民（多文化子ども）は「親の言葉（継承語）」を習い、先住民

（韓国人子ども）は外国語としてその言語を共に習う二重言語教育を実施するということであった。多文化子どもに、親の言語や文化的アイデンティティを無視して、同化の強要ともいえる、韓国語と韓国文化だけを教えることを重視してきたこれまでの多文化教育の方向転換であった。これまでのように、外国につながる人・子どもを韓国社会が抱え込み、一方的に同化させるのではなく、互いに相手の文化を尊重する文化的相互主義に基づいた多文化政策・多文化教育への変化を意味している。

　ソウル市教育庁の方向転換の方針に対して、当該地域住民の反応は真っ二つに分かれた。まず、インターネット・コミュニティでは、「ソウル市南部3区を中国語の特区に指定しようとする」、あるいは、「朝鮮族の特区をつくろうとする」と憶測と反発が飛び回った。また、教育庁のホームページには、「二重言語の特区指定を決死反対する」という請願が殺到し、わずか2・3日で、数万人がそれに同意署名している。

　中には多様な言語と文化が習えるよい機会であると歓迎する住民もいた。「わざわざ高い金まで払いながら塾など私教育機関へ行って中国語を習う人もいるのに、中国語ができる友達と一緒に学校で中国語を習うことができるなんて、一石2鳥、3鳥ではないか……」と言って喜ぶ保護者もいたのである。しかし、大多数の住民の世論は、反対であった。韓国人学生に二重言語教育を実施するのは逆差別であり、韓国人としてのアイデンティティを失う……、という住民が多かったのである。

　長い歳月、単一民族・白衣民族・檀君（建国神話上の韓国人の始祖）の子孫といい、国民的同質性を強調する教育を受けてきた韓国人の意識の中では、多文化教育、多文化子どもとのとも学び自体が不慣れで不便なものであったと考えられる。2000年代に入ってから、マスコミと学校現場では、多文化・多文化社会・多文化教育などが盛んにいわれるようになったが、一般市民の意識は多文化に十分馴染んでいない。しかし、韓国の人口構成・文化的特性などは速いスピードで多様化・多文化化しているのも事実である。2000年代以後、外国人の受け入れが本格化して、韓国社会に外国人が増えるのに伴い、韓国社会が多様性の豊かな社会に成長する一方、韓国人と「他所からの他人」との葛藤や他人に対する偏見・差別もみられた。そして、その後、韓国人の内部で、「他人」をめぐる、立場・意識・見解・価値観などの違いが表出し、韓国人同士の葛藤が表れはじめている。外国人の移民を受け入れる

300

第14章　韓国における多文化教育の実像

まではよいが、韓国文化に同化させて受容すべきだと主張する人たちと、外国人の固有の価値と生活様式を尊重しながら、多文化国家として社会的アイデンティティを新しく定立すべきであるという人たちの対立は今なお続いている。

❷韓国における多文化教育レベルの判断

デレク・ヒーター（Derek Heater）によれば、人口学的多様性を基盤とする共同体、つまり、もともと異なる集団に帰属する多様な構成員が結合してつくった共同体における市民教育は、①同化と統合、②社会的無視、③多元主義および多文化主義という基本的性格や構造をもつ類型に分けることができる。同化と統合モデルは、移民を主流社会の文化に同化させようとするもので、19世紀アメリカの melting pot 政策とイスラエルのシオニズムがその代表的例である。社会的無視モデルは、移民やマイノリティの文化や価値を無視して認めないもので、公民権法以前のアメリカの対黒人政策がこれに入る。多元主義モデルは、移民を多様な構成員の一つと認め、その文化を尊重する共生指向のもので、カナダの多文化主義政策・多文化教育を代表的事例として挙げることができる。カナダの多文化教育政策は、移民が公用語の中の一つの言語を十分使いこなせるまで支援し、固有の文化的アイデンティティが維持できるように、多様性の価値尊重、人種差別の払拭という原則に立っていると知られている。ヒーターは、市民教育と多文化教育を厳密に区分せず、市民的資質の形成という共通項を軸に両方をみている。市民教育、多文化教育、そして、開発教育は多文化社会における市民的資質を育成するという点で基本的に共通していると考えられるからである。この点を念頭に置きつつ、彼の3つの類型に合わせながら、韓国の多文化教育を診断してみる。

韓国の1997年告示された教育課程は、世界市民の育成を教育課程目標の一つとして提示している。そして、2012年からは、国家平生（生涯）教育振興院は多文化教育センターを設立・運営を始めている。その後、中央多文化教育センター以外に、17の地方多文化教育センターも設立・運営しており、多文化教育政策学校、実験学校などをつくって、多文化教育の実践に力を入れてきた。制度的次元の準備状況からみれば、韓国の多文化教育は進んだと

301

第4部　世界の中の多文化共生と人権

ころを行っているはずである。しかし、これまでの観察や調査結果によれば、韓国の多文化教育は、多元主義・多文化主義モデルから遠いところに留まっており、しかも、多文化子どもが少ない地域では、社会的無視モデルに近く、多文化子どもが多い地域では、同化・統合モデルに近い教育が行われている。先にみたとおり、多元主義的な教育方針を打ち出すと、地域住民と保護者の反対が厳しく、実行が難しい。

　ただ、最近、多元主義・多文化主義モデルの教育に接近しようとする努力が見られている。2024年現在、ソウル市内の80余りの初中等学校（小学校付属幼稚園含む）で、二重言語教育を実施していることが確認されている。多文化子どもは韓国人子どもと一緒に韓国語を習い、韓国人子どもは多文化子どもの言語を外国語として学習しているのである。このような二重言語教育の実践の中で、言語の習得を超え、多文化子どもが安定した学校生活をする効果が生まれている。また、地域ごとに多文化共生を実現するための方策を、移民と共に、模索していることが報告されている。例えば、光州市では、2023年から、移民・行政機関の責任者・研究者・教員などが会い、移民を惑わせる多文化家庭・外国人・移民・先住民などの用語の整理、移民と韓国人の相互理解の方法、未登録外国人の支援、公立外国語高等学校が中心になった移民と韓国人の言語的疎通方案の模索などの問題について意見を交わしている。全体的にまとまった形は整っていないものの、多元主義・多文化主義モデルの多文化教育を実現するための努力がさまざまな次元で行われている。

❸韓国の多文化教育が目指すところ

　韓国社会は、部分的にみれば、移民と韓国人間の葛藤があり、韓国人の中に移民との共生に対する見方や考え方の違いが見られているが、全体的人口構造や文化的特性からみれば、すでに多元的社会・多文化的社会に変わりつつある。個々の社会構成員の側面からみても、イスラム教徒の韓国人・中国国籍の韓国住民・難民出身の韓国人・ベトナム出身の韓国人子どもの母親など多様な人々が共に生きている社会なのである。移民を無視することはもはや不可能であり、韓国社会・文化への同化を強要する教育は、意味がなく、混乱を招くだけである段階まで来ているといえる。

302

第 14 章　韓国における多文化教育の実像

　ここで、マーサ・ヌスバウム（Martha C. Nussbaum）の立言に注目したい。彼女は、多文化社会に生きるグローバル市民は、人権と普遍的価値を基盤とした、①自分自身と伝統に対する批判的探究能力、②自分と他人は、互いに認め合い、関心をもってつながっていると考える能力、③他人の立場・考え方・価値を「交換的」にみる能力を自ら育て、備えなければならないと述べている。これらの能力は、多文化教育を通して育成すべきコスモポリタニズムの中身でもある。彼女は、忠誠すべき対象は、排他的ナショナリズム（国家）ではなく、人間の尊厳という普遍的価値であり、それを尊重・共有できる資質－コスモポリタニズムの形成こそ多文化教育の目標であると述べている。彼女の見解は、それに反対・疑問を呈する人もいるが、韓国の多文化教育に示唆するところが大きい。長い間ナショナリズム教育を受け、排他的集団意識の強い韓国人に、自己を客体化して反省的にみる機会と素材を提供するに違いない。

🔍 考えてみよう！／調べてみよう！

- なぜ一部の住民は、二重言語教育に反対するのでしょうか。
- 多文化教育のレベルを判断する客観的基準は設定できるでしょうか。
- 「人間の尊厳性という普遍的価値」について、他人に説明してみましょう。

📖 参考図書

権五定（2014）「韓国における多文化教育にみる共生の論理」権五定・齊藤文彦編『「多文化共生」を問い直す』日本経済評論社、137-186 頁

李修京ほか（2024）「韓国におけるナショナリズムと多文化教育の整合性問題」『東京学芸大学紀要人文社会科学系』75: 73-89.

교육부（2024）「2024 년 교육 기본 통계 주요 내용」〔教育部（2024）『2024 年教育基本統計主要内容』教育部〕

서울시교육청（2024）「이중 언어 교육 실태 조사」〔ソウル市教育庁（2024）『二重言語教育実態調査』ソウル市教育庁〕

Heater, D. (2004), *A History of Education for Citizenship*, Routledge.

Nussbaum, M. C. et al. (1996), *For Love of Country: Debating the Limits of Patriotism*, Beacon Press〔=2000, 辰巳伸知・能川元一訳『国を愛するということ——愛国主義の限界をめぐる論争』人文書院〕.

● Column ●
AI 時代における韓国の学校教育

金　秀玫

　韓国の小学校の教員として 10 年間働いた筆者は現在、晋州教育大学大学院の英語教育専攻コースに在学中です。筆者は授業の中で AI 技術と EdTech を活用した英語教育を行い、2023 年と 2024 年に韓国教育部長官賞を受賞しました。ここでは AI 時代における韓国教育の昨今の動きや、その過程で私たちが直面する課題とその解決策について述べてみたいと思います。

　韓国のみならず、世界は AI 技術によるかつてない変化の時代を迎えています。AI 技術はすでに日常生活や学問のあらゆる分野で重要な役割を果たしています。YouTube や SNS、インターネット広告ではアルゴリズムを通じてユーザーの関心に合ったコンテンツを提案し、生成型 AI は複雑な文書作業まで代行し必要な情報を簡単に提供します。AI サービスロボットによる家事労働の負担軽減や、音声認識技術で家電機器を遠隔操作もできます。こうした AI 技術は医学、農業、ビジネス分野でも活用され、がん診断や手術、生物に適した環境調整（温度、湿度、日照量）、消費者パターン分析や将来の可能性予測においても驚くべき成果を見せています。

　しかし、AI の発展は雇用減少という課題ももたらしました。OECD やオックスフォード大学の報告書では、今後 20 年以内に現在の職業の半分近くが消滅する可能性があると予測されており、単純作業や複雑な自動化作業がロボットに代替される可能性を警告しています。このような変化の中で、人間の協力、説得、共感といったロボットが代替できない能力の重要性が増しています。未来には、人間の創造力や感性などがより重要になると予想されており、韓国では 21 世紀の未来に必要な「4C」の能力を教育の中心に据えています。これは、交渉や説得の会話技術であるコミュニケーション（Communication）、分析的思考や問題解決能力をもつ批判的思考（Critical Thinking）、融合と協力のリーダーシップを必要とするコラボレーション（Collaboration）、企画力と革新的なアイデアに基づく創造性（Creativity）を育むことを目指したものです。

　韓国は AI 時代に備え、教育環境の変革に取り組んでいます。2023 年までにすべての児童生徒にスマート機器

Column

を配布し、学校内の Wi-Fi 環境を拡充して、いつでもどこでもデジタル学習が可能な環境を整えました。また、古い学校を改築する空間再構築プロジェクトを通じて、従来の画一的な教室構造を脱し、協力とコミュニケーションが可能なスマート教室を整備し、電子黒板やデジタル教科書を普及させて授業の質を向上させました。AIデジタル教科書は 2025 年に数学と英語科目を導入しはじめ、次第に国語、社会、科学へと拡大される予定です。これにより児童生徒に個別化された学習を提供できる一方、デジタル教科書の有効性に関する疑問やデジタル機器への過度な依存といった問題は依然として解決すべき課題として残っています。

小学校の授業でも AI 技術はさまざまな形で活用されています。数学では個人の学習レベルや弱点を分析し、個別指導や練習問題を提供します。英語では AI 音声認識技術で発音やイントネーションを分析し、個別のフィードバックを通じて自主的な学習をサポートします。韓国では小学 1 年生から遊び感覚のコーディング学習を始め、命令を入力してソフトウェアを作成したり、自分がつくったプログラムを友達と共有できるようにしています。

授業では、生徒たちがオンラインデザインのプラットフォームを活用して調査報告書やポートフォリオなどの発表資料を作成し、友達と共有しながら展開する形が一般的です。これにより、紙の資料よりも生き生きとした学習が可能となり、絵を描くのが苦手な生徒や説明が不得手な生徒でも、コンピュータの助けを借りて簡単に制作できるようになります。作成された資料は、形成的評価の根拠として活用されるほか、授業後に生徒がオンライン上に残した意見は、教師に授業改善のためのフィードバックを提供する役割を果たします。このようなデジタル機器を活用した授業は、特定の学級に限らず、一般的で普遍的な授業形態として定着しています。

それでもなお、解決すべき課題は残っています。児童生徒のデジタル機器使用量の増加により、虚偽情報の識別、不適切なコンテンツの区別、個人情報の保護、機器の正しい使用など、デジタルリテラシー教育がより重要になりました。教師は AI 技術を効果的に活用し、学生たちの未来に必要な能力を育てるための適切な教授法を学ぶ必要があります。学生を責任感のある未来の市民に育てるために、教師の役割はさらに重要になるでしょう。最後に、学生に対する包括的で平等なデジタル教育が必要です。デジタル依存症、SNS 中毒、衝動制御の困難、集中力低下、学力低下などのデジタル機器の弊害を予防するためには、社会的な次元での体系的な対策が求められています。

第 4 部　世界の中の多文化共生と人権

第15章　韓国における外国人政策と多文化主義

緒方義広

Keywords　　　　　　　　　韓国の外国人政策，在日コリアン，多文化主義

❶多文化化する韓国社会

　韓国は 1960 年代後半から 1980 年代にかけて「漢江の奇跡」と呼ばれる急速な経済成長を遂げた。その結果、社会は若年層の高学歴化や伝統・慣習・社会規範など、さまざまな価値観の変化を経験するようになる。また、いわゆる「先進国」といわれる多くの国が経験してきたように、韓国もまた少子高齢化や人口減少といった現実問題に直面している。そして、急速な経済発展にともなう労働力不足の問題を抱えるようになった 1990 年代の韓国は、日本の制度に倣って「外国人産業研修生制度」を導入した。

　韓国における在留外国人数は、1992 年（約 6 万人）から 2012 年（約 145万人）の 10 年間に約 22 倍へと膨れ上がった。人口比でいえば、0.15% だった外国人が 2.8% にまで増加したのだ。その後、コロナ禍でやや減少したものの、2024 年の統計によれば約 265 万人と、いまでは人口の 5.2% にもなる。ちなみに、日本の在留外国人数は同時期で約 359 万人（人口の 2.9%）だ。一般に、少数民族の人口が 5% を超える国を「多民族国家」と呼ぶ。アメリカやオーストラリアなどがその代表的な国だが、韓国もまたそれに次ぐ「多民族国家」になったといえるのである。

　もはや外国人を抜きにしては成り立たない社会へと変貌した韓国は、多文化化する社会への対処を迫られている。当初、労働力不足を補うために導入された外国人産業研修生制度は、外国人が過酷な労働環境に晒される危険性を多分に内包していたことから「現代の奴隷制」ともいわれた。韓国では、当事者やその支援者、専門家たちから批判が集まり、政府が直接関与する「雇用許可制」を 2004 年から導入することで、外国人産業研修生制度を廃止した。一方、韓国のモデルとなった日本の「外国人技能実習制度」も、人権侵害や多数の死亡者が出るなど多くの問題が指摘されてきた。2024 年の

306

第 15 章　韓国における外国人政策と多文化主義

法改正によりようやく制度は大きく変わるが、外国人を社会の一員として受け入れようとしない日本政府の姿勢には根強い批判がある。

　一方、韓国では、農漁村地域を中心に多くの外国人女性が結婚を機に韓国に定住することが増えるなか、政府が 2006 年、「外国人待遇処置法」を制定し、外国人を管理・統制の対象としてのみとらえるのではなく、社会の一員としてどう受け入れていくかを本格的に検討し対応するようになった。2008 年には、結婚による移住女性を対象とした「多文化家族支援法」が制定され、全国 218 か所（2019 年時点）に「多文化家族支援センター」が設置されるなど、さまざまな支援が提供されている。

　センターでは、韓国語教育や農村生活支援、就職情報の提供や家族内のトラブルを未然に防ぐための男女平等教育や人権教育など、外国出身者だけでなく、その家族を対象にしたサービスも提供している。専用のポータルサイトやスマホアプリでは、韓国語を含む 13 の言語でサービスが提供され、365 日 24 時間対応のコールセンターも開設されている。こうした支援の提供は、政府（女性家族部：日本の省に該当）主導のもとで制度化され、地方自治体に課された義務になっている。

　外国出身者にとって、韓国での生活を円滑に送るためには、特に韓国語の支援は重要だ。「多文化家族」とは、韓国人と外国出身者の配偶者から構成される家族のことである。韓国における国際結婚の多くが、韓国の男性と外国出身女性の組み合せであるため、子どもが韓国語を母語として習得する際にも困難が生じる場合が少なくない。そのため、外国出身当事者への通訳・教育支援はもちろん、その子どもに対する言語発達教育などの無料サービスも提供されている。

❷外国人政策の死角と認識の問題

　しかし、韓国の外国人政策が充分であるというわけでは決してない。韓国の多文化政策には、「同化政策」に過ぎないという批判がある。多文化家族支援法は、その対象を韓国国籍者と結婚した外国出身者（「帰化者」を含む）とその家族としており、外国人同士の夫婦や独身外国人は含まれない。外国出身者を韓国社会の一員として迎え入れることは「社会統合政策」とも表現されるが、つまり外国人を韓国社会に組み入れていくという発想が根底にあ

307

り、多様性の受容とはいえない側面が指摘されているのだ。

　また、制度の死角にある韓国籍在外同胞への処遇も問題だ。韓国では、海外における経済的ネットワークの拡大と外国からの労働力移入にあたり、在米同胞や在中同胞（中国朝鮮族）など、朝鮮半島にルーツのある外国人を優先的に韓国へ迎え入れようとした。しかし、在外同胞の概念では十分にとらえられなかったのが在日同胞、つまり在日コリアンたちであった。

　韓国政府が考える在外同胞には、居住地域の国籍をもつ「外国籍在外同胞」と、韓国から海外移住をした「在外国民」（韓国国籍同胞）が含まれるが、在日コリアンの場合、韓国籍や朝鮮籍であっても、他の地域の在外国民とは異なり、生まれも育ちも海外（日本）という場合がほとんどである。しかし、在日コリアンが韓国で生活をするようになっても、原則として多文化家族支援の対象とならない。韓国語の意思疎通に困難が伴ったとしても、韓国国籍をもっているがために何らサポートを受けられないのだ。

　韓国の多文化政策をめぐっては、外国人に対する社会認識の問題も指摘される。多文化家族の外国出身女性たちは、多くがベトナム、中国、タイといった地域から来ているため、多文化家族を社会的・経済的に「下層」の人々とみなし、その家族に対する支援を「施し」であるかのようにとらえる傾向があるのだ。その結果、「多文化」という用語はネガティブなものとしてとらえられ、あたかも差別用語であるかのようになってしまった。近年では、多文化家族のことを「グローバル家族」と言い換えることも多い。

　一方、韓国は2012年、アジアで初めて難民法を制定した先駆的な国である。ただ、難民認定率は0.3％程度を推移しており、難民法をもたない日本と変わらず極めて低い水準だ。一般に「不法滞在者」といわれる未登録外国人が、まるで犯罪者かのように扱われ、最低限の人権すら守られていない現状が指摘されているのも、日本の現状と似ている。

　2020年のコロナ禍においては、行政による支援金支給の対象から外国人が除外されるのは当然と考える世論が一部に存在した。また、移住労働者をめぐる雇用者の蛮行がたびたび報道される。一部に残る人身売買のような国際結婚も問題だ。結婚移住した女性が夫の韓国人男性に暴行・殺害されるという凄惨な事件も起きた。韓国語による意思疎通や、古い家父長的な家族観に苦しむ移住女性も少なくない。

　2021年、国内のある外国人保護所（難民申請者施設）に収容されていたモ

第 15 章　韓国における外国人政策と多文化主義

ロッコ出身の男性が、手足を後ろで縛られるなど、非人権的な扱いを受ける
様子が記録された動画が公開された際、政府の外国人政策を批判する世論が
一時的に盛り上がった。しかし、それが何かを根本的に変えたり、政府を動
かしたりするところにまでは至らない現状もまた、日本と同様である。社会
的に声を上げづらい外国人の人権問題は見過ごされがちだ。

❸嫌悪と不寛容、そして多文化主義

　韓国もまた日本と同様、決して「移民国家」の道を選択したわけではない。
低賃金で雇われる外国人労働者たちは、韓国に一時的に滞在する者という法
的な位置づけであることに変わりはないのだ。また、日本と同じように、韓
国もまた「単一民族国家」であることが前提となっており、時にそれは異文
化に対する不寛容な態度や排他性を露呈する。多文化政策とは本来、多文化
主義（multiculturalism）を具現化するものであったはずだ。しかし、前述の
ように、多文化家族支援法が同化政策であると批判されるなど、現実は多様
な文化を尊重する文化が十分に育まれているとは必ずしもいえない。

　韓国における多文化政策は、利己的な自国中心主義（ethnocentrism）に陥
りがちであり、それが攻撃的な様相を呈することもしばしばである。朝鮮半
島にルーツのある外国出身者であっても、「在外同胞」として広く歓迎され
るのは、あくまで成功者に限られる。オリンピックなどの国際大会で成果を
上げたスポーツ選手が「民族の誇り」と称えられる一方で、ごく一般の在
外同胞が韓国語の意思疎通に困難を抱えていることに関心を向ける人々は少
ない。逆に、韓国籍を取得した外国出身者が、例えば国会議員という社会の
リーダーになろうとすると、今度は誹謗中傷の的となってしまう現実もある。

　一方で、韓国はすでに多文化社会であり、移民を積極的に受け入れるべき
だと主張するメディアや知識人たちがしばしば挙げる理由は、韓国の少子化
対策である。韓国社会の多文化化は人口減少対策の手段とみられている。そ
もそも外国人受け入れ政策が労働力不足の解消という必要性から始まったよ
うに、韓国における今の多文化主義は、外国人を韓国の発展に役立てようと
いう発想に依存している側面が強い。

　2018 年、内戦下のイエメンから数百名の亡命希望者が済州島に到着した
ことで起きた韓国社会の異常な反応もまた象徴的であった。イスラム教徒に

309

対する偏見と、彼らを性犯罪者だとするフェイクニュースが広まり、その追放を求める声に多くの人々が安易に賛同した。それは、見慣れない異文化と外国人に対する嫌悪に基づく排外主義運動であった。多文化主義の本来的な理念はそこに存在しなかった。

また、多文化家族という言葉がネガティブにとらえられるようになる一方で、欧米の白人や日本人が多文化のイメージで語られないのは、外国人をある意味で序列化するものであり、やはり多文化主義の理念からはほど遠い。在日コリアンや脱北者のように、国籍が韓国であっても多様な文化をもつ者が尊重されないのもまた、多文化主義に相反する態度だ。さらには、包括的差別禁止法案が2007年以来、何度も国会に上程されるも否決されてきた現状もまた、多様性を認めない韓国の限界を露呈している。

ただ、韓国社会が着実に変化してきたのもまた事実である。問題視された外国人産業研修生制度を廃止し、同化政策との批判はあるものの、外国人を社会の一員として迎え入れるための模索は続いている。依然として偏見は根強いが、アジアで初めて難民法を制定し実効性をもたせるための改善も試みられている。兵役逃れを減らすためという目的があったにせよ、ボーダレス化する国際社会において二重国籍を一部認めるという制度改正も進んだ。2023年には政府が在外同胞庁を新設しており、朝鮮半島にルーツのある人々の包摂が加速化する可能性もある。

さて、翻って日本社会はどうだろうか。良くも悪くも、韓国社会の変化から学ぶべきことは少なくないのではないか。

🔍 考えてみよう！／調べてみよう！

- 外国人技能実習制度など、日本の外国人政策について調べてみましょう。
- 在日コリアンを取り巻く日本の状況について調べてみましょう。
- 韓国の例を踏まえ、日本社会における多文化主義について考えてみましょう。

📚 参考図書

緒方義広（2023）『韓国という鏡——新しい日韓関係の座標軸を求めて』高文研
緒方義広・古橋綾編（2022）『韓国学ハンマダン』岩波書店
春木育美・吉田美智子（2022）『移民大国化する韓国——労働・家族・ジェンダーの視点から』
　　明石書店

第16章　超低出生と高齢化の進む韓国

金　泰憲

Keywords　　合計特殊出生率，少子高齢化，移住外国人

❶韓国における人口問題の現状

　韓国の人口は，2020年に5184万人の頂点を記録して，その後減少しはじめ，52年後の2072年には3622万人になるという（韓国統計庁2023）。合計特殊出生率（total fertility rate: TFR）がOECD最低水準の0.72（2023年）であり，高齢化の進行が速く，2072年になると死亡者が出生児より多くなり，年間52万人が自然減少すると予測されている。

　韓国戦争（1950～1953年）後のベビーブーム（前期：1955～1963年・後期：1964～1974年）期間中の年間出生児数が100万人を超えるとき（1960年・1971年・1972年）もあったが，2023年には23万人で4分の1に減少している。合計出生率が速いスピードで下がり続け，2001年に超低出産水準である1.3を記録し，2018年には1.0を下回って0.98となり，2023年にはついに0.72まで下がった（図1）。このような趨勢が続いたら，2024年代には合

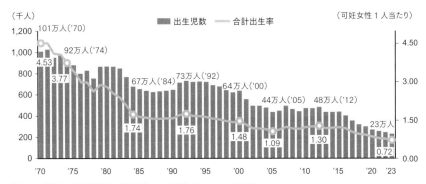

図1　韓国の出生児数と合計出生率の推移（1970～2023）
出典：統計庁（2024）「2023年出生統計」報道資料

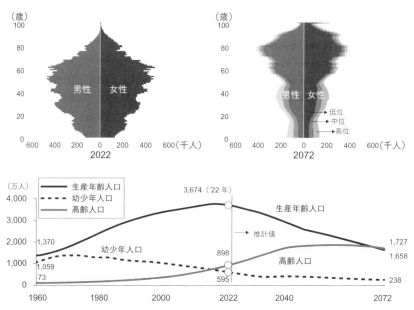

図2 韓国の人口構造（2022・2072）と主要年齢別人口変化（1960〜1972）
統計庁（2023）"将来の人口推計（2022〜2072）

計出生率が0.6まで落ち、出生児数20万人を守ることが難しいと予想される。超少子化現象は、社会の持続的発展を直接的に阻害する要因となる。韓国社会の存続自体が懸念されるのも大げさとはいえない。

　一つの人口集団で、扶養能力のある生産可能年齢人口（15〜64歳）が多いときは、被扶養人口である幼少年人口（〜14歳）と高齢人口（65歳以上）に対する扶養負担が減り、その反対の場合扶養負担が増す。韓国の場合、超低出産の持続で幼少年人口が減り続けており、ベビーブームの世代が65歳に到達（1955年生まれが2020年に65歳になる）したため、高齢人口が早く増加しはじめた。その結果、増加する高齢人口数と減少する生産年齢人口数との間隔が狭くなりつつあり、2070年代になると、逆転して、高齢人口が生産年齢人口より多くなる。このような極端な高齢化現象のため、社会の持続的な発展が難しくなるとみられている（図2）。

第 16 章　超低出生と高齢化の進む韓国

❷出生率回復のための政府・自治体の努力と個人の選択

　出生率が落ちる直接的な要因として、非婚・晩婚・期待子ども数の減少・難妊夫婦の増加などが挙げられる。韓国人の出産のほとんどは結婚内出産である。出生率を上げるためには、結婚・保育・教育など、本来個人が負担してきた費用を減らせる政策的方策を準備するか、国家・社会がその負担を直接支援しなげればならない。政府や自治体は、個人負担（特に私教育費）の軽減方策を模索し、財政的支援を進めている。しかし、その効果は今のところ未知数である。

　結婚と親になることは、個人の選択であるため政府・自治体の努力だけで出生率を上げることには限界がある。結婚・家族に関する価値観の変化がなければ、出生率の回復は期待できないのである。結婚・出産・家族に関する学校教育・社会教育を通じて、子ども・家族と共に生きることが個々人の幸せを保障する確かな道であるという確信をもたせる政府の努力もあるが、最終的な選択は個人に委ねられている。

　国家・社会の支援が出生率回復の「必要条件」であるとしたら、個人の結婚観・子ども観・家族観など価値観の変化は出生率回復の「十分条件」といえる。

❸外国人の受け入れと残される人口問題

　生産年齢人口の減少は、当然労働力不足をもたらす。韓国では、労働力不足問題に対する、長期的対応策として出生率の回復努力を続けながら、外国人労働者を受け入れて、生産現場の不足する労働力を補充している。韓国に居住する外国人人口（人口調査基準日現在、90 日以上韓国に居住するか居住予定の人）は、2000 年代に入って急増している。2000 年（15 万 1000 人）から 2022 年（175 万 2000 人）までの 22 年間で外国人が約 12 倍に増加しているのである（韓国統計庁 2011, 2022）。その結果、韓国の総人口に占める外国人の比率は、2000 年の 0.3% から 22 年後の 2022 年には 3.4% に急騰している。外国人労働者をはじめ、国際結婚移民や留学生などの受け入れのために、多文化化が急速に進んでいる韓国社会の移民政策は、単に若い人口の補充だけではなく、長期的な社会変動も視野に入れる必要がある。それと関連して、

313

次のような点が注目されている。

　第一、入国当時は若い年齢層であっても、時間がたつと高齢者になる。社会の高齢化を緩和するためには、移民の出産・養育・教育が活発に行われなければならない。しかし、移民は、移住してきた社会で速く生活の安定を構築するために、非婚・晩婚・無出産あるいは一人っ子のみもとうとする傾向がある。いまのところ、移民による出生率の回復は期待できない状況である。

　第二、これから、長期間持続的に外国人労働力を受け入れることが難しくなる可能性が高い。現在、国内における労働力の供給不足を補充するために必要な、良質の労働力を選別的に受け入れているが、このような韓国側の要求通りの受け入れ策の限界が見えはじめている。これまで労働力の供給国であった東南アジアや南アジアの国々が早いスピードで経済発展を遂げていて、遠くない時期に良質の労働者を外に出すことができないのではないかとみられる。また、その国々でも、経済発展とともに、出産率の鈍化が始まっている。

　第三、新しく移住する外国人が増加することになると、必然的に多文化化現象、社会的葛藤が生じる。文化を異にする人々が共に生きる経験が長い西欧社会においても、国内人と外国人の葛藤が頻発している。そのような経験が浅い韓国で、外国人の受け入れに伴う社会的葛藤が起こってもおかしくない。韓国は、多文化政策に移行する段階から、その「葛藤」問題を懸念して、多文化教育を推進、多文化家庭の支援、外国にルーツをもつ子どもの教育支援、市民として地域活動に参加できる地方参政権付与など、さまざまな方策を講じてきた。ただ、この問題においても、政策的次元の努力と市民の選択が必ず一致するとは限らない。

　今日、高齢化は世界的に進んでいる人口現象である。問題は、韓国の高齢化へのスピードがOECDの中で最も早く、2045年頃には、世界で高齢化の程度が最も深刻になると予想されている点である。いま、合計出生率2.1の「代替水準（replacement level）」を回復し、これを長期間（おおよそ2～3世代以上）維持して、人口規模と年齢別人口構造が変わらない「停止人口（stationary population）」状態が続いたとしても、高齢化と人口減少は長期間止まらない。新しく生まれる子どもが労働力として活動するまでは、少なくても、20年以上待たなければならないからである。

　未来の困難を減らすために、韓国政府は、超少子化の克服のためにさまざ

まな対策を講じる一方、当面不足している労働力と若い社会構成員の補充のために、外国人を受け入れている。しかし、外国人の受け入れが人口問題の根本的な解決策にはならない。まず、国内において、自ら根本的な解決策を探さなければならない。政府の積極的な支援という必要条件と、個々人の子ども・家族に関する認識と態度の変化の上で行われる合理的な選択という十分条件が調和するとき、人口問題の解決が見えるのではないか。

考えてみよう！／調べてみよう！

- 低出生の構造的原因を考えてみましょう。
- 出生率回復のための、政策的次元の努力と個人の選択間のずれの理由を考えてみましょう。
- なぜ外国人の受け入れが人口問題の根本的な解決策にならないのか考えてみましょう。

参考図書

통계청 (2011)「2010 인구 주택 총 조사 전집 집계 조사 (인구부분)」〔統計庁 (2011)『2010 人口住宅総調査全集集計結果（人口部門）』統計庁〕

통계청 (2022)「2020 인구 주택 조사 등록 센서스 방식 결과」〔統計庁 (2022)『2020 人口住宅総調査登録センサス方式結果』統計庁〕

통계청 (2023)「장래 인구 추계 2022-2072」〔統計庁 (2023)『将来人口推計　2022-2072』統計庁〕

통계청 (2024)「2023 출산 통계 (보도 자료　2024.08.28)」〔統計庁 (2024)『2023 出生統計』（報道資料 2024.08.28）統計庁〕

● Column ●
韓国の玄関口、仁川

城　渚紗

　韓国に行ったことがない人も、「仁川空港」という空港の名前を聞いたことがあると思います。韓国の玄関口であるだけでなく、他の国への乗り継ぎなどでもよく利用される空港です。この仁川空港、なんとなくソウル行航空券のイメージがあるため、ソウル市内ではなく「仁川広域市」という独立した自治体の中にあることを知らない方もいらっしゃるのではないでしょうか？　仁川は、実は空港だけでなくクルーズ船やフェリーなどの国際旅客船ターミナルがあるなど、外国との玄関口にもなっている都市です。

　少し韓国に詳しい方ですと、「仁川チャイナタウン」という地名を聞いたことのある方もいらっしゃるかもしれません。こちらは現在、外国人街として機能しているわけではありませんが、軍事政権下で外国人に対して行われたさまざまな規制により衰退していた商圏を、1990年代に復興した場所です。背景には、韓国と中華人民共和国間での国交樹立があったとされています。ちょうど日本の横浜中華街のような観光地として整備されており、仁川駅を出ると、目の前にチャイナタウンの入り口があり、飲食店やお土産店に交じってさまざまな史跡が残されています（図1）。このチャイナタウンの隣には、実は旧日本人街がそのまま続いていて、当時の建造物が部分的に整備・保存されています。朝鮮末期に日朝修好条規によって開国を余儀なくされて以来、このあたりには清・日本のいわゆる「租界」ができたことが、古い時代の外国人街形成につながりました。しかしながら、「租界（外国人居留地）」とは設置先の国に外国の治外

図1　仁川チャイナタウン
出典：筆者撮影

法権を認めさせた空間であり、現代の外国人街とは性質が大きく異なることに留意が必要でしょう。

さて、外国人の受け入れ先となった仁川は、海外に向けて初めて公式に移民が出発した場所でもありました。仁川市内にある月尾島（ウォルミド）には、「韓国移民史博物館」という公立の博物館があります（図2）。ここでは、日本の在日コリアンの話はもちろん、在米コリアン、中央アジアの高麗人（コリョサラム）、中国朝鮮族、中南米に渡ったエニケン、戦後サハリンに残留を余儀なくされた人々など、大韓民国政府の樹立前から樹立後まで、さまざまな移住グループの歴史がまとめられています。非公式には、清（満洲・間島地域）やロシアの沿海州などに早くから移住者が居ましたが、公式の記録では、1902年にサトウキビ農場へ就職するためこの月尾島からハワイへ向かった人々が最初の移民となっています。仁川は現在も、空港や港から多くの外国人が韓国に入国し、多くの韓国人が旅行や留学、出張などを目的に出国する場所となっていますが、歴史的にも、外国から多くの人が入ってくる地域であり、反対に海外へ向かう人の出発地ともなっていたのでした。

なお、仁川チャイナタウンや旧日本人街のあたりは、現在では観光地としての趣が強く、居住地とは言い難いのですが、仁川市内には現在も多くの外

図2　韓国移民史博物館
出典：筆者撮影

国人住民が居住しています。先ほど移民史博物館に触れましたが、韓国の特徴としてかつて移住していった人々の子孫もまた、外国人住民として多数居住していることが挙げられます。代表的なグループとしては、中国朝鮮族があげられるでしょう。ソウル市内の大林洞が集住エリアとして有名ですが、仁川市内にも多くの居住者が存在し、最も多い外国人住民は中国朝鮮族とされています。その他、中国（朝鮮族を除く）、ベトナム、タイそして旧ソ連諸国の人々も多数居住しているとされています。これは、中国朝鮮族のように、かつて海外に渡った同胞の人々の韓国移住と関わってきます。

ロシアの沿海州には、朝鮮から移住していった人々が住んでいたのですが、ソ連時代の1937年、スターリンによって中央アジアへ強制移住させられ

図3　仁川・ハンバクマウル
出典：筆者撮影

図4　仁川・ハンバクマウル
出典：筆者撮影

てしまいます。この時の子孫が、現在も中央アジアやロシアなどで暮らしています。冷戦が終わり、こうした人々の中から在外同胞である高麗人（コリョサラム）として韓国へ向かう人々が現れはじめました。仁川市には、高麗人にあたる人々を中心に、中央アジアを含め、ロシア語圏から来た人々の集住地区が存在します。ハンバクマウル（함박마을）と呼ばれるこのエリアでは、ロシア語の看板が立ち並び、ウズベキスタンやロシア料理の店、輸入食料品店などが数多く見受けられます（図3・4）。携帯ショップや不動産など、生活に必要なサービスもロシア語と韓国語で併記（時々英語も表記）されており、韓国語教室や高麗人文化院も設置されるなど、観光地化された多国籍飲食店の並ぶ通りや駐在員・外交官等が集まるエリアなどとは異なり、生きるための居住空間として街が存在することがわかります。

　古くからの港町として栄えた仁川は、これまで述べて来たように、過去から今日まで重ねられた「人の移動」を見ることができる都市の一つです。韓国を訪問される方は、SNSやエンタメが見せる韓国とは異なる、外国へ渡った／渡ってきた人々の歴史と暮らしが重なる空間に、少しだけ足を延ばしてみるのはいかがでしょうか。

Column

釜山地域における多文化社会への変遷

李　京珪

　韓国の統計庁が発表した「2023年地方自治体の外国人住民現況」によると、2023年11月1日を基準に韓国に居住する外国人住民は245万9542人に達している。これは韓国内総人口5177万4521人の4.8%に当たる数値である。特に、工業都市部や農村部では10%を超える地域もあることがわかる。外国人住民の類型別では、韓国国籍をもたない人（外国人労働者、外国国籍韓国人、結婚移民者など）が193万5150人（78.7%）、韓国国籍取得者23万4506人（9.5%）、外国人住民の子女（出生）28万9886人（11.8%）などであった。

　そして韓国教育部と教育開発院が発表した「2024年教育基本統計」の幼・小・中・高校の多文化生徒数はなんと19万3814人である。多文化学生の割合は韓国全体の生徒数の3.8%を占めており、その割合は時間が経つにつれ次第に増えている。多文化学生の親の出身国はベトナム系、中国系、フィリピン系、日系の順で構成されており、アジア圏の出身国が大半を占めている。多文化学生が増えると、韓国の多文化教育も変化を迎えた。代案学校

（フリースクール）、多文化学校、韓国語教室など多文化学生を対象にした多文化公共施設とプログラムが全国各地で増えはじめた。

　筆者が居住している釜山地域においても、多文化社会への変化は同様に思われる。現在、釜山市人口327万9604人の中で外国人人口が6万3056人で1.92%の割合を見せており、他地域に比べてはやや低い割合を示している。しかし、釜山市に住む外国人が2010年の3万2471人から現在6万3056人へと、14年間で90.19%が増加し、多文化社会へと急速に変わりつつあることがわかる。したがって、多文化共生社会への変化を上手く受け入れるための社会的システムを構築しなければならないだろう。そのため、多文化関連公共施設の拡充およびプログラム運営が何より重要だと思われる。

　現在、釜山市の多文化関連公共施設として多文化家族支援センター（釜山市16か所）、多文化教育支援センター（釜山市教育庁運営）、多文化社会統合センター（韓国法務部運営）、多文化学校、公共図書館などがある。

　外国人が急速に増え、韓国人と家族

を構成する多文化家族も急速に増える傾向を見せている。2008年3月に制定された「多文化家族支援法」第12条に基づいて設置・運営されている多文化家族支援センターは、多文化家族の社会文化的適応を支援し、多文化家族に対する理解を高めるための総合的なサービスを実施している。

　釜山多文化教育支援センターは、釜山に住んでいる多文化・脱北学生と家族に対する専門的かつ統合的なワンストップ教育やサービスを提供するだけではなく、多文化家族の交流の場として活用されている。同センターは多文化・脱北生徒および保護者のための「カスタマイズ型プログラム」、教育共同体の多文化理解向上のための「多文化理解教育プログラム」、多文化社会を準備する「教員・父兄の力量強化プログラム」などを運営している。

　韓国法務部の社会統合プログラムは、法務部長官が指定した運営機関で所定の韓国語教育と韓国社会理解教育を履修した移民に在留許可および永住資格や国籍を与えることであり、このプログラムは一定の資格を付与する核心的な移民社会統合政策で移民が韓国社会構成員として適応・自立できるよう支援することを目的とする。現在、このプログラムは全国50か所以上の拠点運営機関の多文化社会統合センターを通して運営されており、釜山地域では釜山外国語大学、東義大学、東亜大学

が同センターの拠点運営機関を担っている。

　しかし、未だに多文化教育が定着していないのは、韓国の多文化化が急速に進んだ側面も関係しているだろうが、地域社会の多文化関連機関同士の有機的な協力体制が構築されておらず、関連機関が独自の事業や行事を中心にプログラムを遂行しようとする傾向ともまったく無関係とはいえないだろう。そのため、関連機関の多文化プログラムも地域的な特性を生かせず、近隣の多文化機関とほぼ同じ内容のプログラムの反復や1回限りの行事に留まる場合が多かった。

　多文化社会が安定的に定着するためには、少数文化に対する韓国人の認識の変化や実践が大切である。多文化教育における国際理解教育、世界市民教育、文化多様性教育、文化感受性教育などが並行されなければならず、市民運動として展開されてこそ成功を収めることができるだろう。

　今後、釜山地域の多文化教育が活性化するためには、多文化関連機関間の相互協力ネットワークの構築はもちろん、釜山市や釜山教育庁、近隣地域内の多文化家族支援センター、多文化教育支援センター、多文化学校、公共図書館間の相互協力を通じて、体系的かつ持続的な多文化教育が行われる協力システムの構築が何よりも重要ではないかと思う。

第**17**章　韓国芸能の影響を受ける中国の今

木村奈津子

Q Keywords　　　　　　　　　　　　中国テレビ，韓国芸能，独身の日

はじめに

　経済成長著しい中国において、社会を牽引する「80后（1980 年代生まれ）」「90后（1990 年代生まれ）」の考え方は多様化しつつある。その変化にはさまざまな社会的要因があると考えられるが、今回はその中でもとりわけ強く影響している韓国芸能の様子を述べたい。

❶韓国芸能からの影響

　日本貿易振興機構（『中国におけるテレビ番組販売ハンドブック』2007 年）によると、中国において、テレビ局の開局は 1958 年で、その後 70 年代まで、テレビは共産党の政策や思想を宣伝するための手段であった。70 年代後半から 90 年代になると、TVCM が始まりテレビの大衆化が加速、1983 年には民間テレビ制作会社が誕生し、「ドラマは国家理念の表現手段」とされ、中国伝統文化と愛国主義を謳ったドラマが多く制作される。1989 年には、海外ドラマが全体の半数以上となり、「全体の 20% 以下に」「ゴールデンタイムでは 15% 以下に」と規制された。

　90 年代後半から 2000 年代、テレビは市場化と多様化を迎える。特に 1992 年の中韓国交回復後、韓国のテレビ番組やドラマが大人気となり、韓国で人気を博した視聴者参加型番組の中国版「超級女声（スーパーガール）」「梦想中国（夢想中国）」「开心词典（開心辞典）」が大流行する。その熱狂ぶりに、2006 年、「オーディション参加年齢基準を 18 歳以上とする」「オーディションの規模を（これ以上）拡大しない」などの規制を受ける。また、2004 年には「ゴールデンタイムにおける暴力シーンの放送禁止」が発出され、ミステリー・サスペンスドラマの輸入数を厳格に規制している。これは「青

少年の正しい道徳観を損なうべきではない」という世論を背景に制定された、ともいわれている。

　テレビというものは大多数に、そして広範囲に、精神的影響を与えるものだ。だからこそ、テレビ局開局当初、「共産党の政策や思想を宣伝するための宣伝手段」だったのだ。香港などの番組が早くから人気を博したが、韓国芸能の勢いとその影響は比べようもなく大きなものだった。政府がさまざまな理由をつけて規制をかけることからもその影響の大きさがうかがえる。

　政府が韓国芸能の勢いに危機感を覚え、その潮流を止めたのは、2016年の「限韓令」である。これは菅野（2022）によると、「韓国エンタメの締め出し」だという。その主な内容は、①韓流スターのファンミーティングやコンサートの中止、②韓国エンタメコンテンツの新たな契約禁止、③韓国製ゲームの輸入禁止など。経済力をもつ若者が、韓国芸能や韓国のゲーム産業に、桁違いの資金をつぎ込んでいることを規制によって食い止めようとした。

　さらに、2020年には人気韓国グループのBTSの朝鮮戦争をめぐる発言が問題となり、韓国企業が中国への過度の配慮から行動を起こした。サムスン電子は中国ネットショップのBTS限定版製品の販売中断、現代自動車グループはBTSプロモーション画像を削除するなど、過剰ともいえる反応をした。これは「恐中症」ともいわれて、韓国にとっては巨大な貿易相手国で、中国に極端すぎるほどに配慮した過剰反応だった。

　また、2021年には文化締付政策が行われた。これも、「韓流」への規制が再び強まった政策だといわれている。その内容は、韓国エンタメコンテンツのドル箱ともいえる韓国製のオンラインゲームが「ゲームは精神的阿片」として規制が強化されたことだ。さらに、K-POPスターの「体制に反する芸能人の活動制限」「過度のファン活動の禁止」の規制措置がとられた。

　現在、日本でも「推し活（自分の好きなグループや個人を応援する活動）」が盛んだが、近年では「中華バー」と呼ばれている中国のファンの動向が注目されている。「中華バー」は「推し」にかけるお金の規模がとびぬけて高額で、スケールがあまりにも異なり、国が介入するほど問題視されている。一例を挙げると、芸能人の誕生日にアメリカ『TIME』誌に芸能人初のお祝い広告を一頁掲載する、アラブ首長国連邦ドバイの世界最高層ビルで誕生日を祝うライトショーを行う、飛行機に誕生日特別塗装をする、などなど。菅野は「中国政府は、芸能人を富裕層の象徴とし、貧富の差を是正する事を目

第 17 章　韓国芸能の影響を受ける中国の今

的としているというが、事実上韓流の取り締まりと言われている」としている。経済成長著しい中国で生まれ育ち、経済力をもった若者たちの消費行動が、今、中国国内だけでなく世界を変えている、ともいえる。

　さらに、韓国芸能は現在世界で大きく飛躍しているが、その韓国芸能から中国芸能界へと戻る動きもある。一例を述べると、韓国で活動する人気男性グループの EXO は 4 人が中国人だが、そのうちの 3 人は中国芸能界へ戻り活躍している。また韓国で練習生となったあと、中国で活動する芸能人もかなり増えている。韓国芸能界でも近年では世界戦略を掲げ、多国籍グループをつくり、その中に中国人が複数含まれる場合も多々ある。中国では朝鮮半島と地続きで、国境を接する中国朝鮮族の若者もいて、その背景を充分に利用して活躍する者も多い。

　このように韓国芸能は外から、そして韓国芸能に影響された中国の中から、現在の若者たちの変化に大きく影響しているといえる。

❷中国コスメの流行

　近年、アジアの若者を中心に韓国コスメが大流行し、日本でも「オルチャンメイク」と呼ばれ人気を博している。資生堂の HP でも特集が組まれ、その特徴は「メイク前のスキンケア重視」で、「お嬢様風清楚系韓国メイク」や「K-POP アイドル風韓国メイク」などが紹介されている。

　中国では化粧はもともと、一部の芸能関係者や富裕層だけのものだった。筆者が初めて訪中した 90 年代後半、大学の先生はノーメイクだったし、街の女性たちも化粧をしている人は少なかった。その当時、北京の百貨店では「真珠入りクリーム」がお土産に人気だった。

　宮本（2013）は「1960 年代生まれにとって、文化大革命の時代には化粧が禁止」であった、と述べている。特に、革命では表向きは「女」を強調する化粧よりも「人」としての能力が重んじられたという。

　改革開放後の中国成長期、人々の所得は上昇し、中間所得層の規模も拡大していった。80 后、90 后は両親とその祖父母たちの 6 つのポケットをもち、裕福な育ち・高い学歴・先進的な価値観・高い購買力・ネットユーザーなどの特徴が挙げられ、ファッション・美容・趣味などへの消費意識が高く、非常に目が肥えているといえる。

323

第4部　世界の中の多文化共生と人権

　そのような社会状況の中で、2018年「国潮」という動きが生まれた。これは「中国の伝統文化を取り入れた国産品のトレンド」のことである。これまで中国は「世界の製造工場」であったが、中国で「創造」していこうという動きだ。宮本は、「かつて、日本人だけでなく、中国人も『中国製はダサい』『品質が悪い』『すぐ壊れる』といったイメージを抱いていた。多くの中国人にとって日本製や海外製品＝高品質で安心安全、中国製品＝粗悪品というイメージがあったのだが、今の若者たちの間には、そのようなイメージは全くない」としている。「むしろ真逆で、彼らは中国製は（日本製より）カッコいい」「（中国製のほうが）デザインがいい」「『中国製品が世界で一番おしゃれ』というイメージを持っている」「今の中国の若者は……幼い頃から海外旅行に行っているから目が肥えている……安心安全など商品に対する要求は日本人以上……いい物は高くて当然……」としている。

　以上から、経済力をもった若者たちが、韓国芸能から多大なる影響を受け、中国を変えていこうとする様子が見られる。中国の若者は、潤沢な資金を活かし、好きなものへ投資をし、自分らしい美しさを「創造」していこうとしている。韓国芸能に影響を受け、それを取り込み、自分流により良いものにしていこうとする中国の若者たちの力強さが感じられる。

❸独身の日

　若者たちの変化の兆しは、「独身の日」からもその一端がうかがえた。親世代にとって伝統的結婚観が強く、「男婚女嫁（男子は妻を娶り、女子は他に嫁ぐ）」というように、結婚は本人の意思よりも、両親ひいては一族の子孫繁栄の大切な儀式であった。伝統的結婚観では、儒教の影響から「娘は父に、妻は夫に従うべきである」という考えが一般的であったが、1970年代から計画生育政策（一人っ子政策）が始まったこと、中国経済が高度成長期に入り社会全体が豊かになったことなどから、若者たちの考え方は変化し多様になりつつある。

　中国には、恋人の日が三日ある。日本と同様の2月14日のバレンタインデー、中国の伝統的バレンタインデーと呼ばれる七夕（旧暦7月7日）、そして近年5月20日が仲間入りした。この、5月20日は音の語呂合わせで、「愛している」の中国語にその音が近い（520wǔ èr líng ≒ 我爱你。Wǒ ài nǐ.）

ことから注目が集まり、恋人たちのイベントが行われるようになった。その
ようななか、一方で、独身の日、というものも生まれた。これは1990年代
の11月11日が始まりとされる「光棍节（独身の日）」である。これはもと
もと、1という数字が並ぶ様子から、一人ぼっちの日、独身の記念日として、
大学生らが独身を祝うパーティーや自分へのプレゼント、お見合い大会など
のイベントをしたことに端を発する。筆者はこの記念日を、伝統的な結婚観
に囚われず、自分らしい生き方を模索する若者の姿として注目した。

　しかし、その後、「自分へのご褒美での買い物」の日として2009年にア
リババが「独身の日セール」を行ったことから、一年で最も消費活動の盛ん
な日、商業的記念日へと変化していき、年を追うごとにその熱狂ぶりは加速
度的なものとなっていく。

おわりに

　中国の社会変化に韓国が大きく影響している様子をみてきた。中国に一番
近く、中国国内に同じ民族を有する韓国。世界で活躍する中国人も増えるな
かで、中国社会の変化に最も影響を与えたのは韓国である事は間違いない。

🔍 考えてみよう！／調べてみよう！

- 韓国芸能や韓国コスメなど、流行が与える価値観の変化について考えてみま
  しょう。
- 世代間の結婚観の違いについて考えてみましょう。

📖 参考図書・ウェブサイト

菅野朋子（2022）『韓国エンタメはなぜ世界で成功したのか』文春新書
資生堂HP（2022）「チャイボーグメイク」のやり方♪美人度が上がるメイクテクを大公開！」
　　（https://www.shiseido.co.jp/sw/beautyinfo/DB009221/?srsltid=AfmBOorbgglnsYOoTwlX0mi
　　vWpgH-etyJTf6ww-EYRBCD9mRESnVRnX7，2025年2月18日最終閲覧）
東洋文化研究会編（2005）『中国の暮らしと文化を知るための40章』明石書店
藤野彰編（2024）『現代中国を知るための54章〔第7版〕』明石書店
宮本文幸（2013）「中国における化粧品市場の成り立ちと今後の展望」『愛知大学国際問題研究
　　所紀要』141: 81-97.

● Column ●
中国における日本語学習者の現状

ゴスチンゴワ

　国際交流基金（2023）によると「海外日本語教育機関調査」は141の国・地域において日本語教育が実施されていることを確認された。全体として日本語学習者数は前回の2018年の調査結果より減少した。しかし、中国の日本語学習者数は2018年度の100万4625人から2021年度まで105万7318人になり、5万2683人増加したことが確認できる。また、国際交流基金（2020）の『海外の日本語教育の現状――2018年度日本語教育機関調査』によれば、中国の日本語学習者数は世界でも最大の規模をほこる。これは初等・中等・高等教育機関および民間の語学学校等に所属する学習者であり、それぞれの学習者数は初等教育では3892人（0.4％）、中等教育では9万109人（9.0％）、高等教育では57万5455人（57.3％）、学校教育以外では33万5169人（33.4％）であった。国際交流基金（2023）では初等教育では3442人（0.3％）、中等教育では33万5876人（31.8％）、高等教育では55万7153人（52.7％）、学校教育以外では16万847人（15.2％）になった。2018年度と2021年度の調査結果を図1で示す。図1からみると、まず、高等教育では日本語の学習者数が一番多いことがわかる。次に、2021年度になって中等教育での日本語学習者数が2018年度の調査より多くなっていることが確認できる。この理由として、近年、大学入試での外国語科目として、英語が苦手な生徒に日本語を受験させるため、日本語クラスを開設する学校が増えている。また、学校教育以外において、2018年度から2021年度になって学習者数が減っていることが明らかになった。この理由は新型コロナウイルス感染症の影響が「学校教育以外」の日本語学習機関に特に大きかったといえるだろう。

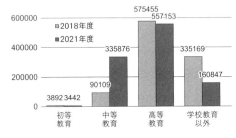

図1　中国の日本語学習者状況の変化
出典：筆者作成

Column

　中国の教育制度は初等教育6年（小学校）、中等教育前期3年（中学校）、中等教育後期3年（高校）、高等教育（大学）本科4年あるいは大学専科といった職業技術学院3年であり、大学の本科から大学院へ進学することが可能である。大学院入試の入試科目は主に政治・外国語・数学、専門学科の4科目で構成されており、このうち、政治・外国語・数学などの科目は全国統一命題の対象となり、専門課程は各学校が主体的に提案されている。このように大学院入試では、外国語は必須科目であるため、修士入試の外国語の選択に関して、一般的に、英語、日本語、ロシア語、ドイツ語、フランス語、スペイン語の6つの言語から選択できる。ただし、現在、多くの学校では英語、日本語、ロシア語しか提供されていないのが現実である。

　また、中国の高等教育での日本語教育は1949年の新中国成立後は、政府の外国語教育重視政策に基づいて1950年代から1960年代前半にかけて外国語専門学校や総合大学に日本語専攻が設置された。高等教育では日本語専攻、非専攻第一外国語、非専攻第二外国語ともそれぞれのシラバスを作成して授業を行っている。

　近年、中国の内モンゴル自治区における大学生は大学を卒業した後に修士課程へ進学するための受験勉強をしている学生が多くなっている。「内蒙古招生考試」の統計によると応募者数は、2020年度が7万5400人、2021年度が8万2400人、2022年度が9万7563人、2023年度が9万54人、2024年度が8万6311人だったと発表された。この5年間のデータからは、2020年度から2022年度にかけて応募者数は増加したが、2023年度から2024年度にかけては減少している傾向が見られる。その中で、修士課程に進学するために日本語を外国語として受験している学生が年々増えているようである。また、モンゴル語を母語とする大学生も同じく修士課程に進学するときに日本語を外国語として選択し、「全国研究生考試」（大学院入試のことを指す）を受けている学生は多くなっている。さらに、大学を卒業するまでに日本語を勉強したことのない学生も修士課程へ進学するために、ゼロから日本語を勉強しはじめている学生が少なくないといわれている。

◎参考文献

国際交流基金（2020）『海外の日本語教育の現状 ──2018年度日本語教育機関調査より』国際交流基金

国際交流基金（2023）『海外の日本語教育の現状 ──2021年度日本語教育機関調査より』国際交流基金

文部科学省HP『諸外国の教育統計』(https://www.mext.go.jp/b_menu/toukei/data/syogaikoku/index.htm, 2025年2月25日最終閲覧)

内蒙古招生考試信息网HP (https://www.nm.zsks.cn/, 2025年2月25日最終閲覧)

あとがき
――「グローバル社会」の共生を考える――

　「グローバル社会」は疑似（pseudo）社会である。「グローバル社会」は、構成員（国）の主体的で平等な参加によってつくられたものではない。観念的につくられた虚構の社会なのである。世界は相互依存のシステムであるという、不平等・不均衡の現実を糊塗してつくられたこの観念的虚構は、近代以来の「不平等の正義」の延長線上にある。

　今日なお、「不平等の正義」の下、「永遠のマイノリティ」として生きてきた存在がある。先住民族である。インディアン（Indian）・イヌイット（Inuit）・アボリジニ（Aborigine）・マオリ（Maori）・アイヌ（Ainu）などは、自分たちの土地を「無主地」とみなされて、近代の先進国民国家に奪われたまま今日に至っている。イヌイットのように自治領を認められている場合があるが、それも国家の承認の範囲内の自治に過ぎず、自分たちの固有の土地をめぐって、今日なお、本来何の関係もないはずの勢力が不安を醸成している。ニュージーランドでは最近、先住民の土地所有を認めていた、1840年に締結されたワイタンギ条約の再解釈法案をめぐって、マオリ族の不満が高まっている。南アメリカの先住民インディオたちは、殺戮と強制労働などによって激減し、忘れられたまま今日に至っている。

　サーミ（Sami）やクルド（Kurd）族のように、民族集団の自決権が無視されるか、あるいは、選択制限情況を強いられ、分散されたまま他者の支配下にいる先住民族もいる。スカンジナビア半島に国民国家が誕生すると、先住民サーミ族は、ノルウェー・スウェーデン・フィンランド・ロシアなどに分散させられてしまった。時には、サーミは浮浪者と扱われ、差別され続けている。サーミの人権問題に、最近やっと関心を寄せて、ノルウェーが2017年、フィンランドが2019年、スウェーデンが2020年、真実委員会を設置しているが、それがサーミ族の権利・地位向上にどうつながるかはまだわからない。ちなみに、アイヌは、国連など国際社会の圧力によって、2019年先住民族として認められたばかりである。

また、「国をもたない最大の民族」といわれる5000万のクルド族は、近代の国民国家によってつくられた犠牲集団ではないにしても、第一次世界大戦の戦後処理過程で忘れられたまま今に至っている。そのクルド族が今、中東のトルコ・イラン・イラク・シリアなどに、そして、ヨーロッパのフランス・ドイツなどに分散して生きている。日本にも1990年代から入りはじめ、埼玉県南部の川口市や蕨市地域にクルド人コミュニティを形成しながら、特定活動（難民認定手続き中）というあいまいな在留資格をもって暮らしている。

　1960年代以後、多文化主義・多文化共生政策が部分的に実行されているとはいえ、「グローバル社会」は、全体としてまとまった社会本来の「参加と共生き」のルールを構築せず、むしろ、近代的な独占的・排他的支配構造に留まっている。そこに共生の倫理と秩序が働くはずがない。

　一方、マイノリティの世界に、共生の倫理と秩序が働いているのか、疑問を抱かざるを得ない。民主主義・人権意識・差別の根絶といった基本的必須条件が整っていないところで共生の倫理・秩序は働かない。果たしてマイノリティの世界一般にそうした条件づくりの努力が見られるのか。マイノリティ集団の中には、民主主義・人権・差別根絶の努力どころか、自己集団の価値のみを善とし、正義とする勢力が強硬な排他的・独占的支配構造を固めている場合もある。もう一つの「不平等の正義」が現れるしかない現実がそこにある。

　今日、多文化共生の実現が非常に難しい状況にある。それでも、飽きずに、挫けずに、多文化共生を、人権を語り続け、その実現のために努力している人々がいる。そして、本書の執筆者たちは、その人々がつくっている努力の輪に加わるために集まったと信じている。執筆者の皆様に心からの敬意を伝えたい。

　最後に、本書出版の企画から、執筆者との交渉・連絡、細部の作成など、想像を絶する精力で以って奮闘してきた李修京先生にねぎらいと感謝の言葉を送りたい。

　　　2025年正月

　　　　　　　　　　　　　　　　　　　　　　　　　　　権　　五定

【執筆者紹介】

安斎育郎（あんざい・いくろう）
立命館大学名誉教授、立命館大学国際平和ミュージアム名誉館長。医療工学者・物理学者・軍事学者・平和学研究者。工学博士（東京大学）。専門：放射線防護学、平和学。主な著書：『だまし世を生きる知恵——科学的な見方・考え方』（新日本出版社、2010年）、『安斎育郎のウクライナ戦争論〔改訂第9版〕』（安斎科学・平和事務所、2024年）。

李　京珪（い・きょんぎゅ）
東義大学教授。同大学東アジア研究所所長。文学博士。韓国日本近代学会会長歴任。専門：対照言語学、多文化教育。主な著書：『東アジアのマイノリティ社会と他者表象』（分担執筆、博文社、2019年、原文ハングル）、『在日コリアン社会の形成と時代的表象』（分担執筆、博文社、2019年、原文ハングル）。

李　修京（い・すぎょん）
※編者紹介欄参照

李　貞姫（い・じょんひ）
光州教育大学教授。広島大学大学院博士後期課程修了（博士）。専門：社会科教育、授業研究。主な著書・論文：『社会科のホリスティック授業分析方法論』（エデュコンテンツヒュービア、2021年、原文ハングル）、「韓国と日本における平和教育研究の動向比較」『韓国日本教育学研究』（27巻2号、2022年、41-62頁、原文ハングル）。

李　昌燁（い・ちゃんよぶ）
サッカー指導者。ベトナム・ハノイFC首席コーチ。鹿屋体育大学院修了後、南米アルゼンチンでコーチ学研修。ガンバ大阪・ベガルタ仙台・水原三星ブルーウィングスやタイなどのプロサッカーチームで指導。主な著書：『多文化共生社会に生きる——グローバル時代の多様性・人権・教育』（分担執筆、明石書店、2019年）。

井竿富雄（いざお・とみお）
山口県立大学国際文化学部教授。九州大学大学院博士後期課程単位取得退学。博士（法学）。専門：日本政治外交史。主な著書：『初期シベリア出兵の研究——「新しき救世軍」構想の登場と展開』（九州大学出版会、2003年）、『知られざる境界地域　やまぐち』（編著、国境地域研究センター、2023年）。

石井正己（いしい・まさみ）
東京学芸大学名誉教授、柳田國男・松岡家記念館顧問、韓国比較民俗学会顧問など。主な著書：『帝国日本の刊行した説話集と教科書』（韓国・民俗苑、2019年）、『感染症文学論序説——文豪たちはいかに書いたか』（河出書房新社、2021年）。

石川　智（いしかわ・さとる）
ボストン大学世界言語文学学科専任講師。ウィスコンシン大学マディソン校博士
前期課程修了（修士）。専門：日本語教授法、日本語言語学。主な著書：『上級へ
のとびら——コンテンツとマルチメディアで学ぶ日本語』（共著、くろしお出版、
2009 年）、『The Great Japanese 30 の物語〔中上級〕——人物で学ぶ日本語』（くろ
しお出版、2016 年）。

石黒みのり（いしぐろ・みのり）
都立高校コリア語講師。東京学芸大学大学院連合学校教育学研究科博士後期課程
在籍中。高校韓国朝鮮語講師ネットワーク（JAKEHS）東ブロック代表。SNA 交
流学習実践研究会運営委員。主な著書：『Can! Do! 韓国語——はじめのいっぽ』
（共著、朝日出版社、2025 年）。

色平哲郎（いろひら・てつろう）
JA 長野厚生連佐久総合病院地域医療部医師・国際保健医療科医師。東京大学中
退、京都大学医学部卒、元京大公衆衛生大学院非常勤講師、元東大公衆衛生大学
院非常勤講師、現立命館大学客員教授。主な著書：『地域をつむぐ、いのちの連鎖』
（かもがわ出版、2024 年）。

禹　東熙（う・どんひ）
慶熙大学校音楽大学作曲科教授歴任。現在、韓国芸術歌曲振興委員会共同代表。
個人作曲発表会 8 回。同人作曲発表会 200 余回。

梅山佐和（うめやま・さわ）
東京学芸大学講師。立命館大学大学院社会学研究科博士課程後期課程修了。博士
（社会学）。社会福祉士。専門：子ども家庭福祉、司法福祉、スクールソーシャル
ワーク。主な著書：『スクールソーシャルワーカーの学校理解——子ども福祉の発
展を目指して』（分担執筆、ミネルヴァ書房、2015 年）、『ジェネラリスト・ソー
シャルワークを実践するために』（分担執筆、かもがわ出版、2022 年）。

大川正治（おおかわ・まさはる）
1943 年、群馬県桐生市生まれ。6 歳の時、戦争不発弾事故により左手首切断、右
目失明。大学卒業後、青年、平和、政治団体などに勤務。現在、「原発をなくす群
馬の会」「群馬・ハンセン病問題の真の解決をめざし、ともに生きる会」「足尾鉱
毒事件と田中正造を学ぶ会」などに参加。

緒方義広（おがた・よしひろ）
福岡大学人文学部准教授。政治学博士（韓国・延世大）。専門：日韓関係、在日朝
鮮人、現代韓国社会。主な著書：『韓国学ハンマダン』（共編、岩波書店、2022 年）、
『韓国という鏡——新しい日韓関係の座標軸を求めて』（高文研、2023 年）。

執筆者紹介

小澤英実（おざわ・えいみ）
東京学芸大学准教授。東京大学大学院総合文化研究科博士課程単位取得退学。専門：アメリカ文学・文化。主な著書：『幽霊学入門』（分担執筆、新書館、2010 年）、『村上春樹　映画の旅』（分担執筆、フィルムアート社、2022 年）。

影澤桃子（かげさわ・ももこ）
英国ヨーク大学大学院女性学修士課程修了（修士）。専門：フェミニズム、ジェンダー平等、性の多様性。その他さまざまなアクティビズムにも関わっている。主な論文：Japanese Hashtag Feminism and Collective Knowledge Production： How Has #Kutoo Created Collective Knowledge and What are the Challenges for Feminists' Knowledge Production? *Cultivate* 6, 2024, pp.56-62.

カルロス、マリア・レイナルース・D.（CARLOS, Maria Reinaruth D.）
龍谷大学国際学部教授。神戸大学大学院経済学研究科博士後期課程修了。博士（経済学）。専門：人的資源と経済発展、国際労働移動。主な著書・論文：Where Do Overseas Filipinos Intend to Retire? The Case of Filipinos in Chugoku Region, Japan, *Asian and Pacific Migration Journal* 30(4), 2021, pp.466-484.; *Nurse Migration in Asia: Emerging Patterns and Policy Responses*（分担執筆、Routledge, 2023）.

城　渚紗（きずき・なぎさ）
東京大学大学院総合文化研究科博士後期課程在籍中。日本学術振興会特別研究員（DC2）。専門：東アジア現代史。主な論文：「外務省記録に見る『樺太残留者帰還請求訴訟』」『アジア地域文化研究』（17 号、2021 年、1-22 頁）、「サハリン残留コリアン帰還運動史──日本における当事者・支援者から政治・行政空間へ」『日本近代學研究』（85 輯、2024 年、139-162 頁）。

金　鍾成（きむ・じょんそん）
広島大学大学院人間社会科学研究科准教授。博士（教育学）。専門：社会科教育、国際理解教育、平和教育、授業研究および教師教育。主な著書：*Social Studies Education in East Asian Contexts*（分担執筆、Routledge, 2020）、*Lesson Study-based Teacher Education: The Potential of the Japanese Approach in Global Settings*（編著、Routledge, 2021）.

金　秀玟（きむ・すぅみん）
韓国の小学校教員。晋州教育大学校初等教育学科卒。同大学教育大学院英語教育専攻に在学中。カリフォルニア州立大学 LA 校 TESOL・韓国教員大学校英語教授法課程修了。2023 年度と 2024 年度デジタル機器活用授業の革新事例研究大会で教育部長官賞受賞。

金　泰憲（きむ・てほん）
韓国教員大学名誉教授。人口学博士（豪州国立大学）。韓国人口学会・韓国人口
教育学会会長歴任。専門：統計学。主な著書：『人口大事典』（編纂委員長兼編
集委員長、統計庁、2006 年、原文ハングル）、『低出産・高齢社会と人口教育』
（GOOKGO、2012 年、原文ハングル）。

金　映錫（きむ・よんそく）
慶尚大学校社会教育科教授。教育学博士（韓国教員大学大学院）。哲学博士（米
ジョージア大学大学院）。国立慶尚大学校社会科学研究院長歴任。主な著書：『韓
国の教育』（慶尚大学校出版部、2017 年、原文ハングル）、『多文化共生社会に生
きる――グローバル時代の多様性・人権・教育』（分担執筆、明石書店、2019 年）。

木村奈津子（きむら・なつこ）
東京学芸大学非常勤講師。東京学芸大学大学院修士課程修了。専門：中国語教育。
主な著書：『北京好日子〔改訂 6 版〕』（白帝社、2024 年）。

木村　守（きむら・まもる）
東京学芸大学教授。同大学大学院連合学校兼担教授。日中人文社会科学学会会長。
日本教育支援協働学会理事。東京学芸大学大学院修士課程、広島大学大学院博士
後期課程を経て現職。専門：中国語教育、漢字情報処理、AI 教育。主な著書：『多
文化共生社会に生きる――グローバル時代の多様性・人権・教育』（分担執筆、明
石書店、2019 年）、『ひろがる中国語』（共著、白帝社、2020 年）。

日下部龍太（くさかべ・りょうた）
中国清華大学語言教学中心講師。東京学芸大学大学院連合学校教育学研究科博士
課程在籍中。台湾外交部訪問研究員、日本学術振興会特別研究員歴任。専門：日
本語教育、日本語教育史。主な著書・論文：『多文化共生社会に生きる――グロー
バル時代の多様性・人権・教育』（分担執筆、明石書店、2019 年）、「中国の少数
民族教育にみる多文化教育」『東京学芸大学紀要　人文社会科学系』（共著、74 集、
2023 年、40-52 頁）。

熊野びわ（くまの・びわ）
東京学芸大学大学院教育学研究科修了。元英語教員。多国籍な英語教員間での国
際連携を目指し、英語の授業内に韓国との文化交流活動を企画運営。DV 避難や
発達障碍児の育児などの経験を経てマイノリティを自認。

ゴスチンゴワ（Wu Siqingaowa）
東京都立大学大学院人文科学研究科博士後期課程在籍中。専門：日本語教育学、
日本語とモンゴル語の対照研究。主な著書・論文：「二重格語尾が含まれるモンゴ
ル語の日本語訳に見られる特徴」『日本語研究』（40 号、2020 年、97-110 頁）、『現
代中国における言語政策と言語継承〔第 6 巻〕』（分担執筆、三元社、2022 年）。

執筆者紹介

古高桜京（こたか・さくらきょう）
立命館大学大学院社会学研究科博士課程前期課程在籍中。専門：都市社会学、地域社会学、まちづくり研究。元地域おこし協力隊。商店街イベント企画、運営・古民家 DIY・カフェ運営事業等に関与。研究発表に「京都の伝統的な商店街からみる多文化社会」（韓国日本近代学会第 48 回国際学術大会）など。

権　五定（こん・おじょん）
※監修者紹介欄参照

権　秀賢（こん・すひょん）
グリーンリサーチ代表。東京学芸大学国際課専門研究員。ソウル大学校森林科学部修士を経て東京大学大学院農学生命科学研究科博士（農学）。主な著書：*Directions and Challenges in Forest Policy Formulation from a Multi-level Governance Perspective*（分担執筆、Korea Rural Economic Institute, 2023）, *Utilization of Related Population for the Realization of Rural Utopia Action Model in the Pursuit of Urban-Rural Co-prosperity*（分担執筆、韓国経済人文社会研究会、2023 年）。

蔡　光華（さい・こうか）
東京学芸大学連合学校教育学研究科博士課程在籍中。東京学芸大学および東京家政大学非常勤講師。東京学芸大学大学院教育学研究科修士課程修了。専門：少数民族教育、継承語教育、多文化教育研究。主な著書・論文：『楽しい K-Talk——基礎韓国語』（共著、白順社、2024 年）、「中国の朝鮮族中学校カリキュラムにおける『朝鮮語文』の位相の変化」『東アジア教育研究』（17 号、2024 年、1-13 頁）。

斎木郁乃（さいき・いくの）
東京学芸大学教授。カリフォルニア大学リヴァーサイド校博士課程修了（博士）。専門：アメリカ文学。主な著書・論文：Strike through the Unreasoning Masks: *Moby-Dick* and Japan, in *"Whole Oceans Away": Melville and the Pacific* (Kent State University Press, 2008, pp.183-198),「『キルケーの盃』——『エンカンターダス』におけるサバルタンの声」『Sky-Hawk』（38 号、2023 年、5-21 頁）。

佐川亜紀（さがわ・あき）
日本現代詩人会（元理事長）、京都芸術大学非常勤講師。横浜国立大学。専門：日韓近現代詩、在日朝鮮人文学、女性詩、環境詩。主な著書：『韓国現代詩小論集——新たな時代の予感』（土曜美術社出版販売、2000 年）『佐川亜紀詩集』（土曜美術社出版販売、2022 年）。

沢田貴志（さわだ・たかし）
港町診療所（横浜市）所長。総合内科専門医、公衆衛生士。東京大学大学院など4大学で非常勤講師。特定非営利活動法人シェア＝国際保健協力市民の会副代表理事。主な著書：『医療通訳学習テキスト』（監修、創英社・三省堂書店、2015年）、『医療現場で必要な多言語コミュニケーションのための6ヶ国語対応 医療通訳学習テキスト』（監修、創英社・三省堂書店、2017年）。

繁田　進（しげた・すすむ）
東京学芸大学名誉教授。東京学芸大学陸上競技部監督。公益財団法人日本陸上競技連盟評議員。東京学芸大学大学院修了。主な著書：『スポーツ選手のためのからだづくりの基礎知識——現場で役立つ基礎トレーニングの理論と方法』（分担執筆、山海堂、2007年）、『ワンダフルスポーツ2019-2021（中学校体育実技書）——「陸上競技」』（共著、新学社、2019年）。

末松裕基（すえまつ・ひろき）
東京学芸大学准教授。筑波大学大学院博士課程単位取得退学。専門：教育学、学校経営学。主な著書：『現代の学校を読み解く——学校の現在地と教育の未来』（編著、春風社、2016年）、『教育のリーダーシップとハンナ・アーレント』（共訳、春風社、2020年）。

鈴木隆泰（すずき・たかやす）
山口県立大学国際文化学部教授、同大学院国際文化学研究科長。東京大学大学院人文社会系研究科博士課程中退。博士（文学）（東京大学）。専門：インド哲学仏教学。主な著書：『葬式仏教正当論——仏典で実証する』（興山舎、2013年）、『内在する仏　如来蔵』（春秋社、2021年）。

鈴木直樹（すずき・なおき）
東京学芸大学准教授。博士（教育学）。専門：教育分野における先端技術の応用と実践。体育授業におけるAI学習カードやVRを活用した学習プラットフォームの開発。主な著書：『VRを活用した体育授業スキル＆アイデア』（編著、明治図書出版、2023年）、『体育の授業づくりの学修』（共著、大学教育出版、2023年）。

高石大地（たかいし・だいち）
北海道の「写真の町」東川町文化交流課課長。映画『カムイのうた』の企画に携わり、知里幸惠が残したアイヌ文化を世界に発信に挑戦。東川町での写真文化や多様な地域資源を活用した取り組みを通じ、豊かな自然と文化を広める企画実践に取り組んでいる。

執筆者紹介

立田順一（たつた・じゅんいち）
東京学芸大学教職大学院特命教授。横浜国立大学教育学部卒業、放送大学大学院修士課程修了（修士）。横浜市立小学校の教諭・副校長・校長、横浜市教育委員会の首席指導主事・教職員育成課長などを経て現職。専門：学校経営、教師教育、体育科教育、国際理解教育など。主な著書・論文：『横浜版学習指導要領　体育科、保健体育科編』（分担執筆、ぎょうせい、2009 年）、「指導主事による学校支援に関する事例的研究」『地方教育行政研究会紀要』（2 号、2020 年、3-12 頁）。

崔　東壽（ちぇ・どんす）
東京農工大学大学院農学研究院准教授。北海道大学農学研究科博士後期課程修了。博士（農学）。専門：森林生態学、樹木生理生態学。主な著書：『森林・林業実務必携〔第 2 版補訂版〕』（分担執筆、朝倉書店、2024 年）、『森林生態系の保全管理』（分担執筆、共立出版、2025 年）。

車ボウン（ちゃ・ぼうん）
延世大学校教育大学院兼任教授。ソウル教育大学大学院修了（博士）。専門：グローバル教育、多文化、トランスナショナル市民教育。主な著書：『文化多様性の理解』（中・高等教科書、済州特別自治道教育庁、2022 年、原文ハングル）、『日本の多文化共生』（韓国学術情報、2024 年、原文ハングル）。

趙　正源（ちょ・じょんうぉん）
WT（世界テコンドー連盟）総裁（2004 年−現在）。政治学博士（ベルギー・ルーヴェン大学）。慶熙大学総長歴任。アジア太平洋大学協議会会長歴任。大韓体育会副会長歴任。第 40 次世界体育学術大会組織委員長。IOC オリンピック難民財団理事。テコンドー Peace Corps 総裁歴任（現在名誉総裁）。国際 GCS 総裁（2006 年−現在）。清朝勤政勲章受章。ベルギー王室勲章受章。

鄭　虎範（ちょん・ほほむ）
韓国晋州教育大学校教授歴任。教育学博士（韓国教員大学校）。専門：社会科教育、政治哲学。主な著書：『自由主義哲学と価値観形成教育』（教育科学社、2014 年、原文ハングル）、『Popper 哲学が社会科教育に与える意味』（教育科学社、2022 年、原文ハングル）。

陳　天璽（ちぇん・てぃえんし、CHEN, Tienshi）
早稲田大学国際学術院教授。NPO 法人無国籍ネットワーク発起人。横浜中華街生まれ。筑波大学大学院博士課程修了。博士（国際政治経済学）。ハーバード大学フェアバンクセンター研究員。専門：移民研究。主な著書：『無国籍』（新潮文庫、2011 年）、『無国籍と複数国籍——あなたは「ナニジン」ですか？』（光文社新書、2022 年）、*Stateless*（NUS Press, 2024）.

出口雅敏（でぐち・まさとし）
東京学芸大学教授。早稲田大学大学院人間科学研究科博士課程修了。博士（人類学）。専門：文化人類学、フランス地域研究。主な著書：『ヨーロッパ人類学の視座——ソシアルなるものを問い直す』（分担執筆、世界思想社、2014 年）、『人類学ワークブック——フィールドワークへの誘い』（共編、新泉社、2023 年）。

戸田孝子（とだ・たかこ）
東京学芸大学特任教員。国際基督教大学大学院博士後期課程 Ph.D. candidacy 取得退学（修士）。専門：比較思想、教育実践哲学・異文化理解教育。主な論文：「『既に』と『未だ』——キリスト教にみられる二つの人間理解」『比較思想研究』（15 号、1989 年、97-104 頁）、「生きることの意味を発見させる——おとなとこどもの教育を繋ぐもの」『21 世紀の智と実践』（5 号、2009 年、59-95 頁）。

永橋爲介（ながはし・ためすけ）
立命館大学産業社会学部教授。京都大学大学院博士後期課程修了。博士（農学）。専門：コミュニティ・デザイン、参加型まちづくり。主な著書・論文：「1910 年代の都市大阪を事例とした『浮浪者』言説の構造」『ランドスケープ研究』（61 巻 5 号、1997 年、433-438 頁）、『環境と都市のデザイン——表層を超える試み・参加と景観の交点から表層を超える試み・参加と景観の交点から』（共著、学芸出版社、2004 年）。

河　正雄（は・じょんうん）
1939 年に布施市森河内（現東大阪市）生まれ。在日韓国人の画家の作品を初めて韓国側に広く認識させた在日 2 世の美術コレクター。在日韓国・朝鮮人画家らの美術作品を収集し、光州市立美術館に 212 点の美術作品を寄贈。光州市立美術館名誉館長就任。韓国朝鮮大学校美術学名誉博士。2023 年叙勲（紺綬褒章）。光州市および霊岩郡に《河正雄美術館》がある。主な著書：『韓国と日本、二つの祖国を生きる』（明石書店、2002 年）、『河正雄コレクション資料集』（第 1 ～ 8 号）。

朴　志玹（ぱく・ちひょん）
公州教育大学校卒、ソウル大学校大学院修士課程在学中。主な著書・論文：「多文化教育アプローチに基づく社会科教科書の障害関連内容に対する批判的探索」『特殊教育リハビリ科学研究』（61 巻 4 号、2022 年、25-46 頁、原文ハングル）。

橋村　修（はしむら・おさむ）
東京学芸大学教授。國學院大學大学院博士後期課程修了。博士（歴史学）。専門：民俗学、歴史地理学、漁業社会史。主な著書・論文：「亜熱帯性回游魚シイラの利用をめぐる地域性と時代性——対馬暖流域を中心に」『国立民族学博物館調査報告』（46、2003 年、199-223 頁）、『漁場利用の社会史——近世西南九州における水産資源の捕採とテリトリー』（人文書院、2009 年）。

濱中秀子（はまなか・ひでこ）
国立市役所生涯学習課所属。文化財調査に携わる。東京都指定有形文化財「旧本田家住宅」の資料悉皆調査を行う。主な著書・論文：『幕末から自由の権へ――本田家の人々が見た時代』（くにたち郷土文化館、2006年）、「田中正造と山田友治郎の未公開関係文書、そして'足尾銅山'」『東京学芸大学紀要』（共著、75集、2024年、49-70頁）。

林　晟一（はやし・せいいち）
中央大学附属中学校・高等学校教諭、評論家。慶應義塾大学大学院法学研究科後期博士課程中退。専門：国際政治学、国際社会学。主な著書・訳書：『在日韓国人になる――移民国家ニッポン練習記』（CCCメディアハウス、2022年）、ドン・マントン／デイヴィッド・A・ウェルチ『キューバ危機――ミラー・イメージングの罠』（共訳、中央公論新社、2015年）。

林　尚示（はやし・まさみ）
※編者紹介欄参照

原　瑞穂（はら・みずほ）
東京学芸大学教育学部准教授。お茶の水女子大学博士後期課程修了。博士（人文科学）。専門：日本語教育、国際理解教育、教師教育。主な著書：「CLD児散在地域における教育保障に向けた学校教育への挑戦のプロセス――教育委員会・国際交流協会・大学の担当者のふり返りから」『母語・継承語・バイリンガル教育（MHB）研究』（17号、2021年、225-251頁）、『総合的な学習の時間の新展開』（分担執筆、ミネルヴァ書房、2023年）。

范　文玲（はん・ぶんれい）
東京学芸大学准教授。お茶の水女子大学大学院博士後期課程修了。博士（人文科学）。専門：中国近代文学。主な著書：『ひろがる中国語』（共著、白帝社、2020年）、『文学の力、語りの挑戦――中国近代文学論集』（分担執筆、東方書店、2021年）。

藤井健志（ふじい・たけし）
※編者紹介欄参照

許　壽美（ほ・すうみ）
韓国教育大学一般社会教育科教授。教育学博士（韓国教員大学校）。韓国社会教科教育学会監事・韓国社会科授業学会副会長。主な著書：『多文化共生社会に生きる――グローバル時代の多様性・人権・教育』（分担執筆、明石書店、2019年）、『社会科教育論及び指導法』（2024年、原文ハングル）。

見世千賀子（みせ・ちかこ）
東京学芸大学先端教育人材育成推進機構准教授。国際教育グループにて在外教育施設の教育関連事業に携わる。専門：比較・国際教育。日本人学校の教育、オーストラリアの多文化教育、市民性教育等を研究。主な著書：『海外で学ぶ子どもの教育——日本人学校・補習授業校の新たな挑戦』（共著、明石書店、2020 年）。

森　実（もり・みのる）
大阪教育大学名誉教授。大阪大学大学院人間科学研究科教育学博士後期課程単位取得満期退学。専門：教育学・人権教育。主な著書：『教員のための子ども虐待理解と対応——学校は日々のケアと予防の力を持っている』（共編、生活書院、2009 年）、『知っていますか？　人権教育一問一答〔第 2 版〕』（解放出版社、2013 年）。

森　祐太（もり・ゆうた）
ライデン大学地域研究科講師および国際学科日本語プログラムコーディネーター。インディアナ大学ブルーミントン校第二言語研究学科 TESOL& 応用言語学専攻博士前期課程修了（修士）。専門：日本語教授法、第二言語習得。主な著書：『初級日本語とびら I』（共著、くろしお出版、2021 年）、『初級日本語とびら II』（共著、くろしお出版、2022 年）。

蒙古貞夫（モンゴルジンフー、Mongoljinhuu）
東京学芸大学研究員。博士（学術、東京学芸大学）。専門：民俗学、文化人類学、教育学。専門：モンゴルの伝統芸能・口承文芸・昔話、地域民俗文化、多文化共生、モンゴル語教育。主な著書：『世界の昔話を知るために！』（分担執筆、三弥井書店、2025 年）。

吉田　香（よしだ・きょう）
岐阜県立高等学校地歴公民科教員。東京学芸大学大学院修士課程修了（教育学修士）。修士課程では在日クルド難民の教育課題について研究。主な著書・論文：『多文化共生社会に生きる——グローバル時代の多様性・人権・教育』（分担執筆、明石書店、2019 年）、「地球的課題に目を向けた地理総合の授業づくり——ファストファッションをめぐる問題を例に」『岐阜地理』（65 号、2022 年、43-44 頁）。

米本和弘（よねもと・かずひろ）
東京学芸大学教職大学院准教授。マギル大学教育学研究科教育学専攻博士後期課程単位取得満期退学（修士）。専門：第二言語教育学、多言語・多文化教育。主な著書・訳書：『The Great Japanese 30 の物語［初中級］——人物で学ぶ日本語』（共著、くろしお出版、2019 年）、ボニー・ノートン『アイデンティティと言語学習——ジェンダー・エスニシティ・教育をめぐって広がる地平』（共訳、明石書店、2023 年）。

執筆者紹介

ラタンジオ，リリアンヌ（LATTANZIO, Liliane）
東京学芸大学・外国人教師。パリ第 8 大学博士課程修了。博士（教育学）。専門：メディア論、フランス語・文化教育。主な著書：*Les médias éducatifs japonais: la force de l'image*（P.U.F., 2003），『アミカルマン〈プリュス〉——フランス語・フランス文化への誘い』（共著、駿河台出版、2018 年）。

若林　恵（わかばやし・めぐみ）
東京学芸大学教授。専門：スイス文学・文化、ドイツ語文学。主な著書・論文・訳書：『スイス文学・芸術論集　小さな国の多様な世界』（分担執筆、鳥影社、2017 年）、「絵画に耳を傾ける詩人——カール・ヴァルザーの絵画を語るローベルト・ヴァルザーの散文テクスト」『世界文学』（139 号、2024 年、52-62 頁）。ローベルト・ヴァルザー『絵画の前で——物語と詩』（単訳、鳥影社、2021 年）など翻訳多数。

鷲山恭彦（わしやま・やすひこ）
※監修者紹介欄参照

渡部竜也（わたなべ・たつや）
東京学芸大学准教授。博士（教育学、広島大学）。専門：社会科教育。主な著書：『社会科授業づくりの理論と方法——本質的な問いを生かした科学的探求学』（共著、明治図書、2020 年）、『教室で論争問題を立憲主義的に議論しよう——ハーバード法理学アプローチ』（東信堂、2024 年）。

341

【監修者紹介】

権　五定（こん・おじょん）
龍谷大学名誉教授。学術交流団体 BOA 理事長。教育学博士（広島大学）。
専門：国際理解教育、社会科教育。韓国教員大学首席教授歴任。韓国社会
教科教育学会顧問。主な著書：『「多文化共生」を問い直す──グローバル
化時代の可能性と限界』（編著、日本経済評論社、2014 年）、『多文化共生
社会に生きる──グローバル時代の多様性・人権・教育』（監修、明石書店、
2019 年）。

鷲山恭彦（わしやま・やすひこ）
公益社団法人大日本報徳社社長（第 8 代）。東京学芸大学名誉教授。同大
学学長（第 10 代）・奈良教育大学理事歴任。独立行政法人大学評価・学位
授与機構客員教授（評価研究部）。瑞宝重光章受賞（2023）。専門：ドイ
ツ文学・社会思想。主な著書：『知識基盤社会における教員養成と人間形
成』（学文社、2011 年）、『文学に映る歴史意識──現代ドイツ文学考』（共
栄書房、2013 年）。

【編者紹介】

李　修京（い・すぎょん）
東京学芸大学教授。社会学博士（歴史社会学）。サイバー大学客員教授。
Korea 研究室代表。BOA 常任理事。（公）朝鮮奨学会評議員。第 9 回日本
女性文化賞受賞。主な著書：『韓国の近代知識人と国際平和運動──金基鎮、
小牧近江、そしてアンリ・バルビュス』（明石書店、2003 年）、『多文化共
生社会に生きる──グローバル時代の多様性・人権・教育』（編著、明石
書店、2019 年）。

林　尚示（はやし・まさみ）
東京学芸大学教授。博士（教育学）。2024 年、文部科学省「学校教育にお
ける人権教育調査研究協力者会議」座長。2024 年、埼玉県人権教育推進
協議会会長、他。主な著書：『特別活動──総合的な学習（探究）の時間
とともに〔改訂二版〕』〈教師のための教育学シリーズ 9〉（編著、学文社、
2022 年）。

藤井健志（ふじい・たけし）
東京学芸大学名誉教授。東京学芸大学副学長歴任。専門：宗教学、日本近
代宗教史。主な著書・論文：「近代仏教のアジア布教に関する研究の意義
と方向性」『近代仏教』（21 号、2014 年）、『台湾の日本仏教──布教・交
流・近代化』（分担執筆、勉誠社、2018 年）。

多文化共生社会のために
──社会的公正に向けた人権・教育の視点から

2025 年 3 月 31 日　初版第 1 刷発行

監修者	権　五　定
	鷲　山　恭　彦
編　者	李　修　京
	林　尚　示
	藤　井　健　志
発行者	大　江　道　雅
発行所	株式会社　明石書店

〒 101-0021 東京都千代田区外神田 6-9-5
電話 03（5818）1171
FAX 03（5818）1174
振替　00100-7-24505
http://www.akashi.co.jp/
装幀　　明石書店デザイン室
印刷/製本　モリモト印刷株式会社

（定価はカバーに表示してあります）　　　ISBN978-4-7503-5916-8

JCOPY〈出版者著作権管理機構　委託出版物〉
本書の無断複製は著作権法上での例外を除き禁じられています。複製される場合は、そ
のつど事前に、出版者著作権管理機構（電話　03-5244-5088、FAX　03-5244-5089、
e-mail: info@jcopy.or.jp）の許諾を得てください。

多文化共生社会に生きる
グローバル時代の多様性・人権・教育
権五定、鷲山恭彦監修　李修京編著
◎2500円

多文化共生と人権
諸外国の「移民」と日本の「外国人」
近藤敦著
◎2500円

移民の人権
外国人から市民へ
近藤敦著
◎2400円

「多文化共生」言説を問い直す
日系ブラジル人第二世代・支援の功罪・主体的な社会介入
山本直子著
◎4200円

外国につながる若者とつくる多文化共生の未来
協働によるエンパワメントとアドボカシー
徳永智子、角田仁、海老原周子編著
◎2400円

ニューカマーの世代交代
日本における移民2世の時代
樋口直人、稲葉奈々子編著
◎3600円

大学生がレイシズムに向き合って考えてみた[改訂版]
差別の「いま」を読み解くための入門書
貴堂嘉之監修　一橋大学社会学部貴堂ゼミ三生&院ゼミ生有志著
◎1600円

まんが クラスメイトは外国人 課題編【第2版】
私たちが向き合う多文化共生の現実
「外国につながる子どもたちの物語」編集委員会編　みなみななみ まんが
◎1300円

多様な学びの場をつくる
外国につながる学習者たちの教育から考える
移民・ディアスポラ研究12
駒井洋監修　田巻松雄、吉富志津代編著
◎3200円

トランスランゲージング・クラスルーム
子どもたちの複数言語を活用した学校教師の実践
オフィーリア・ガルシアほか著　佐野愛子・中島和子監訳
◎2800円

日本型多文化教育とは何か
「日本人性」を問い直す学びのデザイン
松尾知明著
◎2600円

国際理解教育と多文化教育のまなざし
多様性と社会正義／公正の教育にむけて
森茂岳雄監修　川﨑誠司、桐谷正信、中山京子編著
◎4500円

言語教育のマルチダイナミクス
多様な学びの方向性
田中富士美、柿原武史、野沢恵美子編
◎3400円

性/生をめぐる闘争
台湾と韓国における性的マイノリティの運動と政治
福永玄弥著
◎3800円

私はアセクシュアル
自分らしさを見つけるまでの物語
レベッカ・バージェス著　上田勢子訳　中村香住解説
◎2000円

わたしたちの中絶
38の異なる経験
石原燃、大橋由香子編著
◎2700円

〈価格は本体価格です〉